国学经典｜典藏版

论　语

顾　迁　注译

中州古籍出版社
·郑州·

图书在版编目（CIP）数据

论语 / 顾迁注译 . —郑州 : 中州古籍出版社，2022. 11
（国学经典 : 典藏版）（2025. 6 重印）
ISBN 978-7-5738-0136-4

Ⅰ. ①论… Ⅱ. ①顾… Ⅲ. ①儒家 ②《论语》- 注释 ③《论语》- 译文 Ⅳ. ① B222.22

中国版本图书馆 CIP 数据核字（2021）第 276799 号

LUNYU
论语

出 版 人　许绍山
策划编辑　赵建新　刘　晓
责任编辑　刘　晓
责任校对　唐志辉
美术编辑　曾晶晶

出 版 社　中州古籍出版社
地　　址　河南自贸试验区郑州片区（郑东）祥盛街 27 号 6 层
　　　　　邮编：450016　电话：0371-65723280
发行单位　河南省新华书店发行集团有限公司
承印单位　河南印之星印务有限公司
开　　本　640 mm × 960 mm　1/16
印　　张　24.75
字　　数　325 千字
印　　数　2001— 4000 册
版　　次　2022 年 11 月第 1 版
印　　次　2025 年 6 月第 2 次印刷
定　　价　79.00 元

前 言

一

在充满不确定的当下，回顾德国哲学家卡尔·雅斯贝斯（Karl Jaspers，1883—1969）提出的“轴心时代”（the Axial Age）理念，仍然不乏启示。大约公元前800年至前200年之间，世界古老的地域逐步孕育出一些伟大的哲人，如佛陀、孔子、苏格拉底等，他们反思人类文明与自我存在，揭示根本性的观念，启发后人思考何为美好的德行与人生。

作为一部对话集，《论语》生动呈现了孔子（前551—前479）的思想，也塑造了中国两千五百年来的文化传统。因为巨大的历史影响，孔子被后世尊为“圣人”。实际上，孔子出生在一个充满分裂与战乱的时代，少时的成长相当艰难，也谈不上什么社会地位。或许正因如此，孔子终其一生都对民众抱有同情。他担忧家国命运，准备以毕生心力匡救时政。为此信念，他访问列国，渴望参与政治制度的建设。这种“知其不可而为之”的精神，最终换来了十四年的磨难和极度的失望。政治理念的落空，却丝毫不影响孔子以最高的热忱和年轻人交流。他将自己的道德哲学和政治思想，孜孜不倦地传授给学生们，期待他们用才德去改变社会。经过一代代的传承，孔子学说逐渐深入人心，演化为影响深远的儒家学派，围绕《论语》的注疏也层出不穷。这一过程中，孔子的形象、人格不断被阐释与丰富，神圣化的同时也伴随着曲解和异化。可以说，对孔子与《论语》的解释，很大程度上体现出两千年来中国思想传统的形成与发展。

作为春秋宋国贵族之后的孔子，他对西周以来的文献、制度抱有极大兴趣（他的七世祖正考父曾校订过《商颂》），对礼乐文化、政治传统中的细节都做过精深的研究。此外，由于先世逃难居鲁，加之幼年失怙，少时的孔子切身体会了普通民众的贫苦，因此他的眼光始终没有离开过下层。青年时期的孔子以博学多闻著称，虽然尚未在政坛有所建树，已然看惯了诸侯国的战乱与鲁国内部荒唐的政斗。名存实亡的周天子无法维系之前的道德传统，过去普遍被尊崇的习俗与品格在快速过时。四十岁左右，孔子决定和政治保持一定距离，将大量精力用于《诗》、《书》、礼乐与典章制度的研究，当然，也包括对自我意识的反思。这一时期的孔子，吸引了不少志同道合者前来追随，其中不乏贵族，更多则是出身低微的人。《论语》开篇所称："学而时习之，不亦说乎？有朋自远方来，不亦乐乎？人不知而不愠，不亦君子乎？"应该就是这段时期的夫子自道。五十岁左右，在政坛积累了一定威望（如定公十年"夹谷之会"）的孔子迎来了政治生涯的大事件。他和鲁定公商议，希望削除素来僭越的"三家"及其陪臣的武力，来重建鲁国公室的威信。可惜，"堕三都"最终没有成功，鲁国的政治又退回了旧轨道。

经历了一系列失望，孔子大约在五十五岁正式离开曲阜，带着一些弟子访问列国，继续追求仁政的实现可能。辗转十四年，孔子去过卫、陈、曹、宋、郑、蔡等六个国家，期间在卫国待的最久，可惜没有实质作为。这个且停且行的漫游过程，经常伴随着落拓和仓皇，甚至是生命危险。在悲观无助的日子里，孔子受到各类人物的嘲讽，以及随行弟子的质疑。尽管很不顺利，大部分时间孔子都表现出坚韧而乐观的状态。在吃不上饭、弟子躺平的时候，他竟然仍有力量读书弹琴。终于，鲁哀公十一年（前484），在弟子冉求的努力下，孔子被权臣季康子迎回了鲁国。这时候孔子已经六十八岁了。相比弟子们早已在列国政坛崭露头角，孔子本人最终仍未得到重用。暮年的孔子似乎走了一个大圈，最终又回到原点。他决心再度投身于典籍与礼乐，用另一种方式重塑时代精神。后世学者对孔子研读《周易》、修撰《春秋》的津津乐道，正是强调孔子晚年的工作具有无比深刻和超前的历史意识。如同看着自己的生命一点点消逝，暮年的孔子还陆续经历了儿子孔鲤、弟子颜回和子路的死。司马迁《史记》记录了一个画面感很强的师生对话，颇能看出孔子最后时间里的悲凉，他对子贡感叹："天下无道久矣，莫能宗予。"在生命的末尾，孔子仍然放不下他的理想。

二

旧秩序解体，曾经的共识走向分裂，是孔子时代的真实写照。为了重塑共识，孔子对过去的历史传统进行了耐心且深刻的阐释，使其得以敞开面对当下的困境。在《论语》中，远近人事被广泛的评价，弟子们借此体察、反思种种行为与道德观念的关联；现实政治更被频繁的讨论，孔子批判礼崩乐坏之余，毫不掩饰自己的政治诉求。孔子认为，作为君王或一位君子，必须有志于大道，不断追求道德的完善，以"礼"来节制自己的言行。良好的政府，亦必须秉承崇德、尚贤的任人原则，而不必论其出身。这是孔子对西周以来世卿世禄制度的一种修正。士大夫之间基于德才的荐举，本应是一种分内职责，蕴含了"可与适道"的相互期许。在激烈变革的时代，孔子的思想并未呈现出与过去的断裂，而常表露出对过去的缅怀。孔子认为，大道通行的理想时代曾经存在过，大家需要做的是恢复美好的传统。不过孔子也并无执念，他清楚传统是流动的，须随时代加以损益和重新定义。即如孜孜以求的“道”，也绝非某种外在标准或超验理念，而是存在于追寻的过程中，有关自我生命的安顿与对客观世界的洞察。

在孔子那里，“礼”的宗教色彩也已淡化，更多呈现为一种自发性的文明表达，个体意义与社群关怀由此联结。礼乐文明绝不止于仪式的训练，而根源于对高贵德行与人文秩序的认同，从而成为“仁”德的自然外化。在对礼、乐的实践与体证中，开展与外在社会、风俗的良性互动，从中选择或发现自己的价值，并培养敏锐的感受力与判断力，从而赋予日常生活一种审美的趣向。对于孔子回答颜回的名言——“克己复礼为仁”，葛瑞汉（A. C. Graham）这样说道：“在孔子看来，你若能战胜我执并做到视人如己，就是毫不费力却能处处得体之时，在礼仪规范中的行为风格也会如流水般自如。‘仁’的达成是‘复礼’的结果，而‘复礼’可以理解为礼意的发现，从而超越了仪式本身。”（Disputers of the Tao，中译《论道者》）礼乐文化永远以人为核心，其发展动力即来源于主体对生命意义的不断体悟和创造。

孔子相信人性可塑，应当对德行的感染力以及人的自觉意识抱有信念。基于此朴素的关怀，孔子认为所有人都必须接受教育，在这个意义上，不论贵族或平民，不存在任何区别。孔子作为私家授学之开先河者，在传道方面树立了不朽的典范。《论语》中孔门师生的交流平等、坦诚，问答体裁更凸显了审问明辨的学风与巧妙的修辞。种种道德观念在丰富的人事情境之下被审视，诸如仁、义、智、勇、忠、恕等，孔子总会给出灵活而富有意蕴的阐释。这类言说经常显得不够明确或客观，似有违“正名”的观念，背后实不乏理性的审慎。因为“道”的复杂性和整全性无法通过语言和经验彻底呈现，孔子深知此理，其言语或指点具象，或反复相对，或随时变通，或类推关联，构成某种意义的综合或隐喻。在这样的情境中，弟子们逐步体会自身德行与言说之道的张力，并体悟“一以贯之”的思想理路。

成长于低微的孔子，一生以博学著称，希望“下学而上达”，通过研习《诗》《书》六艺来成就君子之德，领悟圣人之道。六艺（礼、乐、射、御、书、数）涵盖仪式与技艺，引导生命走向丰富、高贵的境界；六经（《诗》《书》《礼》《乐》《易》《春秋》）则承载了孔子对文学、历史、哲学、艺术与典章制度的诠释，指向整全的道德人格。颠沛一生的孔子在晚年正是从以上两个维度重新定义了德行与真理的准则，前者仍有西周王官学之余影，后者则明显打上了孔子个人的思想印记，深刻影响了中国的思想传统与士大夫政治文化。顾立雅（Herrlee Glessner Creel）说：“孔子不能使弟子们得到世袭的权力位置，但他却巧妙地使他们适合于‘君子’之名。从此以后，‘君子’之名更通常地是指饱学而文雅之人，而不是指贵族出身之人。孔子称他们为‘士’，并要求他们具有自我牺牲精神并献身于普遍之善。为了长远的和平目的，人们通常要保留战争的争斗，但孔子给予他们的武器是笔，盾牌是书。孔子也给了他们一种使命：勇往直前并取代权力中心的强权色彩，以人类的名义和利益掌管世界。”（Confucius and the Chinese Way，中译《孔子与中国之道》）孔子整理并阐发了古典，使之具备时代新义，影响后世无数士人赓续其述作传统，反复揭示国家治乱的本源与道德准则的来源。在这个意义上说，孔子永远是我们“未来的同时代人”。

三

关于孔子的研究以及《论语》的注解，古今中外已经有相当数量的著述，足以帮助我们获得丰富的启发。笔者的这部“注译”一方面受惠于前人的理解，另一方面也得益于在课堂上的多次讲授以及师生间的探讨。犹记第一次讲解《论语》，倏忽已过八载；形成译注初稿，则在两年之前。之所以拖延到今天才面世，是感觉兹事体大，读懂一部分已然不易，何况通解全书。谨作为目前的理解水平，以就正于世之方家。希望日后在此基础上加以深化，续有论撰。

有必要解释一下本书的大致体例。经过考虑，正文选择以清代阮元校刻的宋代邢昺《论语注疏》为底本。“注释”追求朴素简洁，所引诸家见解，皆标明来源，遇异说轇轕处则明确取舍，不作详细考释。“译文”在准确性之外注重达意，希望重建对话的生动性与当时的思想背景。“疏义”是对前两部分的补充与深化，所引证、辨析可以视作笔者个人“《论语》读法”的一种再现，其中也隐含了学术思想史的脉络。

与世界其他民族的一些伟大著述相类似，《论语》这部对话集并非编成于一时一地，也摆脱不了弟子、后学的有意增饰。但这不应视作理解《论语》的障碍。笔者认为，《论语》与孔子的思想，并非仅仅是停驻在“原始文本”中等待我们遇见的先知箴言，历代论说、注疏不断建构、创造的观念也应包蕴其中；即如生活在当下的我们，所有阅读《论语》的感悟，也会追寻并回归它的来源。

目 录

学而第一

共十六章

（一）子曰[1]：“学而时习之[2]，不亦说乎[3]？有朋自远方来[4]，不亦乐乎[5]？人不知而不愠[6]，不亦君子乎[7]？”

［注释］

①子曰：夫子说，即孔子说。全书皆然。子，古代男子之美称，这里是弟子对老师的称呼。邢昺《论语注疏》云：“古人称师曰‘子’。子，男子之通称。此言‘子’者，谓孔子也。”②时：适时。一说时常、经常，也通。习：本义指鸟之学飞。这里兼温习、践习二义。儒家六艺之目，不离实践，六经大义，更不止于诵数。《诗》、《书》、礼乐，皆须按时勤学，不可儳等，更不可荒废。《礼记·文王世子》：“凡学世子及学士，必时，春夏学干戈，秋冬学羽籥，皆于东序。……春诵夏弦。”《礼记·内则》：“十有三年，学乐，诵《诗》、舞《勺》；成童，舞《象》，学射御；二十而冠，始学礼，可以衣裘帛，舞《大夏》。”③说：同“悦”，内心愉悦。④朋：同门、同师谓之朋，这里指志同道合者。何晏《论语集解》引包氏：“同门曰朋。”朱熹《论语集注》：“朋，同类也。”一说指弟子，则亦属志同道合者。⑤乐：快乐。邢疏云：“在内曰说，在外曰乐。”《集注》：“说在心，乐主发散在外。”⑥愠：怨怒。⑦君子：有德、有位者皆可称君子，这里指有德者。

［译文］

孔子说：“勤学并能时加温习，不也是很愉悦的吗？有志同道合者从远方来相会，不也是很快乐的吗？不为人所知，而并无怨怒，不也符合君子之道吗？”

［疏义］

宋翔凤《朴学斋札记》认为“朋”谓弟子，《史记·孔子世家》“鲁自大夫以下皆僭离于正道，故孔子不仕，退而修《诗》、《书》、礼乐，弟子弥众，至自远方，莫不受业焉”即此章“有朋自远方来”之意。（见刘宝楠《正义》）据此说，则此章为孔子中年（约鲁定公五年）自述。

黄式三《论语后案》引阮元云：“‘人不知’者，世之天子、诸侯皆不知孔子也。‘不愠’者，不患无位也。学在孔子，位在天命，天命既无位，则世人必不知矣，何愠之有？此章三节皆孔子一生事实。篇终曰‘不知命，无以为君子’，与此始终相应也。”

刘宝楠《论语正义》：“夫子一生进德修业之大，咸括于此章。是故学而不厌，时习也，知也；诲人不倦，朋来也，仁也；遁世不见，知而不悔，不知不愠也，惟圣者能之也。夫子生衰周之世，知天未欲平治天下，故唯守先王之道，以待后之学者。记者因以其言，列诸篇首。”

（二）有子曰①：“其为人也孝弟②，而好犯上者③，鲜矣④。不好犯上，而好作乱者⑤，未之有也。君子务本⑥，本立而道生⑦。孝弟也者，其为仁之本与⑧？”

［注释］

①有子：孔子弟子，鲁国人，姓有，名若，比孔子小四十三（一说三十三）岁。②也：句中表停顿。孝弟（tì）：即“孝悌”，泛指孝敬父兄、长辈。散言之，善事父母为孝，善事兄长为悌。③犯：冒犯。④鲜（xiǎn）：少。⑤作乱：《集注》：“悖逆争斗之事。”⑥务：专力。黄式三《后案》释为“敏捷”，亦佳。本：根本。⑦道：仁道。⑧仁：朱子《集注》：“犹曰行仁。”与（yú）：同“欤”，疑问语气词。

［译文］

有子说：“做人孝顺父母，尊敬长辈，却好犯上，这是很少见的。不喜欢犯上，却爱斗狠作乱，也没有这样的人。君子专注于根本的培植，根本有以自立，才能步入大道。孝悌之德，是行仁道的根本吧！”

［疏义］

孝悌是仁德体现最切实之处。《中庸》：“仁者人也，亲亲为大。”《孟子·离娄上》：“仁之实，事亲是也。”《管子·戒》：“孝弟者，仁之祖也。”

刘宝楠《正义》：“阮氏元《论仁篇》以‘本立而道生’为古逸诗，愚谓‘务本’二句是古成语，而有子引之。”

经传称“有子之言似夫子”（见《礼记·檀弓上》），故孔子死后，弟子曾欲师事之。后儒据此，以为《论语》次章列有子之语，正为尊异有子之证。刘氏《正义》云：“当时弟子唯有子、曾子称子，此必孔子弟子于孔子没后，尊事二子如师，故通称‘子’也。至闵子骞、冉有，各一称‘子’，此亦二子之门人所记，而孔子弟子之于二子仍称字。故篇中于闵、冉称字、称子错出也。”

（三）子曰：“巧言令色[①]，鲜矣仁[②]。”

［注释］

①巧言：花言巧语。令色：装好脸色。令，善。②鲜（xiǎn）矣仁：缺乏仁德。鲜，少。

［译文］

孔子说：“花言巧语，装好脸色，这种人身上缺少仁德呀。”

［疏义］

《阳货》篇重出此章，应是弟子各记所闻。

《公冶长》篇，子曰：“巧言、令色、足恭，左丘明耻之，丘亦耻之。匿怨而友其人，左丘明耻之，丘亦耻之。”又《大戴礼记·文王官人》：“面誉者不忠，饰貌者不情。”

（四）曾子曰[①]：“吾日三省吾身[②]。为人谋而不忠乎[③]？与朋友交而不信乎[④]？传不习乎[⑤]？”

[注释]

①曾子：孔子弟子，鲁国人，姓曾名参，字子舆，比孔子小四十六岁。参有森、骖二读。②三：三件事。或解为虚数，多次，亦可。省（xǐng）：内省，反思。③忠：尽心竭力。④信：诚信。⑤传（chuán）不习乎：《集解》说，传授生徒之业有无明辩精习；《集注》说，受之于师者是否熟习。皆可通。译文从《集解》。

[译文]

曾子说："我每天反思三件事。受人之托为别人办事是否尽心竭力？和朋友交往是否诚实守信？传授生徒的内容有没有明辩精习？"

[疏义]

《述而》篇，"子以四教：文、行、忠、信。"《大学》："君子有大道，必忠信而得之。"

焦循《论语补疏》云："己所素习，用以传人，方不妄传，致误学者，所谓'温故而知新，可以为师'也。"

（五）子曰："道千乘之国①，敬事而信②，节用而爱人③，使民以时④。"

[注释]

①道（dǎo）：治理。千乘（shèng）之国：能出一千辆兵车的诸侯国。乘，一车四马为一乘。②敬事而信：敬慎国事，诚信待民。③节用：节约用度。人：与下"民"相对，指大小官员。④以时：适时，如农闲之时。

[译文]

孔子说："治理一个诸侯国，须敬慎国事，诚信待民，节约用度，爱护百官，役使百姓要在农闲之时。"

[疏义]

邢疏："此章论治大国之法也。"

金鹗《求古录礼说》卷十五《军制车乘士卒考》云："车乘士卒，经典有明文……《周官》言‘五伍为两’，两者，车一乘也，是明言二十五人为一乘矣。盖兵车一乘，甲士十人，步卒十五人。甲士二伍，步卒三伍，士卒不相杂也。凡用兵，选其强壮有勇者为甲士，又选其尤者居车上，左人执弓矢，主射，右人持矛，主击刺，中人主御，是谓甲首。……余甲士七人，盖在车之左右。步卒十五人，盖在车之后也。调发之制，一乘三十人，而战止用二十五人，盖以步卒五人将重车也。”

《大学》：“生之者众，食之者寡，为之者疾，用之者舒，则财恒足矣。”此“节用”之道，亦即古人理财之法。

（六）子曰：“弟子入则孝①，出则弟②，谨而信③，泛爱众④，而亲仁⑤。行有余力⑥，则以学文⑦。”

［注释］

①弟子：指年纪小的晚辈。②弟：同“悌”，尊事长辈。③谨而信：谨慎而信实。《周易·乾卦·文言》：“庸言之信，庸行之谨。”④泛爱众：博爱容众。泛，广。⑤亲仁：亲近仁德之人。⑥余：多余，优裕。⑦文：六经简策。

［译文］

孔子说：“弟子在家孝养父母，在外尊重长辈，言行谨慎信实，博爱众人，亲近仁德之士。行此几事之外，尚有余力，则研习六经简策。”

［疏义］

邢疏：“此章明人以德为本，学为末。”

（七）子夏曰①：“贤贤易色②，事父母能竭其力，事君能致其身③，与朋友交言而有信，虽曰未学，吾必谓之学矣。”

［注释］

①子夏：孔子弟子，姓卜名商，比孔子小四十四岁。②贤贤易色：尊重贤德之人能改易容色，言其诚发自内心。此从皇疏所载之说：“欲尊重此贤人，则当改易其平常之色，更起庄敬之容也。”贤贤，上贤作动词，尊重；下

贤作名词，贤德、贤才。易，改易。③致：《集注》："犹委也。"

［译文］

子夏说："尊重贤德之士能发自肺腑，侍奉父母能尽心竭力，公门之事能委身尽责，与朋友交往言而有信，这样的人虽自称未学，我一定认为他学了。"

［疏义］

贤贤易色，旧说纷纭，择要述之如下。

《集解》引孔氏："易色，言以好色之心好贤，则善也。"皇疏："凡人之情，莫不好色，而不好贤；今若有人，能改易好色之心以好于贤，则此人便是贤于贤者。"此为一说。

朱子《集注》："贤人之贤，而易其好色之心，好善有诚也。"意指人当尊贤、远色，以见立德有诚。所据实为《中庸》"去谗远色，贱货而贵德，所以劝贤也"等语。此又一说。

清儒又有新解，释"易"为轻视，"色"为美色，谓择妻待妻当重贤德，轻容貌。刘宝楠《论语正义》云："夫妇为人伦之始，故此文叙于事父母、事君之前。"此又一说。

（八）子曰："君子不重则不威①，学则不固②。主忠信③，无友不如己者④，过则勿惮改⑤。"

［注释］

①重：庄重。威：有威仪。②固：《集解》存两说："孔曰：'固，蔽也。'一曰，言人不能敦重，既无威严，学又不能坚固。"《集注》从后一义。皇疏释孔意，谓"蔽犹当也"，即"一言以蔽之"之蔽，指所学不当道义。今皆不从。焦循《补疏》认为"蔽之义为暗"，又引《曲礼》郑注"固谓不达于礼"，谓："不学故不达礼，学则达于礼。'不固'者，达于礼也。"其说可据。③主忠信：心主忠信之德。主，以……为宗，尊崇之意。或解为亲近忠信之人，亦通。④无友不如己者：不和道不同者为友。无，通"毋"。如，类似，即志同道合。⑤过则勿惮改：犯了错不要怕改。惮，畏难，有所顾忌。

[译文]

孔子说："君子不庄重，就没有威仪，如能好学，就不会固陋无礼。心主忠信，不和道不同者为友，犯了错不要怕改。"

[疏义]

威仪与德行相表里，前言君子之容止，后言忠信之德。《子罕》篇，子曰："主忠信，毋友不如己者，过则勿惮改。"文义重见于此。求学离不开师友之切磋夹辅。主忠信，则皆为直谅多闻之益友，凡有过错，皆能指出，自己也应勇于改正。《季氏》篇，孔子曰："益者三友，损者三友。友直，友谅，友多闻，益矣。友便辟，友善柔，友便佞，损矣。"

（九）曾子曰："慎终①，追远②，民德归厚矣③。"

[注释]

①终：指父母之丧。②追：追怀。远：指历代祖先。③厚：淳厚，深厚。

[译文]

曾子说："父母之丧须慎重，祖先之祭必虔敬，百姓感化其礼，德行自然归于淳厚。"

[疏义]

《集解》引孔曰："慎终者，丧尽其哀。追远者，祭尽其敬。君能行此二者，民化其德，皆归于厚也。"

《集注》："终者，人心之所易忽也，而能谨之；远者，人之所易忘也，而能追之：厚之道也。"

（十）子禽问于子贡曰①："夫子至于是邦也②，必闻其政。求之与？抑与之与③？"子贡曰："夫子温、良、恭、俭、让以得之④。夫子之求之也，其诸异乎人之求之与⑤！"

[注释]

①子禽：旧注谓孔子弟子，姓陈名亢（gāng），字子禽。子贡：孔子弟子，姓端木，名赐，卫国人，比孔子小三十一岁。②夫子：古代对男子的敬

称。此处指孔子。③抑：表推断，相当于“还是”。与：主动给予。④温：温和。良：心善。恭：庄敬。俭：约，节制。让：谦逊。⑤其诸：齐鲁古方言，犹“或许”。

[译文]

子禽问子贡：“夫子他老人家一到哪个国家，必然与闻那个国家的政事，是求来的呢？还是别人主动告知的呢？”子贡回答：“夫子凭着温和、善良、庄敬、节制、谦逊获得的。即使夫子有所求取，也应和别人求取的方式不一样吧。”

（十一）子曰：“父在观其志①，父没观其行，三年无改于父之道②，可谓孝矣。”

[注释]

①观其志：与下“观其行”，皆就“子”而言。或谓观父之志，恐非。②三年：虚指较长时间。道：或指父亲所传家训宗风等。如果是世袭卿大夫，则亦包含为政之方。

[译文]

孔子说：“［了解一个人是否孝，］他父亲在世时，可观察其志向；父亲去世了，则须观察其行为。如能不轻易改变父辈所传之门风政教，就可以称得上孝了。”

[疏义]

《子张》篇，曾子曰：“吾闻诸夫子：孟庄子之孝也，其他可能也；其不改父之臣，与父之政，是难能也。”可见“父之道”不仅指家风，亦兼政教而言。

（十二）有子曰：“礼之用，和为贵①。先王之道②，斯为美③。小大由之，有所不行④；知和而和，不以礼节之，亦不可行也⑤。”

［注释］

①和：中和，和谐。②先王：古代的圣王。③斯：指前“礼之用，和为贵”。④小大由之，有所不行：皇疏云：“若小大之事皆用礼而不用和，则于事有所不行也。”邢疏：“言每事小大皆用礼，而不以乐和之，则其政有所不行也。”由，用。之，指用礼。或将“小大由之”连上句“斯为美”读，今不取。⑤亦不可行：皇疏引沈居士云：“上纯用礼不行，今皆用和，亦不可行也。”

［译文］

有子说：“礼的运用，贵乎以和相济。先王政教，其美正在于此。大事、小事纯用礼，难免也会遇到行不通的时候；明白和之为贵，却一味求和，不用礼加以节制，也不能畅行无弊。”

［疏义］

邢疏：“此章言礼乐为用相须乃美。”

（十三）有子曰：“信近于义，言可复也①。恭近于礼，远耻辱也②。因不失其亲③，亦可宗也④。”

［注释］

①信近于义，言可复也：皇疏：“信，不欺也。义，合宜也。复，犹验也。夫信不必合宜，合宜不必信。若为信近于合宜，此信之言乃可复验也。若为信不合宜，此虽是不欺，而其言不足复验也。”则此句意为，与人约信，当合乎义，所约誓之言方能经得起对验；反之，将有空言无信之虞。复，《说文》：“往来也。”这里指践言、兑现。②恭近于礼，远（yuàn）耻辱也：意谓过分卑顺，易自取侮辱。远，远离，避免。③因不失其亲：所依不失为可亲之人，或指尊贤亲仁。因，依赖，亲近。亲，亲近。④亦：表加强语气。宗：崇尚。

［译文］

有子说：“与人约信，当合乎道义，所言方能兑现。［与人相处，］恭敬而节制有度，则不致遭受侮辱。所依赖尊敬者不失为可亲之人，无疑是值得崇尚的。”

［疏义］

因不失其亲，或解为不疏宗族之义。《孔子家语·曲礼子贡问》有若问于孔子曰：“国君之于同姓，如之何？孔子曰：‘皆有宗道焉。故虽国君之尊，欲百世不废其亲，所以崇爱也。’”存之备参。

（十四）子曰：“君子食无求饱，居无求安①，敏于事而慎于言②，就有道而正焉③，可谓好学也已。”

［注释］

①食无求饱，居无求安：《集解》引郑氏云：“学者之志，有所不暇也。”学者专力向学，心无旁骛，故无暇他求。②敏：勤敏。③就有道而正：求学问道，须得贤德师友相切磋，则有徙义迁善之功。就，趋向，依从。有道，贤德之士。正，匡正。

［译文］

孔子说：“君子，吃饭顾不上饱足，居住不贪图安逸，做事勤敏而说话谨慎，亲近贤人以匡正自己，这样可以称作好学了。”

［疏义］

邢疏：“此章述好学之事。”

《里仁》篇，子曰：“君子欲讷于言而敏于行。”

（十五）子贡曰：“贫而无谄①，富而无骄②，何如？”子曰：“可也③。未若贫而乐，富而好礼者也。”子贡曰：“《诗》云：‘如切如磋，如琢如磨④。’其斯之谓与？”子曰：“赐也，始可与言《诗》已矣，告诸往而知来者⑤。”

［注释］

①谄：谄佞，谄求。②骄：骄矜，放肆。③可：勉强认可，但犹有未尽。④如切如磋，如琢如磨：出自《诗经·卫风·淇奥》。以工艺品制作比喻君子进德修业、自我磨砺的过程。《毛传》：“治骨曰切，象曰磋，玉曰琢，石曰

磨。”一说，切为切割开料，磋为粗加磨砺，琢为镌刻雕凿，磨为打磨光滑。⑤告诸往而知来者：别人告诉一个道理，自己能够举一反三。诸，《集解》引孔氏：“之也。”往，过去，指已知之理。来者，未来，指未知之理。

[译文]

子贡说：“贫穷却不谄媚，富有却不骄矜，这样如何？”孔子说：“还行吧。但是不如安贫乐道，富而好礼。”子贡说：“《诗》篇里说‘如同制作骨、角、象牙、玉石等工艺品，从开料、粗磨、雕凿、打磨，一步步精益求精。’您说的就是这样的意思吧。”孔子说：“赐啊，现在可以和你一起讨论《诗》了。告诉你一个道理，你马上就能发挥，举一反三。”

[疏义]

《礼记·学记》：“玉不琢，不成器，人不学，不知道。”安贫乐道，富而好礼，皆为修身进德之行，故孔子称之，更美子贡之能近取譬。

（十六）子曰：“不患人之不己知，患不知人也①。”

[注释]

①知人：识人，辨识贤愚等。《尚书·皋陶谟》：“知人则哲。”

[译文]

孔子说：“不必担心别人不了解自己，要担心的是自己没有察人之明。”

[疏义]

首章“人不知而不愠”，与此互照。

为政第二

共二十四章

（一）子曰："为政以德①，譬如北辰②，居其所而众星共之③。"

［注释］

①为政：治理国政。②北辰：一说指天球北极。一说指北极星，古人认为其恒久不动。今从后说。③所：位置。共：同"拱"，环抱，环绕。

［译文］

孔子说："以道德来治理国家，当政者将如北极星一般，安居其位，而众星环绕。"

［疏义］

邢疏："此章言为政之要。"

（二）子曰："《诗》三百①，一言以蔽之②，曰：'思无邪③'。"

［注释］

①三百：孔子所编《诗》篇数量。皇疏："三百篇，《诗》篇之大数也。《诗》有三百五篇，此举其全数也。"②一言：一句话。蔽：概括。③思无邪：出自《诗经·鲁颂·駉》，郑玄《毛诗笺》："（僖公）思遵伯禽之法，专心无复邪意也。"思，思想。无邪，真诚。刘宝楠《正义》云："俗有淳漓，词有正变，而原夫作者之初，则发于感发惩创之苦心，故曰'思无邪'。"

［译文］

孔子说："《诗经》三百篇，用一句话来概括，就是思想真诚无邪。"

［疏义］

皇疏："此章举《诗》证'为政以德'之事也。……《诗》虽三百篇之多，六义之广，而唯用'思无邪'之一言以当三百篇之理也。犹如为政，其事乃多，而终归于以德不动也。"

（三）子曰："道之以政①，齐之以刑②，民免而无耻③；道之以德，齐之以礼，有耻且格④。"

［注释］

①道：引导，训导。政：政令法制。②齐：整饬。刑：刑律，刑罚。③免：苟免，逃脱（刑罚）。④格：至，感化。《经典释文》引郑注云："格，来也。"一说正。何晏《集解》："格，正也。"

［译文］

孔子说："用政令来训导，以法制去统治，老百姓只会想着如何逃避刑罚，却并无廉耻感。如果用道德去引导，以礼义来整饬，老百姓就会有廉耻感，更易被感化"。

［疏义］

《礼记·缁衣》："夫民，教之以德，齐之以礼，则民有格心；教之以政，齐之以刑，则民有遁心。"

（四）子曰："吾十有五而志于学①，三十而立②，四十而不惑③，五十而知天命④，六十而耳顺⑤，七十而从心所欲不逾矩⑥。"

［注释］

①十有五而志于学：古代贵族十五岁入大学，习修齐治平之道。有，同"又"。志，立志。②立：学有根底，足以自立，外物不能移易。③不惑：不

困惑。《后案》："立，必先不惑，而言'不惑'于'立'之后者何也？夫子曰：'可与立，未可与权。'立，守经也。不惑，达权也。"能通权达变，则不惑。④天命：上天所赋之德性，以及穷达之运。⑤耳顺：《集解》引郑氏："耳闻其言，而知其微旨。"皇疏引李充："心与耳相从，故曰耳顺也。"闻他人之言，即知他人之意，达到内外贯通，无所不明之境。⑥从：遵从。

[译文]

孔子说："十五岁专心求学，三十岁学有根底，足以自立，四十岁懂得权变，不会过分执着而困惑，五十岁乐天知命，六十岁闻言知人，内外明彻，七十岁随心所欲，也不会违背法度。"

[疏义]

此章可视作孔子学行之年表。《尧曰》篇，孔子曰："不知命，无以为君子也。不知礼，无以立也。不知言，无以知人也。"与此章可以并参。

刘氏《正义》："知天命者，知己为天所命，非虚生也。盖夫子当衰周之时，贤圣不作久矣。及年至五十，得《易》学之，知其有得，而自谦言'无大过'。则知天之所以生己，所以命己，与己之不负乎天，故以知天命自任。'命'者，立之于己，而受之于天，圣人所不敢辞也。"

（五）孟懿子问孝①。子曰："无违。"樊迟御②，子告之曰："孟孙问孝于我，我对曰'无违③'。"樊迟曰："何谓也？"子曰："生，事之以礼；死，葬之以礼，祭之以礼。"

[注释]

①孟懿子：鲁国大夫，姓仲孙，名何忌，谥"懿"，为孟僖子仲孙貜之子。孟孙、叔孙、季孙三家，出自鲁桓公，后为权臣，违礼僭越。《左传》昭公七年载孟僖子临死前，嘱托其子与南宫敬叔向孔子学礼。是孟懿子亦曾为孔子弟子。②樊迟：孔子弟子，名须，字子迟，《仲尼弟子列传》称比孔子小三十六岁。御：驾车。③无违：不违礼。皇疏："孟孙三家，僭滥违礼，故孔子以每事须礼为答也。"黄式三《论语后案》："《左传》桓公二年云'昭德塞违''灭德立违'，'君违，不忘谏之以德'，六年《传》云：'有嘉德而无违

心。'……古人凡背礼者谓之违。"

[译文]

孟懿子向孔子问何为孝道。孔子说："不要违礼。"等到樊迟替孔子驾车，孔子跟他说："孟孙向我问孝道，我回答说不要违礼。"樊迟说："老师是什么意思呢?"孔子说："父母健在之时，应依礼侍奉；去世以后，须依礼安葬，依礼祭祀。"

[疏义]

《左传》昭公七年："孟僖子病不能相礼，乃讲学之，苟能礼者从之。及其将死也，召其大夫，曰：'礼，人之干也。无礼，无以立。吾闻将有达者曰孔丘，圣人之后也，而灭于宋。……臧孙纥有言曰："圣人有明德者，若不当世，其后必有达人。"今其将在孔丘乎！我若获没，必属说与何忌于夫子，使事之，而学礼焉，以定其位。'故孟懿子与南宫敬叔师事仲尼。"

《荀子·礼论》："礼者，谨于治生死者也。生，人之始也；死，人之终也。终始俱善，人道毕矣。故君子敬始而慎终，终始如一，是君子之道，礼义之文也。"

（六）孟武伯问孝①，子曰："父母唯其疾之忧②。"

[注释]

①孟武伯：孟懿子的长子，名彘，武是谥号。②父母唯其疾之忧：不让父母为子女疾病以外的事担忧。《集解》引马氏："言孝子不妄为非，唯疾病然后使父母忧。"其，指子女。一说，指人子忧父母之疾为孝，盖本《孝经》"病则致其忧"，今不取此义。

[译文]

孟武伯向孔子请教孝道。孔子回答："[善待身心，敬慎自守，]除了生病以外不要让父母为自己担忧。"

[疏义]

邢疏："此章言孝子不妄为非也。"

黄式三《后案》："此疾盖指身心之疾，犹言弊病也。父母所生之身，无体不具，貌恭、言从、视明、聪听，一不敬用，疾也，非孝也。父母所生之心，无善不备，恻隐、羞恶、辞让、是非，一不扩充，疾也，非孝也。身心之疾非药石之可疗，故夫子于问孝时示之。《礼》曰：‘反身不诚，不顺乎亲。’不顺之谓忧矣，不诚之谓疾矣。”

（七）子游问孝①，子曰：“今之孝者，是谓能养②。至于犬马，皆能有养③。不敬，何以别乎？”

[注释]

①子游：孔子晚年弟子，吴国人，姓言，名偃，子游是其字，故亦称“言游”，比孔子小四十五岁。②是：只，唯。③至于犬马，皆能有养：《集解》引包氏说：“犬以守御，马以代劳，能养人者也。”以犬马比人子，谓奉养父母，如果不敬，则与犬马无别。此一说。《集解》引另一说云：“人之所养，乃能至于犬马，不敬则无以别。孟子曰：‘食而不爱，豕交之也。爱而不敬，兽畜之也。’”谓人子能奉养父母，也可养活犬马，如奉养父母毫无敬意，则对待父母和犬马无所区别，不可谓孝。朱子从后说。黄式三、刘宝楠皆谓此说以犬马比父母，于义难通。今从前说。至于，就连，即使。养，《广雅·释诂》：“养，使也。”指有所役使。故“养”乃以下奉上之称，服侍之义。

[译文]

子游问何为孝道。孔子说：“现在所谓的孝，也就能为父母出点力罢了。即使犬马，也都可以被人役使出力。如果没有敬爱之心，为人子的和犬马还有什么区别呢？”

[疏义]

邢疏：“此章言为孝必敬。”

“至于犬马，皆能有养”，与下章“弟子服其劳”，皆指以下事上。下章“色难”，亦与此条“不敬何以别”呼应。

（八）子夏问孝，子曰：“色难①。有事，弟子服其劳②，有酒食，先生馔③，曾是以为孝乎④？”

[注释]

①色难：侍奉父母，和颜悦色，最为不易。色，容色。《集解》引包氏："色难者，谓承顺父母颜色乃为难。"②服：操持。③先生：父兄长辈。一说指老师。馔（zhuàn）：饮食，吃喝。④曾（zēng）：乃，竟。

[译文]

子夏问何为孝道。孔子说："子女侍奉父母，应有温柔和敬之色。这个不容易做到。遇事情，子弟代为效劳；有酒肴，让长辈先享用，难道这样竟算是孝了吗？"

[疏义]

《礼记·祭义》云："孝子之有深爱者必有和气，有和气者必有愉色，有愉色者必有婉容。"

（九）子曰："吾与回言①，终日不违②，如愚。退而省其私③，亦足以发④，回也不愚。"

[注释]

①回：颜回，字子渊，鲁国人，孔子早年弟子，比孔子小三十岁。②终日：整日。不违：《集解》引孔氏："无所怪问。于孔子之言，默而识之。"皇疏："诸弟子不解，故时或谘问。而颜回默识，故不问。"③退：退离师处。省（xǐng）其私：观察他私下里的言行。④发：发挥，发明。

[译文]

孔子说："我给颜回讲论，整日也不见他提出疑义，像个愚笨之人。等他退下，观察他的言行，对我讲论实多所发挥。可见颜回并不愚笨呀。"

[疏义]

《先进》篇，子曰："回也非助我者也，于吾言无所不说。"

（十）子曰："视其所以①，观其所由②，察其所安③，人焉廋哉④？人焉廋哉？"

［注释］

①视其所以：看其日常所为。《集解》："视其所行用。"视，观察。以，用，为，行。②观其所由：观其做事方法。《集解》："观其所经从。"观，详观。隐公五年《穀梁传》："常事曰视，非常曰观。"由，经，即做事的方式。③察其所安：察其心志情感之所安。察，细审。《尔雅·释诂》："察，审也。"安，情志所安，指品行习性。④廋（sōu）：隐匿。

［译文］

孔子说："看他日常都做什么，详观他做事的方式，再细察他的品性，这个人如何伪装得了呢？如何伪装得了呢？"

［疏义］

邢疏："此章言知人之法也。"刘氏《正义》："视、观、察，以浅深次第为义。"

（十一）子曰："温故而知新①，可以为师矣。"

［注释］

①温：温习，寻绎。故：古，指旧学、古制。新：今，指新知、今事。

［译文］

孔子说："温习旧典，并能创发新义，如此则堪为师道了。"

［疏义］

《礼记·中庸》："君子尊德性而道问学，致广大而尽精微，极高明而道中庸。温故而知新，敦厚以崇礼。"

王充《论衡·谢短》："知古不知今，谓之陆沉。……知今不知古，谓之盲瞽。……温故知新，可以为师；古今不知，称师如何？"又《别通》云："守信一学，不能广观，无温故知新之明。"

朱子《集注》："故者，旧所闻。新者，今所得。言学能时习旧闻，而每有新得，则所学在我，而其应不穷，故可以为人师。"按《礼记·学记》："记问之学，不足以为人师。"

（十二）子曰："君子不器①。"

[注释]

①君子不器：《集解》引包氏："器者各周其用，至于君子，无所不施。"器，器具。

[译文]

孔子说："君子不能像器皿一样，局限于某一种功用或技艺[，须能胸怀大道，通权达变]。"

[疏义]

君子博学旁通，以闻道经世为志，不以具体技艺自限。《子张》篇："子夏曰：'虽小道，必有可观者焉，致远恐泥，是以君子不为也。'"《礼记·学记》："君子曰：大德不官，大道不器，大信不约，大时不齐。察于此四者，可以有志于学矣。"

朱子《集注》："器者，各适其用而不能相通。成德之士体无不具，故用无不周，非特为一材一艺而已。"黄氏《后案》："'不器'者，通经权，迭柔刚，其道不穷，因时制宜也，非谓其遍习技艺也。"

（十三）子贡问君子。子曰："先行，其言而后从之①。"

[注释]

①从之：言从其行。从，《后案》："副也。谓言称行也。"

[译文]

子贡问君子之道，孔子说："君子之道，先行而后言。"

[疏义]

黄氏《后案》："'先行'句，'其言'二字略逗连下读。……《礼》'不辞费'郑君注引此经为证，孔《正义》曰：'凡为人之道，当言行相副。'"

刘氏《正义》引《大戴礼记·曾子制言》："君子先行后言。"又引《立事》："君子微言而笃行之。"

（十四）子曰："君子周而不比①，小人比而不周。"

[注释]

①周：与人亲厚团结。比：阿党偏私。

[译文]

孔子说："君子与人皆亲和，不结党营私；小人阿党偏私，无泛爱之心。"

[疏义]

《集解》引孔氏："忠信为周，阿党为比。"皇疏引孙绰："理备故称周，无私故不比。"《集注》："周，普遍也。比，偏党也。皆与人亲厚之意，但周公而比私耳。"此章君子、小人兼位与德而言。《子路》篇，子曰："君子和而不同，小人同而不和。"

（十五）子曰："学而不思则罔①，思而不学则殆②。"

[注释]

①学：学习文献、典章制度等。思：寻绎，思索。罔：《集解》引包氏说，解为"罔然"，即困惑无所得之义。皇疏载又一说，解为"诬罔"，即厚诬古人之谓。两说皆通。②殆：有两说。《集解》引包氏说，解为"精神疲殆"，刘氏《正义》认为即同"怠"。《集注》解为"危而不安"，王引之《经义述闻》训"殆"为"疑"，即疑虑不定之义，与《集注》相通。今从后说。

[译文]

孔子说："学而不思就会迷惘，思而不学也将疑虑不定。"

[疏义]

学与思二者当互济并进，不可偏执一端。《子罕》篇："子绝四：毋意，毋必，毋固，毋我。"《卫灵公》篇，子曰："吾尝终日不食，终夜不寝，以思，无益，不如学也。"《子张》篇，子夏曰："博学而笃志，切问而近思，仁在其中矣。"《中庸》："博学之，审问之，慎思之，明辨之。"

（十六）子曰："攻乎异端①，斯害也已②。"

[注释]

①攻：治。异端：两端。②斯：如此。已：语气词。

[译文]

孔子说："治学偏执一端［，而不能执中］，如此则有害了。"

[疏义]

此章紧接上章，讲求治学不要偏执一端，须执两用中，方能达其全体。《中庸》云"执其两端"，《子罕》云"叩其两端"，《先进》云"过犹不及"，皆守中、用中之道。

此章历来多异说。一说，谓攻驳异端，如此可杜绝祸害。解"异端"为小道、杂说，以"已"为实词。又一说，谓研习旁门小道，如此将有祸害。如邢疏："此章禁人杂学。"今皆不从。

（十七）子曰："由①，诲女知之乎②！知之为知之，不知为不知，是知也③。"

[注释]

①由：仲由，字子路，孔子早年弟子，比孔子小九岁。②诲：教。女：同"汝"。知（zhī）：明白。③知（zhì）：明智。

[译文]

孔子说："由，我教你的都清楚明白了吧！知道就是知道，不知道就是不知道，这才是明智的态度。"

[疏义]

子路性直而好勇，行事出言每多率尔，故孔子诲之如此。《子路》篇载孔子斥子路"野哉由也！君子于其所不知，盖阙如也"。

（十八）子张学干禄①。子曰："多闻阙疑②，慎言其余③，则寡尤④；多见阙殆⑤，慎行其余，则寡悔。言寡尤，行寡悔⑥，禄在其中矣⑦。"

[注释]

①子张：姓颛孙，名师，子张是其字，陈国人，孔子晚年弟子，比孔子小四十八岁。干禄：指从政。干，求。禄，禄位，俸禄。②多闻：博学广听。

阙疑：存疑。阙，空。③其余：无所疑虑之事。④尤：过错。⑤殆：疑虑不安。《集解》引包氏解为“危”，王引之释作“疑”，二说相通。⑥言寡尤，行寡悔：言语少过失，做事情少后悔，此指君子言行之修养。⑦禄在其中：《集解》引郑氏：“言行如此，虽不得禄，亦同得禄之道。”刘氏《正义》：“当春秋时，废选举之务，世卿持禄，贤者隐处，多不在位。故以寡尤寡悔有不得禄，而与古时得禄之道相同。明学者干禄当不失其道。其得之不得，则有命矣。孟子云，古之人修其天爵，而人爵从之。亦言古选举正法。”

[译文]

子张学居位食禄之道。孔子说：“多学习，但要懂得存疑；其余没有疑惑的，仍要谨慎谈论，则少过错。多观察，对有疑虑的事，先不要做；其余没有疑虑的，仍需谨慎而行，这样会少一些后悔。言语少过失，做事情少后悔，禄仕之道就在其中了。”

[疏义]

《周易·系辞上》子曰：“言行，君子之枢机，枢机之发，荣辱之主也。言行，君子之所以动天地也，可不慎乎？”

皇疏引郑玄曰：“言行如此，虽不得禄，得禄之道也。”并云：“言当无道之世，德行如此，虽不得禄，若忽值有道之君，则必见用，故云‘得禄之道’也。”

《卫灵公》篇云：“子张问行。子曰：‘言忠信，行笃敬，虽蛮貊之邦行矣。言不忠信，行不笃敬，虽州里行乎哉？立则见其参于前也，在舆则见其倚于衡也。夫然后行。’子张书诸绅。”又云：“子曰：‘君子谋道不谋食。耕也，馁在其中矣；学也，禄在其中矣。君子忧道不忧贫。’”可见，仕禄之道的根本仍在立身修德。邢疏云：“此章言求禄之法。”其义略浅。

（十九）哀公问曰①：“何为则民服？”孔子对曰②：“举直错诸枉③，则民服；举枉错诸直，则民不服。”

[注释]

①哀公：鲁哀公，鲁国国君，继定公即位，在位二十七年。“哀”是谥

号。②孔子对曰：钱穆《新解》云："《论语》凡记君问，必称孔子对，乃尊君意。"③举直错诸枉：《集解》引包氏："举正直之人用之，废置邪枉之人，则民服其上。"即举用正直，废弃邪枉无能者。以此说，错为"废置"之义。刘宝楠说，"直者居于上，而枉者置于下位"，即举正直者置于邪曲者之上。依此解，则以错为"放置"之意。错，同"措"，置，兼立之、舍之二义。今从刘说。诸，之于，之乎。

［译文］

鲁哀公问："怎样才能使民众信服？"孔子答道："举用正直之人，置于邪枉者之上，则民众信服；举用邪枉之人，置于正直者之上，则民众不服。"

［疏义］

《颜渊》篇载："樊迟问仁。子曰：'爱人。'问知。子曰：'知人。'樊迟未达。子曰：'举直错诸枉，能使枉者直。'樊迟退，见子夏曰：'乡也吾见于夫子而问知，子曰，"举直错诸枉，能使枉者直"，何谓也？'子夏曰：'富哉言乎！舜有天下，选于众，举皋陶，不仁者远矣。汤有天下，选于众，举伊尹，不仁者远矣。'"与此章可以对参。

（二十）季康子问①："使民敬、忠以劝②，如之何？"子曰："临之以庄则敬③，孝慈则忠④，举善而教不能则劝⑤。"

［注释］

①季康子：鲁国大夫季孙氏，名肥，谥号康，鲁哀公时为正卿，位高权重。②以：与。或解为"而"，亦通。劝：劝勉。③庄：庄重。④孝慈：孝顺父母，慈爱幼小。⑤善：指贤达君子。不能：才能不足者。

［译文］

季康子问道："欲令百姓敬于职守，忠心尽力，并且相互劝勉，应该怎么做呢？"孔子说："你施政庄重，他们自然敬于职守；你笃守孝慈，他们对你自会尽心竭力；你能提拔贤人君子，教育才能不足之人，他们也定会相互劝勉了。"

［疏义］

邢疏云："当时季氏专执国政，犹如国君。故孔子之答，皆以人君之事言之。"

此章"举善而教不能"有前章"举直错诸枉"之义。

黄氏《后案》谓"孝"当作"教"。可备一说。

（二十一）或谓孔子曰："子奚不为政①？"子曰："《书》云②：'孝乎惟孝，友于兄弟，施于有政③。'是亦为政，奚其为为政④？"

［注释］

①奚不为政：为何不为官从政。②《书》：《尚书》。③孝乎惟孝，友于兄弟，施（yì）于有政：可能是佚《书》之文。今伪《古文尚书·君陈》云："王若曰：君陈，惟尔令德孝恭。惟孝友于兄弟，克施有政。"孝乎惟孝，《集解》引包氏："美大孝之辞。"黄氏《后案》以为"赞辞之緟叠"。施，扩展，延及。有政，杨伯峻《译注》引杨树达说："政谓卿相大臣，以职言，不以事言。"今从之。《集解》引包氏："所行有政道。"《集注》："推广此心以为一家之政。"二说虽不悖经义，但不如杨说贴切。④奚其为为政：究竟怎么做才算是从政。

［译文］

有人对孔子说："您为何不为官从政呀？"孔子回答："《尚书》里说：'孝呀，大孝于亲，友爱兄弟，发扬此孝行影响当政者。'这也就相当于为官从政了呀。［你说］究竟要怎么做才算是从政呢？"

［疏义］

邢疏："此章言孝、友与为政同。"朱子《集注》："定公初年，孔子不仕，故或人疑其不为政也。"以孝道影响当政者，犹古人所谓"孝子不匮，永赐尔类"之义。

（二十二）子曰："人而无信①，不知其可也②。大车无輗③，小车无軏[4]，其何以行之哉？”

[注释]

①而：却。信：信用。②不知其可：不可行，指德行不足行于世。③大车：牛车。輗（ní）：大车车辕和横木相衔接的活销。④小车：马车。軏（yuè）：小车车辕和横木相衔接的活销。

[译文]

孔子说：“一个人不讲信用，是无法立身处世的。譬如牛车无輗，马车无軏，试问如何顺利行路呢？”

[疏义]

段玉裁《说文解字注》引戴震云：“大车鬲以驾牛，小车衡以驾马。其关键则名輗軏。辕所以引车，必施輗軏然后行。信之在人，亦交接相持之关键。故孔子以輗、軏喻信。”

（二十三）子张问：“十世可知也[1]？”子曰：“殷因于夏礼[2]，所损益[3]，可知也；周因于殷礼，所损益，可知也。其或继周者，虽百世可知也。”

[注释]

①世：三十年为一世。一说为朝代。也：同“邪”，疑问语气词。②因：继承，因袭。③损益：加减。损，不合时宜而废除。益，随时代所需而增益。

[译文]

子张问：“十世之后［的礼制］，可以预知吗？”孔子说：“殷代因袭夏代的典礼，其间损益可以考知；周代因袭殷代的典礼，其间扬弃也可以考知。未来有继周而立的制度，即使百世之远，也可以预知。”

[疏义]

孔子借礼制的因革损益，强调礼的形式、仪文可变，根本大义不会变化。

钱穆《论语新解》说：“本章子张之问，盖有意于制作一代之礼法。”

（二十四）子曰：“非其鬼而祭之[1]，谄也[2]。见义不为[3]，无勇也。”

[注释]

①鬼：人死为鬼。②谄（chǎn）：谄媚求福。③义：宜也，应当做的事。

[译文]

孔子说：“不是自己的祖先，不当祭而祭之，这是谄媚。见到应当做的事而不做，这是懦弱。”

[疏义]

邢疏引《春秋左氏传》僖公十年云：“神不歆非类，民不祀非族。”

八佾第三

共二十六章

（一）孔子谓季氏[①]："八佾舞于庭[②]，是可忍也[③]，孰不可忍也？"

［注释］

①谓：论及，评价。季氏：鲁国大夫季孙氏。杨伯峻《译注》云："根据《左传》昭公二十五年的记载和《汉书·刘向传》，这季氏可能是指季平子，即季孙意如。据《韩诗外传》，似以为季康子，马融注则以为季桓子，恐皆不足信。"②八佾（yì）：天子乐舞之制。佾为行列之称。按乐舞之礼，天子用八，诸侯用六，大夫四，士二。邢疏引服虔说，诸侯用六，为六八四十八人。大夫四，为四八三十二人。士二，为二八十六人。以一行八人为一"佾"。今从之。又有以每行人数同于佾数者。邢疏引《左传》杜预注、《公羊传》何休注，皆以诸侯六佾为六六三十六人，大夫四佾为四四十六人，士二佾，二二为四人。今不从。庭：家庙之庭。庙制，室外为堂，堂前为庭。③忍：忍心。一说容忍。皆通。

［译文］

孔子评价季氏，说："在家庙祭祀中使用天子六十四人乐舞的制度，这种事都忍心做，还有什么事干不出来呢？"

［疏义］

邢疏："此章论鲁卿季氏僭用礼乐之事。"

《集解》引马氏："鲁以周公故，受王者礼乐，有八佾之舞。季桓子僭于其家庙舞之，故孔子讥之。”周公曾摄行天子之事，又为鲁国首封之君，故后世鲁君于太庙祭祀周公可用天子礼乐。若鲁君用于群公之庙，亦为僭越。季氏为大夫，用于家庙，更为僭越，故夫子为此言，深疾其僭滥之举。

（二）三家者以《雍》彻①。子曰：“‘相维辟公，天子穆穆’②，奚取于三家之堂③？”

［注释］

①三家：《集解》引马氏：“三家，谓仲孙、叔孙、季孙。”古代大夫称“家”，三家为鲁桓公之子庆父、叔牙和季友的后代，故又称“三桓子孙”。《雍》：《毛诗》作“《雝》”，在《周颂》中，为周天子祭祀先祖的乐歌。《小序》云：“禘太祖也。”郑玄笺：“太祖，谓文王。”彻：祭毕撤去祭馔。②相（xiàng）维辟（bì）公，天子穆穆：《雍》诗两句。意谓，前来助祭的都是列国诸侯，主持祭祀的天子温和而虔敬。相，傧相，助祭者。维，语助词。辟，诸侯。公，诸侯称公，夏、殷二王之后亦皆封公。《集解》引包氏：“辟公，谓诸侯及二王之后。”③奚取：无所取义。堂：桓公之庙堂。

［译文］

鲁国仲孙、叔孙、季孙三家，祭祀祖先，［僭用天子之礼，］祭毕撤馔之时，也命乐工歌《雍》诗。孔子说：“［《雍》诗里讲：］‘四方诸侯皆来助祭，天子主祭时仪容温和静穆。’这样的诗用于三家祖庙之中，有何道理可言？”

［疏义］

邢疏：“此章讥三家之僭也。”

王先谦《诗三家义集疏》引陈乔枞云：“《乐师》云：‘及彻，率学士而歌彻。’注：‘彻者，歌《雍》，在《周颂·臣公之什》。’《论语》‘《雍》彻’，注引马融云：‘天子祭于宗庙，《雍》以彻祭。’是宗庙之祭及食举乐并歌《雍》以彻也。又《小师》：‘彻歌，大飨亦如之。’贾疏云：‘大飨，飨诸侯之来朝者，彻器亦歌《雍》。若诸侯自相飨，彻器即歌《振鹭》。《仲尼燕居》云“彻以《振羽》”，是其事也。’《雍》本禘太祖之所歌，用之彻祭，又用之大飨。”

（三）子曰：“人而不仁[1]，如礼何？人而不仁，如乐何？”

[注释]

①而：若。

[译文]

孔子说：“一个人若无仁心，如何去行礼？一个人若无仁心，如何去用乐？”

[疏义]

不仁者不可行礼乐之教。皇疏：“此章亦为季氏出也。季氏僭滥王者礼乐，其既不仁，则奈此礼乐何乎？”邢疏亦云：“此章言礼乐资仁而行也。”

《礼记·儒行》：“礼节者仁之貌也，歌乐者仁之和也。”

（四）林放问礼之本[1]。子曰：“大哉问！礼，与其奢也，宁俭；丧，与其易也[2]，宁戚[3]。”

[注释]

①林放：鲁人，曾向孔子问学。本：根本，本质。②易：《集解》引包氏：“易，和易也。”平和而有条理，指仪文从容周备。《集注》：“易，治也。”节文习熟之意。则与包说相通。③戚：哀伤。

[译文]

林放问礼的本质。孔子说：“这个问题重大呀！一般的礼，与其奢侈讲排场，不如简单朴实一些；[至于]丧礼，与其仪式周全、处处完备，不如有发自肺腑的哀痛。”

[疏义]

邢疏：“此章明礼之本意也。”

《子张》篇，子游曰：“丧致乎哀而止。”

《礼记·檀弓上》记子路曰：“吾闻诸夫子：‘丧礼，与其哀不足而礼有余也，不若礼不足而哀有余也。’”

（五）子曰：“夷狄之有君[1]，不如诸夏之亡也[2]。”

[注释]

①夷狄：外族的通称。②不如：比不上。诸夏：中国。亡：通“无”。

[译文]

孔子说：“夷狄虽有君主，还不如华夏没有呢。”

[疏义]

此章有二说。一说，谓夷狄即使有君主，也会纷争，因其无礼可循。邢疏：“此章言中国礼义之盛，而夷狄无也。”一说，《集注》引程子曰：“夷狄且有君长，不如诸夏之僭乱，反无上下之分也。”引尹氏曰：“孔子伤时之乱而叹之也。亡，非实亡也，虽有之，不能尽其道尔。”今从前说。

（六）季氏旅于泰山[1]。子谓冉有曰[2]：“女弗能救与[3]？”对曰：“不能。”子曰：“呜呼[4]！曾谓泰山不如林放乎[5]？”

[注释]

①旅：天子诸侯祭祀山川之礼。《礼记·王制》：“天子祭天下名山大川……诸侯祭名山大川之在其地者。”季氏为陪臣，不可僭行此礼。泰山：齐、鲁境内名山，为五岳之首，只有天子、鲁君和齐君能祭。②冉有：孔子弟子冉求，字子有，鲁国人，比孔子小二十九岁，当时仕于季氏，为家臣。③女：同“汝”。弗：不。救：挽回，谏止。与：同“欤”。④呜呼：叹词。⑤曾（zēng）：岂。

[译文]

季氏要去祭祀泰山。孔子对冉有说：“你不能谏止此事吗？”冉有回答：“我不能。”孔子说：“唉！难道泰山之神还不如林放［懂礼，竟会接受这等不合规矩的祭祀］吗？”

[疏义]

邢疏：“此章讥季氏非礼祭泰山也。”

《集注》引范氏曰：“冉有从季氏，夫子岂不知其不可告也，然而圣人不轻绝人。尽己之心，安知冉有之不能救、季氏之不可谏也。既不能正，则美林放以明泰山之不可诬，是亦教诲之道也。”

（七）子曰：“君子无所争，必也射乎[1]！揖让而升下，而饮[2]，其争也君子。”

[注释]

①射：六艺之一。古有射礼，为士君子所必习。②揖让而升下，而饮：升、下、饮是三事。射礼射于堂上，升堂前后，期间下堂，射毕登堂饮酒皆揖让。

[译文]

孔子说：“君子没有什么争夺较量之事，有的话一定是射礼了，升堂前后，期间下堂以及射毕登堂饮酒，都会相互作揖，这种较量是君子之风。”

[疏义]

邢疏：“此章言射礼有君子之风也。”

《礼记·射义》曰：“射，仁道也。发而不中，不怨胜己者，反求诸己而已。”下文“射不主皮，为力不同科”，言射礼雍容揖逊，贵乎仪文合乎礼乐，求中的，而不求贯革，亦为君子之争。

皇疏：“古者生男，必设桑弧蓬矢于门左，使人负子出门而射；至长以射进仕，择士助祭。若射不合礼乐，则不预祭。”

（八）子夏问曰：“‘巧笑倩兮，美目盼兮，素以为绚兮[1]。’何谓也？”子曰：“绘事后素[2]。”曰：“礼后乎[3]？”子曰：“起予者商也[4]！始可与言诗已矣。”

[注释]

①巧笑倩兮，美目盼兮，素以为绚兮：前二句见《毛诗·卫风·硕人》，写卫庄公夫人庄姜之美貌。王先谦《诗三家义集疏》以为《鲁诗》有第三句，《列女传》“不可不自修整”正释此章。详下。倩，笑起来很美的样子。兮，语助词。盼，眼睛黑白分明。素以为绚，黄氏《后案》：“‘素以为绚’者，既

有倩、盼之貌，又能娴礼，如设采者得白分布其间乃成章也。”刘氏《正义》引戴震《孟子字义疏证》：“素，以喻其人之娴于仪容。上云‘巧笑倩’‘美目盼’者，其美乃益彰，是之谓‘绚’。”素，素工，绘画最后所着白色。绚(xuàn)，文采华美。②绘事后素：绘画最后着白色。《周礼·考工记》：“凡画缋之事，后素功。”《集解》引郑曰：“绘，画文也。凡绘画先布众色，然后以素分布其间，以成其文，喻美女虽有倩盼美质，亦须礼以成之。”③礼后乎：以礼来成就吗？黄氏《后案》：“‘后’者，事不可已而继之之词，非置为缓图也。《曲礼》云‘道德仁义，非礼不成’，正此意也。……后，犹终也，成也。”④起：发挥，发明。予：我。商：子夏之名。

[译文]

子夏问：“‘貌美如花一笑百媚呀，美目流转顾盼生辉呀，素功之后文采更是绚烂呀。’这几句诗说的是什么呀？”孔子回答：“好比绘画，先布众色，然后以素分布其间，以成其绚丽。”子夏说：“这么说，是靠礼最终成就吗？”孔子说：“能够发挥我说法的是你呀！这样就可以和你讲论《诗经》了。”

[疏义]

黄氏《后案》：“礼者，先王所立之制度、品节、忠信、仪文，本末兼具者也。……《礼器》云：‘先王之立礼也，有本有文。忠信，礼之本也。义理，礼之文也。’又云：‘君子欲观仁义之道，礼其本也。’重言礼也。又云：‘忠信之人可以学礼。苟无忠信之人，则礼不虚道。’言礼中自有忠信，无忠信则礼不虚行，亦重言礼也。《八佾》篇详言礼，此言礼为后，犹言礼之不可以已也。礼兼忠信节文而言，倩盼美貌当有礼以成之，亦重礼也。”

《列女传·齐女傅母》：“女为卫庄公夫人，号曰庄姜。姜交好，始往，操行衰惰，有冶容之行，淫泆之心。傅母见其妇道不正，谕之云：‘子之家世世尊荣，当为民法则。子之质聪达于事，当为人表式。仪貌壮丽，不可不自修整。衣锦䌹裳，饰在舆马，是不贵德也。’乃作诗曰：硕人其颀，衣锦䌹衣。”傅母之规箴，正以庄姜貌美而德衰，所谓“不可不自休整”，即以礼成就之意。清儒以为《鲁诗》旧说，正与《论语》本章遥相印证。

（九）子曰：“夏礼吾能言之，杞不足征也[①]；殷礼吾能言之，宋不足征也[②]。文献不足故也[③]，足则吾能征之矣[④]。”

［注释］

①杞：周之封国，夏朝之后，故城在今河南杞县一带。②宋：周之封国，殷朝之后，故城在今河南商丘市南。③文：典章简册。献：秉礼之贤士大夫。④征：印证。

［译文］

孔子说：“夏代的礼制，我能讲论，可惜杞国不足以印证；殷代的礼制，我也能讲论，可惜宋国不足以印证。这是因为两国所存典籍与贤人不足之故。如果还有足够的典籍和贤人，我就可以作为印证了。”

（十）子曰：“禘自既灌而往者[①]，吾不欲观之矣[②]。”

［注释］

①禘：这里指五年一行的宗庙大祭。灌：献。祭时以郁鬯酒献尸，以求神降。皇疏：“灌者，献也。酌郁鬯酒，献尸，灌地，以求神也。”②吾不欲观之：《集解》引孔氏：“既灌之后，列尊卑，序昭穆。而鲁逆祀，跻僖公，乱昭穆，故不欲观之矣。”此指鲁庙逆祀。《左传》文公二年：“秋八月丁卯，大事于大庙，跻僖公，逆祀也。于是夏父弗忌为宗伯，尊僖公，且明见曰：‘吾见新鬼大，故鬼小。先大后小，顺也。跻圣贤，明也。明、顺，礼也。’君子以为失礼。”僖公、闵公皆为鲁庄公之子。庄公薨，闵为嫡子，立为君。僖虽是庶兄，亦为闵公之臣。后闵公薨，僖公立为君。僖公薨后，其子即位为文公。夏父弗忌时为宗伯，欲佞文公，将僖公神主升于闵公之上，以致昭穆失序。故孔子不欲观之。

［译文］

孔子说：“宗庙大祭之礼，从第一次献酒以后，我就不想再看下去了。”

［疏义］

邢疏："此章言鲁禘祭非礼之事。"

《礼记·礼运》："孔子曰：'於呼哀哉！我观周道，幽、厉伤之。吾舍鲁，何适矣？鲁之郊禘，非礼也。周公其衰矣。'"此所谓"非礼"非指禘祭本身，当指其他失礼之事。孔疏云："鲁合郊禘也，非是非礼。但郊失礼则牛口伤，禘失礼跻僖公。"

朱子《集注》引赵伯循曰："禘，王者之大祭也。王者既立始祖之庙，又推始祖所自出之帝，祀之于始祖之庙，而以始祖配之也。成王以周公有大勋劳，赐鲁重祭。故得禘于周公之庙，以文王为所出之帝，而周公配之，然非礼矣。"此说亦不可据。

（十一）或问禘之说[1]。子曰："不知也。知其说者之于天下也，其如示诸斯乎[2]！"指其掌。

［注释］

①禘之说：禘祭的精义。②示：指示。诸：之于。斯：此，指手掌。

［译文］

有人向孔子请教禘祭的义理。孔子回答："我不懂呀。懂的人对于治理天下之事，就好像指示在手掌上一样清晰。"一面说，一面指着自己的手掌。

［疏义］

《集解》引孔氏曰："答以'不知'者，为鲁讳。"仍就逆祀为说。邢疏亦云："此章言讳国恶之礼也。"

《中庸》："明乎郊社之礼，禘尝之义，治国其如示诸掌乎。"

（十二）祭如在[1]，祭神如神在[2]。子曰："吾不与祭[3]，如不祭。"

［注释］

①祭如在：《集解》引孔氏："言事死如事生。"此"祭"指祭祀祖先。

《礼记·玉藻》："凡祭，容貌颜色，如见所祭者。"②祭神：祭天地百神。③与（yù）祭：亲自参与祭祀。《礼记·祭统》："君子之祭，必身亲莅之，有故则可使人也。"

［译文］

祭祖时，如同祖先真的降临一般；祭神时，也应如神真在那儿受祭一样。孔子说："如果我不去亲自祭祀，［而使人代替的话，］就如同没有祭祀一样。"

［疏义］

"祭如在，祭神如神在"，当为古俗语，孔子续加阐发。朱子《集注》则谓："此门人记孔子祭祀之诚意。"说亦可通。

《礼记·祭统》："礼有五经，莫重于祭。夫祭者，非物自外至者也，自中出生于心也，心怵而奉之以礼。是故唯贤者能尽祭之义。"

邢疏："此章言孔子重祭礼。"《子张》篇亦记子张云："祭思敬。"

（十三）王孙贾问曰①："与其媚于奥，宁媚于灶②，何谓也？"子曰："不然。获罪于天③，无所祷也④。"

［注释］

①王孙贾：卫国大夫。②与其媚于奥，宁媚于灶：此或当时俗语。《集解》引孔氏："贾，执政者，欲使孔子求昵之，微以世俗之言感动之也。"皇疏："时孔子至卫，贾诵此旧语，以感切孔子，欲令孔子求媚于己，如人之媚兆也。"奥，室中西南隅，为居室较隐秘之处，一般为尊者所居。灶，灶神。《集注》："凡祭五祀，皆先设主而祭于其所，然后迎尸而祭于奥，略如祭宗庙之仪。如祀灶，则设主于灶陉，祭毕，而更设馔于奥以迎尸也。故时俗之语，因以奥有常尊而非祭之主，灶虽卑贱而当时用事，喻自结于君，不如阿附权臣也。"按朱熹说，五祀之祭皆须迎尸于奥而祭之，但灶实为与神初接之处，故以之喻宠臣或外朝权臣。③天：《集解》引孔氏："天，以喻君。"《集注》："天，即理也。"今皆不取，直译其文。④祷：《说文》："告事求福也。"

［译文］

王孙贾问孔子："俗话说'与其求媚于奥，不如巴结灶君'，这是什么意思呢？”孔子回答：“这可没有道理。如果得罪了上天，向谁祷告也没用。”

［疏义］

邢疏：“此章言夫子守礼，不求媚于人也。”

（十四）子曰：“周监于二代[①]，郁郁乎文哉[②]！吾从周。”

［注释］

①监：借鉴，参考。二代：指夏、商两代。②郁郁：有文采的样子。《集注》：“文盛貌。”

［译文］

孔子说：“周朝斟酌夏、商两代的制度，制礼作乐，多么美盛呀！我是主张尊崇周礼的。”

［疏义］

《中庸》子曰：“吾学周礼，今用之，吾从周。”

《汉书·礼乐志》：“王者必因前王之礼，顺时施宜，有所损益。周监于二代，礼文尤具，事为之制，曲为之防。故称‘礼经三百，威仪三千’。……孔子美之曰：‘郁郁乎文哉，吾从周。’”

（十五）子入大庙[①]，每事问。或曰[②]：“孰谓鄹人之子知礼乎[③]？入大庙，每事问。”子闻之[④]，曰：“是礼也[⑤]。”

［注释］

①大庙：周公之庙。周公为鲁太祖，故称太庙。②或：有人。③鄹（zōu）人之子：指孔子。鄹为鲁邑（在今山东曲阜东南），孔子之父叔梁纥曾任鄹邑大夫，《左传》襄公十年称“鄹人纥”，故鄹人之子，即指孔子。“鄹”，亦作“陬”。《史记·孔子世家》：“孔子生鲁昌平乡陬邑。”④闻：听说。⑤是：指“每事问”。

［译文］

孔子入周公庙助祭，大事小事都要询问。有人便说：“谁说叔梁纥那个儿子懂礼呢？到了太庙里，事事都向别人请教。”孔子听到了这话，说：“这就是礼呀。”

[疏义]

《乡党》：“入太庙，每事问。”董仲舒《春秋繁露·郊事对》：“孔子入太庙，每事问，慎之至也。”孔子助祭周公之庙，心生虔敬，每事皆问，可谓审慎之至。《集注》引尹氏曰：“礼者，敬而已矣。虽知亦问，谨之至也，其为敬莫大于此。谓之不知礼者，岂足以知孔子哉？”

王充《论衡·知实》：“子入太庙，每事问。不知故问，为人法也。孔子未尝入庙，庙中礼器，众多非一，孔子虽圣，何能知之？”太庙大祭，周礼在鲁者可以尽睹，仪文繁盛，故孔子未必尽识。此又一说。

（十六）子曰：“射不主皮①，为力不同科②，古之道也。”

[注释]

①主皮：以射穿箭靶为贵。皮，张布为箭靶，中以兽皮为靶心。②为（wèi）：因为。科：等，类。

[译文]

孔子说：“射礼并不以穿透箭靶为能事，因为各人气力不同。这是古道。”

[疏义]

《仪礼·乡射礼·记》曰“礼射不主皮”，此为孔子述古礼射之仪。礼射与军射不同，礼射不论中与不中，只要容体比于礼，其节合于乐，皆得与于三番射，所谓尚德不尚力；主皮之射，不中则黜之，不得复射。春秋时崇尚武力，孔子述古射礼以缅怀古道。

“为力不同科”句，《集解》引马融曰：“‘为力’，谓力役之事也。科，品也。古者役使人，随其强弱为科品，使之有上中下三等。”读“为”平声（wéi），解为动词，存参。

（十七）子贡欲去告朔之饩羊①。子曰：“赐也，尔爱其羊[2]，我爱其礼。”

［注释］

①告朔：每年季冬，天子将来年每月政务颁布诸侯，诸侯受藏于太庙，再于每月初一（朔日）供饩羊请于祖庙，颁布实施。此外，天子也在每月初一行告朔礼。皇疏：“礼，天子每月之旦，居于明堂，告其时帝布政，读月令之书，毕，又还大庙，告于太祖。诸侯无明堂，但告于大庙。并用牲，天子用牛，诸侯用羊。”饩（xì）羊：杀而未烹煮之羊。《集解》引郑氏：“牲生曰饩。”②爱：吝惜，爱惜。

［译文］

子贡想将鲁国每月初一太庙告朔的那只腥羊废去不用。孔子说：“赐呀，你吝惜那羊，我爱惜那一古礼呀。”

［疏义］

《史记·历书》：“幽、厉之后，周室微，陪臣执政，史不记时，君不告朔。”《春秋》鲁自文公以后，告朔之礼亦渐罢废。

古礼虽亡，可借名物以考求，虽名存实亡，亦胜于澌灭殆尽。《集解》引包氏：“羊存犹以识其礼，羊亡礼遂废。”邢疏：“此章言孔子不欲废礼也。”

（十八）子曰：“事君尽礼，人以为谄也[1]。”

［注释］

①谄：谄媚。

［译文］

孔子说：“以礼事君，别人竟然视作谄媚。”

［疏义］

鲁公室微弱，政在三家，上行下效，时人事君多不守礼。《集解》引孔氏：“时事君者多无礼，故以有礼者为谄。”邢疏：“此章疾时臣事君多无礼也。”

（十九）定公问[1]：“君使臣[2]，臣事君，如之何？”孔子对曰：“君使臣以礼，臣事君以忠。”

[注释]

①定公：鲁国国君，名宋，襄公之子，昭公之弟，在位十五年，“定”为谥号。②使：任用。

[译文]

鲁定公问：“国君任用臣子，臣子侍奉君主，应当怎样呢？”孔子回答：“国君使臣应合乎礼义，臣子事君当尽忠竭力。”

[疏义]

《集解》引孔氏：“时臣失礼，定公患之，故问之。”

邢疏：“此章明君臣之礼也。”

（二十）子曰：“《关雎》乐而不淫①，哀而不伤②。”

[注释]

①《关雎》：《诗经》首篇，在《国风·周南》。淫：过分。②哀：哀伤。伤：悲痛。

[译文]

孔子说：“《关雎》等乐章，欢乐而不流于放荡，哀伤但不至于悲痛。”

[疏义]

邢疏即云：“此章明正乐之和也。”刘台拱《论语骈枝》云：“诗有《关雎》，乐亦有《关雎》，此章据乐言之。古之乐章皆三篇为一。《仪礼》合乐，《周南·关雎》《葛覃》《卷耳》，《召南·鹊巢》《采蘩》《采蘋》，而孔子但言‘《关雎》之乱’，亦不及《葛覃》以下，此其例也。乐亡而诗存，说者遂徒执《关雎》一诗以求之，岂可通哉？乐而不淫者，《关雎》《葛覃》也；哀而不伤者，《卷耳》也。《关雎》，乐妃匹也；《葛覃》，乐得妇职也；《卷耳》，哀远人也。”此说可从。

《关雎》，毛诗小序云“后妃之德”，郑玄更谓后妃求贤女以事君子。一说诗中淑女即指太姒，指文王求太姒。《集注》云：“《关雎》之诗，言后妃之德宜配君子。求之未得，则不能无寤寐反侧之忧；求而得之，则宜其有琴瑟钟鼓之乐。盖其忧虽深而不害于和，其乐虽盛而不失其正，故夫子称之如此。欲学者玩其辞，审其音，而有以识其性情之正也。”此说亦精。

又，三家诗以《关雎》为刺康王晏起，后世今文经学家遂以此诗乃陈古刺今。谓“乐而不淫”，指后夫人事君子以礼，不淫其色，康王一朝晏起，德缺于房，故诗人作诗以讽，思得淑女以配君子。又谓“哀而不伤”，乃是哀周道而不伤。其说甚辨，而大义总归于诗人忠厚，婉而多讽。今不取此说，存之备参。

（二十一）哀公问社于宰我①。宰我对曰：“夏后氏以松，殷人以柏，周人以栗，曰使民战栗②。”子闻之曰：“成事不说③，遂事不谏④，既往不咎⑤。”

［注释］

①社：土神，这里指祭土神所立的社主，以木为之。古人立社，多以当地宜生之木为之。宰我：孔子弟子，姓宰，名予，字子我，鲁国人。孔门四科中与子贡并列“言语”科。②战栗：恐惧之貌。③说：解释，饰说。④遂：已成，终了。谏：救。⑤咎：责怪，追究。

［译文］

哀公问宰我社主用木之事。宰我回答：“夏代用松木，殷代用柏木，周代用栗木。周用栗木，乃是要百姓恐惧战栗。”孔子听到这话，说：“既成事实就不须再解释了，终了之事也不便再救止了，已经过去的事也不必再怪罪了。”

［疏义］

三代立社，各以土地所宜之木为之，宰我则另生异说。

程树德《论语集释》引苏辙《古史》：“哀公将去三桓而不敢正言。古者戮人于社，其托于社者，有意于诛也。宰我知其意而亦以隐答焉。曰‘使民战栗’，以诛告也。”录之备参。

（二十二）子曰：“管仲之器小哉①！”或曰：“管仲俭乎②？”

曰：“管氏有三归[③]，官事不摄[④]，焉得俭？”“然则管仲知礼乎？”曰：“邦君树塞门[⑤]，管氏亦树塞门；邦君为两君之好[⑥]，有反坫[⑦]，管氏亦有反坫。管氏而知礼[⑧]，孰不知礼？”

［注释］

①管仲：齐桓公相，名夷吾，助桓公成霸业。其事见《史记·管晏列传》。器：器量，识见。②俭：俭朴。③三归：异说纷纭，《集解》引包氏谓娶三姓女，《集注》据《说苑》以为台名，武亿《群经义证》谓乃藏泉布之府库，梁玉绳《瞥记》据《晏子春秋》及翟灏《四书考异》以为乃地名，公家之地桓公赐之以为采邑。郭嵩焘《养知书屋文集》卷一《释三归》，则解三归为市租。俞樾《群经平议》则以为家有三处。今从封地采邑之说。三指三处，或多处。④摄：兼。⑤树：立。塞门：屏，照壁。⑥好：友好。⑦反坫(diàn)：筑土为台，设于堂前两楹之间，上可置物，谓之“坫”。两君酬酢，以空酒杯反置其上，谓之“反坫”。⑧而：如果。

［译文］

孔子说：“管仲的器量太狭小了吧！”有人便问：“他是不是生活得很简朴？”孔子回答：“管仲独享多处封邑，家臣各有专差，不相兼职。他怎么算得上简朴呢？”旁人又问：“那管仲懂礼吗？”孔子又答：“国君大殿门前，立一个照壁，管仲也同样立了一个；国君招待他国君主，在堂前设有放置酒杯的台子，管仲也如此这般。管仲如果算懂礼，那么世上便没有谁不懂礼了！”

［疏义］

邢疏：“此章言管仲僭礼也。”朱子《集注》引程子曰：“奢而犯礼，其器之小可知。盖器大，则自知礼而无此失矣。”

《宪问》篇子曰：“管仲相桓公，霸诸侯，一匡天下，民到于今受其赐。微管仲，吾其被发左衽矣。”《管子·小匡》篇施伯谓鲁侯曰：“管仲者，天下之贤人也，大器也。在楚则楚得意于天下，在晋则晋得意于天下，在狄则狄得意于天下。”与此章当分别观之。

“三归”之文亦见于《晏子春秋》。《内篇杂下》云：“晏子相景公，老，辞邑。公曰：‘自吾先君定公至今，用世多矣，齐大夫未有老辞邑者。今夫子独辞之，是毁国之故，弃寡人也。不可！’晏子对曰：‘婴闻古之事君者，称身而食。德厚而受禄，德薄则辞禄。德厚受禄，所以明上也；德薄辞禄，可以洁下也。婴老，薄德无能，而厚受禄，是掩上之明，污下之行，不可。’公不许，曰：‘昔吾先君桓公，有管仲恤劳齐国，身老，赏之以三归，泽及子孙。今夫子亦相寡人，欲为夫子三归，泽至子孙，岂不可哉？’对曰：‘昔者管子事桓公，桓公义高诸侯，德备百姓。今婴事君也，国仅齐于诸侯，怨积乎百姓，婴之罪多矣，而君欲赏之，岂以其不肖父为不肖子厚受赏以伤国民义哉？且夫德薄而禄厚，智惛而家富，是彰污而逆教也，不可。’”齐景公因晏子辞邑，遂提及桓公赏三归之事。三归之为封邑，其义显然。

（二十三）子语鲁大师乐[①]。曰：“乐其可知也：始作[②]，翕如也[③]；从之[④]，纯如也[⑤]，皦如也[⑥]，绎如也[⑦]，以成[⑧]。”

[注释]

①语（yù）：告诉。大（tài）师：乐官之长。②始作：雅乐以钟鼓之音（金奏）为始。③翕（xī）如：美盛之貌。或谓听众神色变动之貌。④从（zòng）之：金奏之后，众音相随。⑤纯如：众音相和之貌。纯，齐同。⑥皦（jiǎo）如：音节明晰、条理秩然之貌。皦，明晰。⑦绎如：连续不绝、络绎奔会之貌。绎，《集注》：“相续不绝。”⑧以成：至此完成。

[译文]

孔子对鲁太师言雅乐之义，说：“乐之义理明白可知。金奏之始，庄严辉煌，接着众音相随，纯美和谐，且音节明晰，条理秩然，此后乐音连绵不绝，络绎奔会，直至最终完成。”

[疏义]

钱穆《论语新解》引或说：“乐之开始为金奏，继之以升歌，歌者升堂唱诗，其时所重在人声，不杂以器声，其声单纯，故曰纯如也。升歌之后，继以笙入，奏笙有声无辞，而笙音清别，故曰皦如也。于是乃有间歌。歌声与笙奏间代而作，寻续不绝，故曰绎如也。有此四奏，然后合乐，众人齐唱，所谓洋洋乎盈耳也。如是始为乐成。”

（二十四）仪封人请见①。曰：“君子之至于斯也②，吾未尝不得见也。”从者见之③。出曰：“二三子何患于丧乎④？天下之无道也久矣，天将以夫子为木铎⑤。”

[注释]

①仪：卫邑。封人：守邑界之官。皇疏：“封人，守卫邑之界吏。周人谓守封疆之人为封人。”请见：求见。②斯：仪地。③从者：指孔子弟子。见（xiàn）之：为仪封人引见。④二三子：孔子弟子。患：担忧。丧（sàng）：失位，无官位。或说指天下无道。⑤木铎：金属制大铃，形如铙、钲，内有木舌，故称“木铎”，古代宣教令之官所用。

[译文]

卫国仪地的边防官求见孔子，还说：“所有来到这里的贤人君子，我从来没有见不上的。”孔子弟子为他引见。他入见后出来，对大家说：“诸位何必担心没有官位呢？天下无道已久，老天将以你们的老师为木铎施教天下呢！”

（二十五）子谓《韶》①：“尽美矣②，又尽善也③。”谓《武》④：“尽美矣，未尽善也”。

[注释]

①《韶》：传为帝舜之乐舞，据说用排箫演奏，故又称“箫韶”。②美：声容、舞容之美。③善：道德、情感之善。④《武》：传为武王之乐舞，为武舞。

[译文]

孔子评价《韶》乐：“尽美，又尽善呀。”评价《武》乐：“尽美，但未尽善呢。”

[疏义]

舜受禅得天下，其乐舞博大平和，有天下为公之象，故尽美尽善；武王征讨得天下，其乐舞声势壮美，但未尽脱杀伐之象，故未臻至善之境。

（二十六）子曰：“居上不宽①，为礼不敬②，临丧不哀③，吾何以观之哉？”

[注释]

①上：上位。②为礼：指日常行事、仪节。为，行。③丧：丧礼。

[译文]

孔子说：“居上位无宽宏之德，日常所行无敬慎之意，临丧礼却面无哀色，[对这样的君上，] 我哪还有什么好期待的？”

里仁第四

共二十六章

（一）子曰："里仁为美①，择不处仁②，焉得知③？"

[注释]

①里：民所居之邑。或谓动词，居处之义。②择：皇侃《论语义疏》引沈居士解为选择所处之道，可从。或解为择居，亦可通。处（chǔ）：居住。③知：同"智"，明智。

[译文]

孔子说："所居之地［尚］贵有敦让仁厚之俗，持身却不择仁德，怎么能算明智呢？"

[疏义]

《荀子·劝学》："君子居必择乡，游必就士，所以防邪僻而近中正也。"

《孟子·公孙丑上》："孟子曰：'矢人岂不仁于函人哉？矢人惟恐不伤人，函人惟恐伤人。巫匠亦然。故术不可不慎也。孔子曰："里仁为美，择不处仁，焉得智？"夫仁，天之尊爵也，人之安宅也，莫之御而不仁，是不智也。'"《孟子·离娄上》亦云："仁，人之安宅也。"可见孟子以"择"为立身行事。居处之地当近仁义所在，日常修身亦当亲仁近贤。孟子发挥经义甚精。

（二）子曰："不仁者不可以久处约①，不可以长处乐②。仁者安仁③，知者利仁④。"

[注释]

①约：这里指困顿。②乐：富贵。③安仁：安处仁道。④利仁：知仁德利人、利己而为之。

[译文]

孔子说："心无仁德之人做不到长处困顿，也做不到长处安乐。仁爱的人安于仁道，自然而然；聪明的人力行仁道，笃守不移。"

[疏义]

《集注》引谢氏曰："安仁者非颜、闵以上，去圣人为不远，不知此味也。诸子虽有卓越之才，谓之见道不惑则可，然未免于利之也。"

（三）子曰："唯仁者能好人①，能恶人②。"

[注释]

①唯：只有。好（hào）：喜欢。②恶（wù）：厌恶。

[译文]

孔子说："唯有心怀仁德者对人之好恶，能不失公正之心。"

[疏义]

《颜渊》篇，子曰："克己复礼为仁。"仁者达礼，故不轻为好恶。邢疏："此章言唯有仁德者无私于物，故能审人之好恶也。"《集注》："盖无私心，然后好恶当于理，程子所谓'得其公正'是也。"

（四）子曰："苟志于仁矣①，无恶也②。"

[注释]

①苟：诚。②恶（è）：恶行。

[译文]

孔子说："如能立志行仁，将不会再有作恶之心。"

[疏义]

邢疏："此章言诚能志在于仁，则其余行终无恶也。"或解"恶"为厌恶，谓无怨天尤人之心，亦备一说。

（五）子曰：“富与贵是人之所欲也[1]，不以其道得之，不处也[2]；贫与贱是人之所恶也[3]，不以其道得之，不去也[4]。君子去仁，恶乎成名[5]？君子无终食之间违仁[6]，造次必于是[7]，颠沛必于是[8]。”

［注释］

①富：财多。贵：位高。②处：居。③贫：贫困乏财。贱：地位低下。恶（wù）：嫌恶。④不以其道得之，不去也：不是靠行正道而远离贫贱，君子也不会逃避。这里的“得”即实现“去”贫贱的目的。又，《集解》引孔氏曰：“时有否泰，故君子履道而反贫贱，此则不以其道得之，虽是人之所恶，不可违而去之。”此解亦足发挥大义。生于乱世，有行善道却处贫贱忧患者，君子亦不归疚于择术不当，孔子厄于陈蔡即是。⑤恶（wū）：何。乎：助词。⑥终食之间：一顿饭工夫。违：违背，抛弃。⑦造次：《集注》：“急遽苟且之时。”⑧颠沛：《集注》：“倾覆流离之际。”

［译文］

孔子说：“富贵是人所期盼的，但如果不是因为行正道获得，君子不会接受。贫贱是人所厌恶的，但如果不是靠行正道而远离贫贱，君子也不会逃避。君子如果抛弃了仁德，怎么配称君子呢？君子连吃一顿饭工夫也不离仁德，仓促急遽之时如此，颠仆困顿之时也如此。”

［疏义］

《论语·述而》篇，子曰：“不义而富且贵，于我如浮云。”《礼记·曲礼上》：“临财毋苟得，临难毋苟免。”《中庸》：“君子素其位而行，不愿乎其外。素富贵，行乎富贵；素贫贱，行乎贫贱；素夷狄，行乎夷狄；素患难，行乎患难，君子无入而不自得焉。”

按《史记·孔子世家》记孔子厄于陈蔡事，颜回入见，孔子曰：“回，《诗》云‘匪兕匪虎，率彼旷野’。吾道非邪？吾何为于此？”颜回曰：“夫子之道至大，故天下莫能容。虽然，夫子推而行之，不容何病，不容然后见君子。夫道之不修也，是吾丑也。夫道既已大修而不用，是有国者之丑也。不容何病，不容然后见君子。”

（六）子曰：“我未见好仁者①，恶不仁者②。好仁者，无以尚之③；恶不仁者，其为仁矣④，不使不仁者加乎其身⑤。有能一日用其力于仁矣乎？我未见力不足者。盖有之矣⑥，我未之见也。”

［注释］

①好仁：笃好仁德。②恶不仁：厌恶不仁。③尚：超过，高出。④矣：句末表停顿，引起下文。刘氏《正义》：“‘矣’者，起下之辞。”⑤其：自己。⑥盖：或许，大概。有之：《集注》：“谓有用力而力不足者。”

［译文］

孔子说：“我没有见过笃好仁德、憎恶不仁的人。好仁之人，那是至高无上的了。憎恶不仁的人，他修仁德，为的是远离邪曲不仁之风。有能用一日之功［全力］行仁的吗？我没见过能力不足的。或许有能力不足的吧，但我从没见过。”

［疏义］

《论语·雍也》篇，子曰：“回也，其心三月不违仁，其余则日月至焉而已矣。”颜回三月不违仁，近于好仁、安仁者。

《大学》引汤之《盘铭》曰：“苟日新，日日新，又日新。”《中庸》子曰：“力行近乎仁。”一日行仁，即为自新之道，日日自新，则渐进于好仁之境。

（七）子曰：“人之过也①，各于其党②。观过，斯知仁矣③。”

［注释］

①过：过失，错误。②党：类。③斯：连词，则，而。知仁：知犯错者有无仁德。此从《集注》说。

[译文]

孔子说："什么样的人，犯什么样的错。仔细考察其人所犯过错，就会知道他心中有无仁德。"

[疏义]

《集注》引程子曰："人之过也，各于其类。君子常失于厚，小人常失于薄；君子过于爱，小人过于忍。"又引尹氏曰："于此观之，则人之仁不仁可知矣。"

古注则不同。《集解》引孔氏："小人不能为君子之行，非小人之过，当恕而勿责之。观过，使贤愚各当其所，则为仁矣。"意谓对人不求全责备，方合仁德。此解亦可通。

（八）子曰："朝闻道①，夕死可矣。"

[注释]

①闻：知晓。

[译文]

孔子说："早晨悟知大道，即使当晚死去，我也无憾了。"

[疏义]

此章言明道之难。

何晏《集解》："言将至死不闻世之有道。"则为叹伤时世之意。

黄式三《后案》："此言以身殉道也。朝闻当行之道，夕以死赴之，无苟安，无姑待，成仁取义，勇决可嘉矣。"亦备一说。

（九）子曰："士志于道，而耻恶衣恶食者①，未足与议也②。"

[注释]

①耻：以……为羞耻。②议：探讨大道。

[译文]

孔子说："士人既立志求道，还以吃粗粮、穿敝衣为耻，这种人不足与之讲论大道。"

[疏义]

刘氏《正义》："《白虎通·爵篇》：'士者，事也，任事之称也。故传曰：通古今、辨然不谓之士。'案：士居四民之首，其习于学，有德行道艺者，始出仕者亦谓之士。故士为学人进身之阶。《荀子·儒效篇》：'匹夫问学，不及为士，则不教也。'圣门弟子来学时多未仕，故夫子屡言士，而子张、子贡亦问士，皆循名责实之意。"

（十）子曰："君子之于天下也，无适也①，无莫也②，义之与比③。"

[注释]

①适：《集注》："专主也。"②莫：《集注》："不肯也。"③比（bì）：亲比，听从。《集注》："比，从也。"

[译文]

孔子说："君子对于天下人事，没有非要迎合的，也没有非要疏远的，只听从内心的道义。"

[疏义]

《卫灵公》篇，子曰："君子义以为质。"

（十一）子曰："君子怀德①，小人怀土②；君子怀刑③，小人怀惠④。"

[注释]

①怀：思。德：道德。②土：乡里。或指田土产业。③刑：制度，纲纪。④惠：恩惠，私利。

[译文]

孔子说："君子追慕德义，小人挂念乡土；君子胸怀纲纪，小人贪求恩惠。"

[疏义]

《集注》："君子小人趣向不同，公私之间而已。"

（十二）子曰："放于利而行①，多怨②。"

［注释］

①放：《说文》："放，逐也。"②怨：招致怨恨。《集解》引孔氏："取怨之道。"或解为怨天尤人，亦可。

［译文］

孔子说："凡事逐利而为，往往成为众怨所聚。"

（十三）子曰："能以礼让为国乎？何有①？不能以礼让为国，如礼何？"

［注释］

①何有：何难之有。

［译文］

孔子说："能以礼让治国吗？［如果可以，］则治国何难之有？如果不能以礼让治国，［礼不过成了摆设，］又能用礼来做什么呢？"

［疏义］

黄氏《后案》引《荀子·强国篇》云："人之命在天，国之命在礼。"又引《修身篇》云："凡用血气、志意、知虑，由礼则治通；饮食、衣服、居处、动静，由礼则和节；容貌、态度、进退、趋行，由礼则雅。故人无礼则不生，事无礼则不成，国无礼则不宁。"

（十四）子曰："不患无位①，患所以立②；不患莫己知，求为可知也。"

［注释］

①位：官职。②立：自于其位。或说"立"即古"位"字。

［译文］

孔子说："不要担心没有官位，要担心才德是否足以自立；不要担心别人不懂自己，要追求值得被他人称道的德行。"

（十五）子曰：“参乎[1]！吾道一以贯之[2]。”曾子曰：“唯[3]。”子出。门人问曰[4]：“何谓也[5]？”曾子曰：“夫子之道，忠恕而已矣[6]。”

［注释］

①参：曾参之名。②一：总，统合。贯：贯通。③唯（wěi）：应答尊长之声。《礼记·曲礼上》：“父召无诺，先生召无诺，唯而起。”郑玄注：“应辞‘唯’恭于‘诺’。”④门人：孔子弟子。⑤也：同“邪”，表疑问语气。⑥忠恕：《集注》：“尽己之谓忠，推己之谓恕。”而已矣：《集注》：“竭尽而无余之辞也。”

［译文］

孔子说：“参呀！我的学说是有所统贯的。”曾子说：“是。”孔子离开后，同门便问曾子道：“老师这话究竟是什么意思？”曾子回答：“先生的学说，不过‘忠’‘恕’罢了。”

［疏义］

《卫灵公》篇，子贡问曰：“有一言而可以终身行之者乎？”子曰：“其恕乎！己所不欲，勿施于人。”《中庸》引孔子曰：“忠、恕违道不远。”

黄氏《后案》：“‘一’者，总词。道散见于天下，而人己内外之交有可总以贯之者，故曰‘一以贯之’，下文所言‘忠恕’是也。……戴东原曰：‘一以贯之，非以一贯之。’”

（十六）子曰：“君子喻于义[1]，小人喻于利。”按如焦说，则此章“君子”“小人”乃以位言，强调君子治民须能利民，不可侈谈义而不言利。

［注释］

①喻：知晓。

［译文］

孔子说：“君子明于公理，而小人唯知私利。”

[疏义]

皇疏引范宁曰："弃货利而晓仁义，则为君子；晓货利而弃仁义，则为小人也。"

刘氏《正义》引焦循《雕菰楼文集》："《荀子·王制篇》：'古者虽王公卿士大夫之子孙，不能属于礼义，则归之庶人；虽庶人之子孙，积文学、正身行能属于礼义，则归之于卿大夫。'案：卿士大夫，君子也；庶子，小人也。贵贱以礼义分，故君子、小人以贵贱分，即以能礼义不能礼义言。能礼义，故喻于义；不能礼义，故喻于利。'无恒产而有恒心者，惟士为能'，君子喻于义也；'若民则无恒产，因无恒心'，小人喻于利也。惟小人喻于利，则治人者必因民之所利而利之，故《易》以君子孚于小人为利。君子能孚于小人，而后小人乃化于君子。此教必本于富，驱而之善，必使仰足事父母，俯足畜妻子。儒者知义利之辨，而舍利不言，可以守己，而不可以治天下之小人。小人利而后可义，君子以利天下为义。孔子此言，正欲君子之治小人者，知小人喻于利。"

（十七）子曰："见贤思齐焉①，见不贤而内自省也②。"

[注释]

①贤：贤人。②省（xǐng）：反省。

[译文]

孔子说："见到贤人，应该向他看齐；见到不贤之人，也当自我反省。"

[疏义]

黄氏《后案》："贤、不贤，兼古今人说。儒者读书稽古，阅历时事，见圣贤之德业而思副其愿，见小人之行事而返己求过，皆是也。"

刘氏《正义》引《荀子·修身篇》："见善，修然必以自存也；见不善，愀然必以自省也。"

（十八）子曰："事父母几谏①。见志不从，又敬不违②，劳而不怨③。"

［注释］

①几（jī）：轻微，指声柔气和。谏：规劝。②不违：不违礼。《为政》篇孔子即以“无违”一语答孟懿子问孝。一说不违初衷，择机续谏。③劳：忧虑，操心。

［译文］

孔子说：“侍奉父母，［遇到他们有不对的地方，］要委婉地加以劝止。如果心意未被听从，仍当恭敬守礼；即使满心忧虑，也不心生怨怼。”

［疏义］

皇疏：“此并下四章，皆明孝也。”

《礼记·内则》：“父母有过，下气怡色，柔声以谏。谏若不入，起敬起孝，说则复谏；不说，与其得罪于乡党州闾，宁孰谏。父母怒、不说，而挞之流血，不敢疾怨，起敬起孝。”朱子《集注》谓《论语》此章与《内则》之言相表里。

（十九）子曰：“父母在，不远游①，游必有方②。”

［注释］

①游：出行，出游。古人宦游、游学、漫游往往远行。游：黄氏《后案》释为“近游”，今从之。②方：确定去处。《集解》引郑氏：“犹常也。”邢疏解为“常所”是也。

［译文］

孔子说：“父母健在，不轻易远行，近游也须有常所。”

［疏义］

《礼记·曲礼上》：“夫为人子者，出必告，反必面，所游必有常。”即指近游而言。

或谓“方”为道理、规矩之意，“游必有方”指远游必须要有一定原因和道理。亦通。

（二十）子曰[①]："三年无改于父之道，可谓孝矣。"

［注释］

①子曰：此章与《学而》重出，当是弟子各记所闻。

［译文］

孔子说："父亲去世，三年不改父亲所传家风，可称为孝。"

［疏义］

刘氏《正义》："案《论语》中重出者数章，自缘圣人屡言及此，故记者随文记之。《春秋繁露·祭义篇》孔子曰：'书之重，辞之复。呜呼！不可不察也。其中必有美者焉。'"

（二十一）子曰："父母之年，不可不知也[①]，一则以喜，一则以惧。"

［注释］

①知：记得。

［译文］

孔子说："父母的岁数，不可不常记在心，一方面要为其高寿而欢喜，另一方面也当有所忧惧［，担心尽孝奉养之时无多］。"

（二十二）子曰："古者言之不出，耻躬之不逮也[①]。"

［注释］

①耻：以……可耻。躬：躬行。逮（dài）：及。

［译文］

孔子说："古人不轻易出言，是怕自己的行动跟不上，将深以为耻。"

［疏义］

朱子《集注》："言古者，以见今之不然。"

（二十三）子曰："以约失之者鲜矣[①]。"

[注释]

①约：节制，不放纵。鲜（xiǎn）：少。

[译文]

孔子说："因为自我节制仍然有了过失，这种情况很少。"

[疏义]

《礼记·表记》："恭近礼，俭近仁，信近情，敬让以行此，虽有过，其不甚矣。夫恭寡过，情可信，俭易容也，以此失之者，不亦鲜乎？"

朱子《集注》引尹氏曰："凡事约则鲜失，非止谓俭约也。"

（二十四）子曰："君子欲讷于言而敏于行[①]。"

[注释]

①讷（nè）：迟钝。敏：勤敏。

[译文]

孔子说："君子所自期，宁愿言语上迟钝，行事却要勤敏。"

（二十五）子曰："德不孤，必有邻[①]。"

[注释]

①邻：亲密，亲近。《广韵》："邻，近也，亲也。"

[译文]

孔子说："有德之人不会孤独，必有志同道合者相亲近。"

[疏义]

邢疏："此章勉人修德也。"君子立德，即使当世声名不彰，后世亦必有闻其德音而起者。

（二十六）子游曰："事君数[①]，斯辱矣；朋友数，斯疏矣。"

[注释]

①数（shuò）：《集解》："谓速数之数。"黄氏《后案》谓即迫促之意。今从之。《集注》解为烦渎。亦前义所包。

［译文］

子游说：“事君急切迫促，将会招来侮辱；交友礼数烦渎，反而易致疏远。”

［疏义］

《学而》篇，有子曰：“恭近于礼，远耻辱也。”《颜渊》篇，子贡问友。子曰：“忠告而善道之，不可则止，无自辱焉。”

《集注》引范氏曰：“君臣、朋友，皆以义合，故其事同也。”

邢疏：“此章明为臣、结交，当以礼渐进也。”《后案》：“言事以和缓为贵，拨乱而反之正，相观而摩以善，皆非可以骤期。”与邢疏义近。

公冶长第五

共二十八章

（一）子谓公冶长[①]：“可妻也[②]，虽在缧绁之中[③]，非其罪也。”以其子妻之[④]。

[注释]

①谓：评论。公冶长：孔子弟子，齐国人，姓公冶，名长。或谓长是其字，因下两章“南容”“子贱”皆是称字。②妻（qì）：作动词用。《集注》：“为之妻也。”③缧（léi）绁（xiè）：以绳捆缚之义，代指监狱。《集解》引孔氏：“缧，黑索；绁，挛也，所以拘罪人。”④子：女儿。

[译文]

孔子评价公冶长：“可将女儿嫁给他。他虽曾被下到监狱，但并非他的罪过。”于是将自己的女儿嫁给了他。

（二）子谓南容[①]：“邦有道，不废[②]；邦无道，免于刑戮[③]。”以其兄之子妻之[④]。

[注释]

①南容：孔子弟子，鲁国人，居南宫，因以为氏，名适（kuò），子容是其字。《先进》篇：“南容三复‘白圭’，孔子以其兄之子妻之。” 兄：孔子之兄，名孟皮。②废：不被任用。③戮：辱。④兄：孔子之兄，名孟皮。

[译文]

孔子评价南容：“国家有道之时，他不会无所作为；国家无道之时，他也不会遭受刑辱。”于是把自己的侄女嫁给了他。

[疏义]

邢疏：“此章孔子评论弟子南容之贤行也。”

朱子《集注》此章与上章合为一章。

（三）子谓子贱①：“君子哉若人②！鲁无君子者，斯焉取斯③？”

[注释]

①子贱：孔子弟子，鲁国人，姓宓，名不齐，子贱是字，比孔子小三十岁。②若人：此人，这人。③斯焉取斯：从何取得君子的行为以为效法。上“斯”指子贱，下“斯”指君子之德。取，取法。

[译文]

孔子称赞宓子贱：“这个人真是个君子呀！但如果鲁国没有君子的话，宓子贱又从哪儿去汲取这样的品德呢？”

[疏义]

邢疏：“此章论子贱之德也。”

《韩诗外传》卷二：“子贱治单父，弹鸣琴，身不下堂，而单父治。巫马期以星出，以星入，日夜不处，以身亲之，而单父亦治。巫马期问于子贱，子贱曰：‘我任人，子任力。任人者佚，任力者劳。’”

（四）子贡问曰：“赐也何如①？”子曰：“女②，器也③。”曰：“何器也？”曰：“瑚琏也④。”

[注释]

①赐：子贡自称其名。②女：同“汝”。③器：《集注》：“有用之成材。”④瑚琏（húliǎn）：《集注》：“夏曰瑚，商曰琏，周曰簠簋，皆宗庙盛黍稷之器而饰以玉，器之贵重而华美者也。”

[译文]

子贡问：“［夫子觉得］赐怎么样呢？”孔子说：“你是一件有

用之器。”子贡问：“什么样的器呢？”孔子说：“你是宗庙里那种盛黍稷的瑚琏。”

[疏义]

邢疏：“此章明弟子子贡之德也。”

《集注》：“子贡见孔子以君子许子贱，故以己为问，而孔子告之以此。然则子贡虽未至于不器，其亦器之贵者欤？”

（五）或曰：“雍也仁而不佞[①]。”子曰：“焉用佞？御人以口给[②]，屡憎于人[③]。不知其仁，焉用佞？”

[注释]

①雍：孔子弟子，冉雍，字仲弓，鲁国人。佞（nìng）：有口才，善辞令。②御：应对，应答。给（jǐ）：善辩。③屡：多次，不断。憎：憎恶。

[译文]

有人说：“冉雍这个人有仁德，可是缺乏口才。”孔子说：“仁德之人为何一定需要口才？以能言善辩对付人，只会不断讨人厌。冉雍是否具备仁德，我不确定，但仁者为什么非要有口才呢？”

[疏义]

邢疏：“此章明仁不须佞也。”

《集注》：“或疑仲弓之贤而夫子不许其仁，何也？曰：仁道至大，非全体而不息者，不足以当之。”

（六）子使漆雕开仕[①]。对曰：“吾斯之未能信[②]。”子说[③]。

[注释]

①漆雕开：孔子弟子，姓漆雕，本名启，后人避汉景帝讳改为“开”，字子开，一字子若，鲁国人。②吾：漆雕开自称。皇疏：“答师称‘吾’者，古人皆然也。”斯：仕进之道。③说：同“悦”。

[译文]

孔子建议漆雕开出仕。漆雕开回答：“我对于出仕还不能自信。”孔子听了很高兴。

[疏义]

《集解》引郑氏：“善其志道深。”皇疏引范宁曰：“孔子悦其志道之深，不汲汲于荣禄也。”

刘氏《正义》：“漆雕氏必其职掌漆饰雕刻，以官为氏者也。夫子使开仕，当在为鲁司寇时。”

（七）子曰：“道不行，乘桴浮于海①。从我者②，其由与？”子路闻之喜。子曰：“由也好勇过我，无所取材③。”

[注释]

①桴（fú）：小竹排。《集解》引马氏：“桴，编竹木大者曰筏，小者曰桴。”②从：跟随。③材：通“哉”，叹词。一说通“裁”，裁度事理。

[译文]

孔子说：“大道不能行，我想乘桴漂流于海。门人中能跟随我的，大概只有子路了吧。”子路听到这话，很高兴。孔子又说：“子路比我还勇敢，［不过］这没什么可取的。”

[疏义]

邢疏：“此章仲尼患中国不能行己之道也。”

《宪问》篇，子曰：“仁者必有勇，勇者不必有仁。”乘小桴泛巨海，恐无可济之理。圣人仁以为己任，死而后已。子路勇于赴道，夫子并不轻许。

（八）孟武伯问：“子路仁乎？”子曰：“不知也。”又问。子曰：“由也，千乘之国①，可使治其赋也②。不知其仁也。”“求也何如③？”子曰：“求也，千室之邑④，百乘之家⑤，可使为之宰也⑥。不知其仁也。”“赤也何如⑦？”子曰：“赤也，束带立于朝⑧，可使与宾客言也⑨。不知其仁也。”

[注释]

①千乘（shèng）之国：诸侯国。②赋：《集解》引孔氏曰：“兵赋。”

《集注》："古者以田赋出兵，故谓兵为赋，指军政武备之事。"③求：孔子弟子冉求。④千室之邑：《集解》引孔氏："千室之邑，卿大夫之邑。"邑，城邑。⑤百乘之家：《集解》引孔氏："卿大夫称家。诸侯千乘，大夫百乘。"家，封地或采邑。⑥之：其。宰：家臣。《集注》："邑长家臣之通号。"⑦赤：孔子弟子公西华，名赤，字子华，比孔子小四十二岁。⑧束带：穿着礼服。⑨宾客：此处泛指邻国使臣之来聘问者。古义，贵客称宾，普通客人谓之客。

[译文]

孟武伯问："子路称得上仁德之人吗？"孔子说："我不知道。"孟武伯又问子路究竟如何。孔子说："由呀，可以让他管理大国之军政。至于是否称得上仁德，我就不知道了。"孟武伯继续问："冉有怎么样呢？"孔子说："求呀，可以让他担任卿大夫的家臣或邑宰。至于是否称得上仁德，我也不知道。"孟武伯又问："那公西华怎么样呢？"孔子说："赤呀，国有宾客使臣，可使他穿着礼服，立朝应对。至于是否称得上仁德，我也不知道。"

[疏义]

邢疏："此章明仁之难也。"

（九）子谓子贡曰："女与回也孰愈[①]？"对曰："赐也何敢望回[②]？回也闻一以知十，赐也闻一以知二。"子曰："弗如也[③]！吾与女弗如也[④]。"

[注释]

①女：同"汝"。愈：胜。②望：比量。邢疏："望，谓比视。"《礼记·表记》"以人望人"，郑玄注："以时人相比方。"孔颖达疏："望，比也。"③弗：不。④与：《集解》引包氏解为连词，《集注》以为认可、赞成之意，皆通。女：同"汝"。

[译文]

孔子问子贡："你和颜回相较如何？"子贡回答："我哪里敢和颜回比呢？颜回闻一而知十，［明澈通达。］我不过闻一以知二罢了。”孔子说：“你确实不如他，我和你都不如他。”

［疏义］

《集解》引包氏曰：“俱不如者，盖欲以慰子贡也。”

《集注》：“一，数之始。十，数之终。二者，一之对也。颜子明睿所照，即始而见终；子贡推测而知，因此而识彼。”

（十）宰予昼寝①。子曰：“朽木不可雕也②，粪土之墙不可杇也③，于予与何诛④？”子曰⑤：“始吾于人也，听其言而信其行⑥；今吾于人也，听其言而观其行。于予与改是⑦。”

［注释］

①宰予：孔子弟子，姓宰，名予，字子我，故又称宰我，鲁国人。昼寝：白天睡觉。此乃昏惰废学之态。②朽：腐坏。雕：《集解》引包氏：“雕琢刻画。”③粪土：秽土。杇（wū）：涂饰，粉刷。④与：邢疏：“语辞。”诛：责。⑤子曰：此处再出“子曰”，虽亦就宰我而发，与前言或非一人一时所记。《集注》引胡氏曰：“‘子曰’疑衍文，不然，则非一日之言也。”⑥行：所为。⑦是：指“听其言而信其行”。

［译文］

宰予大白天睡觉。孔子说：“烂木头不能再雕刻，肮脏的土墙粉刷不得。对于宰予，还能有什么责备呢！”又说：“以前我对人，听了他的话，便相信他会那么做；现在我对人，听他怎么说，还得看看他究竟怎么做。我就是因为宰予而改变的。”

［疏义］

邢疏：“此章勉人学也。”《集注》引胡氏曰：“宰予不能以志帅气，居然而倦。是宴安之气胜，儆戒之志惰也。古之圣贤未尝不以懈惰荒宁为惧，勤励不息自强，此孔子所以深责宰予也。”

皇疏：“珊琳公曰：宰予见时后学之徒将有懈废之心生，故假昼寝，以发夫子切磋之教。”此又一说。

（十一）子曰："吾未见刚者①。"或对曰："申枨②。"子曰："枨也欲③，焉得刚？"

［注释］

①刚：刚毅。《集注》："坚强不屈之意。"②申枨（chéng）：孔子弟子。③欲：《集注》："多嗜欲。"

［译文］

孔子说："我没见过刚毅之人。"有人回答："申枨是这样的人。"孔子说："申枨多欲，怎么能称得上刚毅？"

［疏义］

《子路》篇，子曰："刚、毅、木、讷近仁。"

名利物欲为修身行道者之累。《孟子·滕文公下》云："富贵不能淫，贫贱不能移，威武不能屈。"

（十二）子贡曰："我不欲人之加诸我也①，吾亦欲无加诸人。"子曰："赐也，非尔所及也②。"

［注释］

①加：施加，对待。黄氏《后案》据段玉裁说，以"加"为"饰辞毁人"，乃就本义而言。诸：之于。②及：能。

［译文］

子贡说："我不愿被他人施加在身上的，我也希望自己不施加在他人身上。"孔子说："赐，这不是你能做到的。"

［疏义］

《集注》："程子曰：'我不欲人之加诸我，吾亦欲无加诸人，仁也；施诸己而不愿，亦勿施于人，恕也。恕则子贡或能勉之，仁则非所及矣。'愚谓'无'者自然而然，'勿'者禁止之谓，此所以为仁、恕之别。"刘氏《正义》引程瑶田《论学小记·进德篇》曰："仁者，人之德也；恕者，行仁之方也。尧、舜之仁，终身恕焉而已矣。勉然之恕，学者之行仁也；自然之恕，圣人之行仁也。能恕则仁矣。……子贡曰'我不欲人之加诸我也，吾亦欲无加诸人'，此恕之说也。自以为及，将止而不进焉，故夫子以'非尔所及'警之。"诸说辨析仁、恕之别，存之备参。

（十三）子贡曰："夫子之文章①，可得而闻也；夫子之言性与天道②，不可得而闻也。"

[注释]

①文章：《诗》、《书》、礼乐。《集注》："德之见乎外者，威仪文辞皆是也。"②性：人性。

[译文]

子贡说："老师讲述《诗》、《书》、礼乐，我们常能听到；老师对于人性和天道的见解，我们一般没有机会听到。"

[疏义]

《集注》："性与天道，则夫子罕言之，而学者有不得闻者。盖圣门教不躐等，子贡至是始得闻之，而叹其美也。程子曰：'此子贡闻夫子之至论而叹美之言也。'"

（十四）子路有闻①，未之能行，唯恐有闻②。

[注释]

①闻：佳言懿行之闻。②有：同"又"。

[译文]

子路有所闻，没来得及践行，唯恐又有所闻。

[疏义]

邢疏："此章言子路之志也。"

《集注》引范氏曰："子路闻善，勇于必行，门人自以为弗及也，故著之。"

（十五）子贡问曰："孔文子何以谓之文也①？"子曰："敏而好学②，不耻下问③，是以谓之文也。"

[注释]

①孔文子：卫国大夫孔圉，又称仲叔圉（见《宪问》篇），谥为“文”。②敏：思维敏捷。③下问：《集解》引孔氏：“下问，谓凡在己下者。”

[译文]

子贡问：“孔文子凭什么得谥为‘文’？”孔子回答：“他聪敏好学，而且不耻下问，所以被谥为‘文’。”

[疏义]

邢疏：“此章言‘文’为美谥也。”

《集注》：“凡人性敏者多不好学，位高者多耻下问。故谥法有以‘勤学好问为文’者，盖亦人所难也。孔圉得谥为文，以此而已。苏氏曰：‘孔文子使太叔疾出其妻而妻之。疾通于初妻之娣，文子怒，将攻之。访于仲尼，仲尼不对，命驾而行。疾奔宋，文子使疾弟遗室孔姞。其为人如此而谥曰文，此子贡之所以疑而问也。孔子不没其善，言能如此，亦足以为文矣，非“经天纬地”之文也。’”

（十六）子谓子产①：“有君子之道四焉：其行己也恭②，其事上也敬③，其养民也惠④，其使民也义⑤。”

[注释]

①子产：郑国贤相公孙侨，字子产，郑穆公之孙，公子发之子。②恭：谦恭。③敬：敬重。④惠：恩惠。⑤义：合宜。

[译文]

孔子评价子产，说：“他在四个方面都无愧于君子之道：为人谦恭，奉上忠敬，惠及百姓，爱惜民力。”

[疏义]

邢疏：“此章美子产之德。”

《左传》昭公二十年：“子产卒，仲尼闻之，出涕曰：‘古之遗爱也。’”

（十七）子曰：“晏平仲善与人交①，久而敬之②。”

[注释]

①晏平仲：齐大夫晏婴，谥“平”。②久而敬之：一说人交久则易狎，晏平仲与人交，虽久而敬意不衰，此为善德。二说晏平仲与人交久而人愈敬之。皇侃《义疏》本即作“久而人敬之”。二说皆可通。今取后说。

[译文]

孔子说：“晏平仲善与人交，和别人处久了，别人越发敬重他。”

（十八）子曰：“臧文仲居蔡①，山节藻棁②，何如其知也③？”

[注释]

①臧文仲：鲁国大夫臧孙辰，谥为“文”。居蔡：蓄养大龟。居，藏。蔡，大龟。②山节藻棁（zhuō）：天子庙饰，言其奢侈。《礼记·明堂位》：“山节，藻棁，复庙，重檐，刮楹，达乡，反坫出尊，崇坫康圭，疏屏，天子之庙饰也。”山节，刻柱顶之斗拱，其形如山。节，通“楶”，斗拱，柱上承梁的方木。也称“栭”。藻棁，雕画藻文于梁上短柱。棁，梁上短柱。③知：同“智”。

[译文]

孔子说：“臧文仲蓄藏了一只大龟，龟室中柱顶斗拱上刻为山形，梁上短柱绘以藻草，他怎么能算得上明智呢？”

[疏义]

邢疏：“此章明臧文仲不知也。”

《论语·雍也》：“务民之义，敬鬼神而远之，可谓知矣。”臧文仲以山节藻棁饰藏龟之室，有谄渎鬼神之嫌，故孔子谓之不智。《集注》：“当时以文仲为知，孔子言其不务民义，而谄渎鬼神如此，安得为知？”

经传称臧文仲，多谓之不仁，不智，不知礼。《左传》文公二年仲尼曰：“臧文仲其不仁者三，不知者三。下展禽，废六关，妾织蒲，三不仁也；作虚器，纵逆祀，祀爰居，三不知也。”《礼记·礼器》篇，孔子曰：“臧文仲安知礼！夏父弗綦逆祀，而弗止也。燔柴于奥，夫奥者，老妇之祭也，盛于盆，尊于瓶。礼也者，犹体也。体不备，君子谓之不成人。”

（十九）子张问曰：“令尹子文三仕为令尹[①]，无喜色；三已之，无愠色。旧令尹之政，必以告新令尹。何如？”子曰：“忠矣[②]。”曰：“仁矣乎？”曰：“未知[③]，焉得仁？”“崔子弑齐君[④]，陈文子有马十乘[⑤]，弃而违之[⑥]。至于他邦，则曰：‘犹吾大夫崔子也。’违之。之一邦，则又曰：‘犹吾大夫崔子也。’违之。何如？”子曰：“清矣[⑦]。”曰：“仁矣乎？”曰：“未知，焉得仁？”

[注释]

①令尹：《集注》：“官名，楚上卿执政者也。”子文：姓鬬，名穀於菟，字子文。《左传》庄公三十年：“鬬穀於菟为令尹。”僖公二十三年子文因成得臣（子玉）之战功，“使为令尹”。三：三次。②忠：尽己无私之谓。③知（zhī）：《集解》《集注》皆读如字。一说同“智”，亦通。④崔子弑齐君：齐庄公通大夫崔杼之妻，被崔杼弑杀，事见《左传·襄公二十五年》。齐君，齐庄公，名光。⑤陈文子：齐国大夫，名须无。十乘（shèng）：一车四马谓之乘，十乘为四十匹马。钱穆《新解》：“乃下大夫之禄。”⑥弃：弃其位。违：离去。⑦清：洁身自好。

[译文]

子张问：“楚国的子文三次当令尹，无喜色；三次被罢免，也无怨态。每回交接职务，一定把旧政转达接替其位的人。这个人怎么样？”孔子回答：“算是能尽忠了。”子张问：“达到仁了吗？”孔子说：“不知道。这怎能称得上仁呢？”子张又问：“崔杼弑杀庄公，陈文子舍弃了四十匹马的大夫之禄，离开了齐国。到了另一个国家，说：‘还是有和齐国崔子差不多的人。’随即离开。又到一国，仍说：‘还是有和齐国崔子差不多的人。’然后又离开。这个人怎么样呢？”孔子回答：“算得上洁身自好了。”子张又问：“达到仁了吗？”孔子说：“不知道。这怎能称得上仁呢？”

[疏义]

《中庸》称知、仁、勇为三达德，“好学近乎知，力行近乎仁，知耻近乎勇”，《子罕》篇“知者不惑，仁者不忧，勇者不惧”。“智”与“仁”相关，智者未必仁，而仁者皆具智识。此章前后多论“智”，故此处读“智”似亦可通。故皇疏引李充曰：“子玉之败，子文之举。举以败国，不可谓智也；贼夫人之子，不可谓仁。”又引李充曰：“违乱求治，不污其身，清矣。而所之无可，骤称其乱，不如宁子之能愚，蘧生之可卷，未可谓智也；洁身而不济世，未可谓仁也。”

《集注》则云：“愚闻之师曰：‘当理而无私心，则仁矣。今以是而观二子之事，虽其制行之高若不可及，然皆未有以见其必当于理，而真无私心也。子张未识仁体，而悦于苟难，遂以小者信其大者，夫子之不许也宜哉。’读者于此，更以上章‘不知其仁’、后篇‘仁则吾不知’之语并与三仁、夷、齐之事观之，则彼此交尽，而仁之为义可识矣。今以他书考之，子文之相楚，所谋者无非僭王猾夏之事。文子之仕齐，既失正君讨贼之义，又不数岁而复反于齐焉，则其不仁亦可见矣。”

（二十）季文子三思而后行①。子闻之，曰：“再，斯可矣②。”

[注释]

①季文子：鲁国大夫季孙行父，谥为“文”。三思而后行：此乃时人对季文子的评价。三为三次，或以为虚数，于文义皆通。②斯：虚词。《集注》：“语辞。”

[译文]

季文子遇事都会考虑多次才行动。孔子得知后说：“考虑两次也就可以了。”

[疏义]

《集解》引郑氏：“文子忠而有贤行，其举事寡过，不必及三思。”邢疏：“此章美鲁大夫季文子之德。”皆以为美季文子。

皇疏引季彪则曰："君子之行谋其始，思其中，虑其终，然后允合事机，举无遗算。是以曾子三省其身，南容三复白圭，夫子称其贤。……时人称季孙名过其实，故孔子矫之，言季孙行事多阙，许其再思则可矣，无缘乃至三思也。此盖矫抑之谈耳，非称美之言也。"黄氏《后案》亦云："'三思'谓思之尽善也。……文子行事之善者可称'再思'，或称之以'三思'而不得也。夫子言再思斯可，而文子所思所行之得失俱可见矣，是圣言之宽简得中也。"

朱子《集注》："程子曰：'为恶之人，未尝知有思，有思则为善矣。然至于再则已审，三则私意起而反惑矣，故夫子讥之。'愚按：季文子虑事如此，可谓详审，而宜无过举矣。而宣公篡立，文子乃不能讨，反为之使齐而纳赂焉，岂非程子所谓私意起而反惑之验欤？是以君子务穷理而贵果断，不徒多思之为尚。"思之过甚，往往易为行动之妨害，故朱子言君子贵果断。

（二十一）子曰："宁武子邦有道则知[①]，邦无道则愚。其知可及也，其愚不可及也。"

[注释]

①宁武子：卫国大夫宁俞，谥为"武"。知：同"智"。

[译文]

孔子说："[时人称]宁武子国家有道时显得很聪明，国家无道时则显得很愚笨。我认为他那种聪明，别人都做得到；那种愚笨，便罕有人能及了。"

[疏义]

邢疏："此章美卫大夫宁武子之德也。"

旧说多以宁武子为"佯愚"，乃韬光养晦、全身远害。今不取此说。按"邦有道则知，邦无道则愚"与上章"三思而后行"类似，皆为"时人"评价之语。此处"智""愚"，亦为世俗之观念。孔子不以为然，故称许其"愚"。《集注》："按《春秋传》，武子仕卫，当文公、成公之时。文公有道，而武子无事可见，此其知之可及也。成公无道，至于失国，而武子周旋其间，尽心竭力，不避艰险。凡其所处，皆智巧之士所深避而不肯为者，而能卒保其身以济其君，此其愚之不可及也。”

《左传》文公四年：“卫宁武子来聘，公与之宴，为赋《湛露》及《彤弓》。不辞，又不答赋。使行人私焉。对曰：‘臣以为肄业及之也。昔诸侯朝正于王，王宴乐之，于是乎赋《湛露》，则天子当阳，诸侯用命也。诸侯敌王所忾，而献其功，王于是乎赐之彤弓一、彤矢百、玈弓矢千，以觉报宴。今陪臣来继旧好，君辱贶之，其敢干大礼以自取戾？’”可见其深明典礼，应对合宜。

（二十二）子在陈[1]，曰：“归与[2]！归与！吾党之小子狂简[3]，斐然成章[4]，不知所以裁之[5]。”

[注释]

①陈：古国名，在今河南东部、安徽北部一带。妫姓，舜之后，周武王所封。春秋末为楚国所灭。②归与（yú）：回去吧。③吾党之小子：《集注》：“门人之在鲁者。”党，志同道合者。狂简：《集注》：“志大而略于事也。”狂者进取，简者疏阔。④斐然：《集注》：“文貌。”成章：《集注》：“言其文理成就，有可观者。”章，花纹。⑤裁：裁制，指导。

[译文]

孔子在陈国，说：“回去吧！回去吧！在鲁国的弟子们志意高远，文采斐然，正不知道怎么去指导他们哩。”

[疏义]

邢疏：“此章孔子在陈既久，言其欲归之意也。”

《史记·孔子世家》：“鲁哀公三年，而孔子年六十矣。……秋，季桓子病，辇而见鲁城，喟然叹曰：‘昔此国几兴矣，以吾获罪于孔子，故不兴也。’顾谓其嗣康子曰：‘我即死，若必相鲁；相鲁，必召仲尼。’后数日，桓子卒，康子代立。已葬，欲召仲尼。公之鱼曰：‘昔吾先君用之不终，终为诸侯笑。今又用之，不能终，是再为诸侯笑。’康子曰：‘则谁召而可？’曰：‘必召冉求。’于是使使召冉求。冉求将行，孔子曰：‘鲁人召求，非小用之，将大用之也。’是日，孔子曰：‘归乎归乎！吾党之小子狂简，斐然成章，吾不知所以裁之。’”

《集注》："夫子初心，欲行其道于天下，至是而知其终不用也。于是始欲成就后学，以传道于来世。又不得中行之士而思其次，以为狂士志意高远，犹或可与进于道也。但恐其过中失正，而或陷于异端耳，故欲归而裁之也。"

（二十三）子曰："伯夷、叔齐不念旧恶①，怨是用希②。"

［注释］

①伯夷、叔齐：孤竹君之子。父死互相让位。武王伐纣，二人叩马而谏。商亡，二人耻食周粟，饿死首阳山。《史记》有二人之传。念：记。恶（è）：别人对自己的侵犯。②用：以。

［译文］

孔子说："伯夷、叔齐从不记念过往的恶人恶事，所以他们的内心少有怨恨。"

［疏义］

邢疏："此章美伯夷、叔齐二人之行。"

《述而》篇孔子称伯夷、叔齐："求仁而得仁，又何怨？"

（二十四）子曰："孰谓微生高直①？或乞醯焉②，乞诸其邻而与之。"

［注释］

①微生高：鲁人，姓微生，名高。②醯（xī）：醋。

［译文］

孔子说："谁说微生高这个人率直？有人向他讨点醋，［他不说自己没有，］却到邻居那儿转讨给人。"

［疏义］

邢疏："此章明直者不应委曲也。"《集注》："人来乞时，其家无有，故乞诸邻家以与之。夫子言此，讥其曲意殉物，掠美市恩，不得为直也。程子曰：'微生高所枉虽小，害直为大。'"

黄氏《后案》云："醯本可有可无之物，而必曲遂乞者之意，是为不直。

朱子言‘掠美’，未必然；言‘曲意殉物’，是也。”

(二十五) 子曰：“巧言、令色、足恭[①]，左丘明耻之[②]，丘亦耻之。匿怨而友其人[③]，左丘明耻之，丘亦耻之。”

[注释]

①足恭：屈膝挪步，作奉承之态。②左丘明：《集解》引孔氏曰“鲁太史”。《史记·十二诸侯年表序》云：“孔子西观周室，论史记旧闻，兴于鲁而次《春秋》……以制义法，王道备，人事浃。七十子之徒口受其传指……鲁君子左丘明惧弟子人人异端，各安其意，失其真，故因孔子史记具论其语，成《左氏春秋》。”③匿怨而友其人：《集解》引孔氏：“心内相怨而外诈亲。”匿，隐藏。

[译文]

孔子说：“说好话，装好脸色，屈膝恭顺，左丘明深以为耻，我也一样。心怀怨恨，表面却装好人，左丘明深以为耻，我也一样。”

[疏义]

马瑞辰《毛诗传笺通释》解《魏风·葛屦》“宛然左辟”云：“‘辟’当读为‘便辟’之‘辟’。《论语》‘足恭’，孔安国注：‘足恭，便辟之貌也。’《诗·板》‘无为夸毗’，《正义》：‘夸毗者，便辟其足，前却为恭。’《论语》‘师也辟’，亦谓便辟，好习容仪也。”

黄氏《后案》引《大戴礼记·曾子立事》“足恭而口圣”及《表记》“君子不失足于人，不失色于人，不失口于人”，谓：“足与言、色并举，足恭即指趋跄奔走而屈膝一流。”

(二十六) 颜渊、季路侍[①]。子曰：“盍各言尔志[②]？”子路曰：“愿车马衣轻裘与朋友共[③]，敝之而无憾[④]。”颜渊曰：“愿无伐善[⑤]，无施劳。”子路曰：“愿闻子之志！”子曰：“老者安之[⑥]，朋友信之，少者怀之[⑦]。”

[注释]

①颜渊：颜回。季路：子路。侍：立侍。②盍：《集注》："何不。"③车马衣轻裘：阮元《论语注疏校勘记》："《唐石经》'轻'字旁注。案《石经》初刻无'轻'字。'车马衣裘'，见《管子·小匡》及《外传·齐语》，是子路本用成语，后人因《雍也》篇'衣轻裘'误加'轻'字，甚误。"阮氏以为古本无"轻"字，今本"轻"字乃后人妄增。其说可从。共：分享。④敝：破败。憾：后悔。⑤伐善：自夸德行。施劳：标榜功劳。一说以劳事施于他人。《集解》引孔氏："不以劳事置施于人。"皆通。⑥安：赡养使安逸。⑦怀：关爱使相亲近。

[译文]

颜回和子路两人侍立在孔子身旁。孔子说："大家何不各自说说自己的志向？"子路说："我愿意将我的车马衣裘和朋友们一起分享，用坏了也不后悔。"颜渊说："希望不夸耀自己的德行，不张扬自己的功劳。"子路对孔子说："希望听听您的志向。"孔子说："[我的志向呀，]希望老者皆有所安养，朋友间相互信任，年轻人得到关爱。"

[疏义]

朱子《集注》引程子曰："先观二子之言，后观圣人之言，分明天地气象。凡看《论语》，非但欲理会文字，须要识得圣贤气象。"

（二十七）子曰："已矣乎①！吾未见能见其过而内自讼者也②。"

[注释]

①已矣乎：叹息之辞。已，止。②内自讼：内省自责。讼，责。

[译文]

孔子说："算了吧！我[很久]没见到那种犯了错误能够内省自责的人了。"

[疏义]

邢疏："此章疾时人有过，莫能自责也。"

《后案》："颜子不贰过，蘧伯玉欲寡过，子路喜闻过，皆品之卓卓，夫子所见。此云然者，见文过之人而叹之也。"

（二十八）子曰："十室之邑[①]，必有忠信如丘者焉，不如丘之好学也。"

[注释]

①十室：《集注》："小邑也。"

[译文]

孔子说："哪怕只有十户人家的地方，也一定有忠信如我者，但是未必赶得上我好学。"

[疏义]

邢疏："此章夫子言己勤学也。"

《述而》篇："子以四教：文、行、忠、信。"忠信为德行之本，但必以好学辅之。故《集注》云："美质易得，至道难闻，学之至则可以为圣人，不学则不免为乡人而已。"

《后案》引戴东原曰："圣贤论行固以忠信为重，苟学不足，则失在知，而行因之谬，虽其心无弗忠、弗信，而害道多矣。"

雍也第六

共三十章

（一）子曰："雍也可使南面[①]。"

［注释］

①雍：冉雍。南面：指居位临民。

［译文］

孔子说："冉雍这个人，可以让他为官从政。"

［疏义］

《集解》引包氏："可使南面者，言任诸侯治。"此汉儒旧义。

（二）仲弓问子桑伯子[①]，子曰："可也[②]，简[③]。"仲弓曰："居敬而行简[④]，以临其民，不亦可乎？居简而行简，无乃大简乎[⑤]？"子曰："雍之言然。"

［注释］

①仲弓：冉雍字。子桑伯子：未详何人。《集解》引王氏："伯子，书传无见。"《集注》："鲁人，胡氏以为疑即庄周所称之子桑户者是也。"邢疏谓："郑以《左传》秦有公孙枝字子桑，则以此为秦大夫，恐非。"②可：还行。《集注》："仅可而有所未尽之辞。"③简：简易，简要。④居：指日常居处。行：行事，指治理政务。⑤无乃：岂不是。大：同"太"。

［译文］

仲弓问到子桑伯子这个人，孔子说："还可以，恬淡简易。"仲弓说："平常居处敬慎，而治政简要，这样对待民众，不是很好吗？平常什么都简易，治政也一切从简，这简直也太简约了吧？"孔子说："冉雍你说得对。"

[疏义]

朱子《集注》并此与上章为一章，谓："仲弓以夫子许己南面，故问伯子如何。"

(三) 哀公问："弟子孰为好学？"孔子对曰："有颜回者好学，不迁怒①，不贰过②。不幸短命死矣③！今也则亡④，未闻好学者也。"

[注释]

①不迁怒：《集解》："迁者，移也。"黄式三《后案》："不迁怒者，恶恶如其分，不因一人之怒滥及无辜，不以一事之怒留为宿怨也。"②贰：复。过：无心之失。③短命：邢疏、《集注》以为颜回三十二而卒，刘氏《正义》认为颜回享年四十一。④亡：通"无"。

[译文]

鲁哀公问："你的弟子当中，谁称得上好学？"孔子答道："有个颜回很好学。他从不迁怒，有过即改，可惜短命死了啊！现在没这样的人了，再没听说如此好学之人了。"

[疏义]

《周易·系辞下》，子曰："颜氏之子，其殆庶几乎！有不善未尝不知，知之未尝复行也。《易》曰：'不远复，无祇悔，元吉。'"

《春秋公羊传》哀公十四年："颜渊死，子曰：'噫！天丧予。'子路死，子曰：'噫！天祝予。'西狩获麟，孔子曰：'吾道穷矣！'"

程树德《论语集释》云："问好学而答以不迁怒、不贰过，则古人所谓'学'，凡切身之用皆是也。"

(四) 子华使于齐①，冉子为其母请粟②。子曰："与之釜[3]。”请益[4]。曰：“与之庾[5]。”冉子与之粟五秉[6]。子曰：“赤之适齐也，乘肥马[7]，衣轻裘[8]。吾闻之也，君子周急不继富[9]。”

[注释]

①子华：公西赤，字子华。使：出使。②冉子：当即冉有。请粟（sù）：皇疏：“子华既出使，而母在家，冉有由朋友之情，故为子华之母就孔子请粟也。”粟，小米。③釜（fǔ）：《集解》引马氏：“六斗四升为釜。”④益：增加。⑤庾（yǔ）：《集解》引包氏：“十六斗曰庾。”黄氏《后案》引《考工记》：“庾，实二斛”，郑注：“斛受斗二升”，谓庾亦有二斗四升之说。刘氏《正义》引戴震之说亦认为二斗四升曰庾。今从二斗四升之说。⑥秉（bǐng）：《集解》引马氏：“十六斛曰秉。”《仪礼·聘礼·记》云“十斗曰斛”。五秉，即八十斛，亦即八百斗。皇侃《义疏》：“孔子与粟既竟，冉子又自以己粟八十斛与之也。”⑦乘肥马：坐着肥马驾的车。⑧衣（yì）：穿。⑨周：通“赒”，救济。急：窘迫，困难。继：增益。

[译文]

子华出使到齐国，冉子替他的母亲向孔子请求小米。孔子说：“给他一釜吧。”冉子请求增益，孔子说：“再给他一庾吧。”冉子给了粟五秉。孔子说：“公西赤这次去齐国，乘着肥马，穿着轻软的皮裘。我听闻啊，君子当救济穷急的人，而不必再帮助富有的人。”

（五）原思为之宰[1]，与之粟九百[2]，辞[3]。子曰：“毋[4]！以与尔邻里乡党乎[5]！”

[注释]

①原思：孔子弟子原宪，字子思。《集解》引包氏：“孔子为鲁司寇，以原宪为家邑宰。”之：孔子。②九百：《集解》引孔氏：“九百，九百斗。”《集注》则云：“九百不言其量，不可考。”钱穆《新解》：“与之粟九百：家宰有常禄，原思家贫，孔子与之粟九百。当是九百斛。古制大夫家宰，用上士为

之，原思所得，盖略当一上士之禄。……略当其时四百五十亩耕田之收益。”③辞：推辞。④毋：禁止、劝阻之辞。⑤邻里乡党：《集注》：“五家为邻，二十五家为里，万二千五百家为乡，五百家为党。……邻、里、乡、党有相周之义。”

［译文］

原思为孔子的家臣，孔子给他俸米九百斗，他推辞不受。孔子说：“不要推辞了！用这些接济你的乡亲们吧！”

［疏义］

邢疏：“此章明为仕受禄之法。”

《集注》合上两章为一章，并引程子曰：“夫子之使子华，子华之为夫子使，义也。而冉子乃为之请，圣人宽容，不欲直拒人。故与之少，所以示不当与也。请益而与之亦少，所以示不当益也。求未达而自与之多，则已过矣，故夫子非之。盖赤苟至乏，则夫子必自周之，不待请矣。原思为宰，则有常禄。思辞其多，故又教以分诸邻里之贫者，盖亦莫非义也。”

（六）子谓仲弓曰：“犁牛之子骍且角①，虽欲勿用②，山川其舍诸③？”

［注释］

①犁牛：耕牛，非祭祀可用。子：牛犊。骍（xīng）：赤色。角：两角周正。②用：用于祭祀。③其：岂，难道，表反诘语气。山川：山川之神。诸：之乎。

［译文］

孔子对仲弓说：“耕牛所生小牛犊如果浑身赤色，且两角周正，人们虽不想用于祭祀，但山川之神怎么会舍弃它呢？”

［疏义］

冉雍“可使南面”，所以孔子与其探讨任人之道，认为但视德才之贤否，不必论其出身。

《集解》以犁牛比仲弓父，谓父恶不害其子之美。邢疏遂谓：“此章复谓冉雍之德也。”《集注》同。此说亦可通。

（七）子曰：“回也，其心三月不违仁①，其余则日月至焉而已矣②。”

［注释］

①三月：言其久。《集解》：“余人暂有至仁时，唯回移时而不变。”皇疏：“三月一时，为天气一变，一变尚能行之，则他时能可知也。”违：违弃。②其余：指颜回之外的弟子。至：不违，做到。而已矣：罢了。

［译文］

孔子说：“颜回这个人啊，内心能够长守仁德而不变；其他人却只能短时间坚持而已。”

［疏义］

邢疏：“此章称颜回之仁。”

（八）季康子问：“仲由可使从政也与①？”子曰：“由也果②，于从政乎何有③？”曰：“赐也可使从政也与④？”曰：“赐也达⑤，于从政乎何有？”曰：“求也可使从政也与？”曰：“求也艺⑥，于从政乎何有？”

［注释］

①从政：为官治理政务。②果：果敢决断。③何有：有何难，指有余力也。④赐：姓端木，名赐，字子贡。⑤达：通达事理。⑥艺：才能不凡。

［译文］

季康子问：“仲由可以使他从政吗？”孔子说：“仲由果敢决断，对于从政有什么难的呢？”季康子再问：“端木赐可以使他从政吗？”孔子说：“端木赐通达事理，对于从政有什么难的呢？”季康子又问：“冉求可以使他从政吗？”孔子说：“冉求才能过人，对于从政有什么难的呢？”

[疏义]

邢疏："此章明子路、子贡、冉有之才也。"

（九）季氏使闵子骞为费宰[1]。闵子骞曰："善为我辞焉[2]。如有复我者[3]，则吾必在汶上矣[4]。"

[注释]

①季氏：刘氏《正义》："以上章康子问三子从政观之，此为康子无疑。"闵子骞：孔子弟子，名损，字子骞，鲁国人，比孔子小十五岁。费：季氏封邑，故城在今山东临沂费县西北二十里。②辞：推辞。③复：复来召请。④在汶（wèn）上：避至齐地。汶，水名，在齐之南鲁之北，二国国境以此而分。杨伯峻《译注》引桂馥《札朴》云："水以阳为北，凡言某水上者，皆谓水北。"

[译文]

季氏使闵子骞担任费邑的邑宰。闵子骞说："好好地替我推辞掉这件事吧！如果再来找我，那我肯定会逃到汶水之北了！"

[疏义]

邢疏："此章明闵损之贤也。"

《集解》引孔氏曰："季氏不臣，而其邑宰数畔。闻子骞贤，故欲用之。"

刘氏《正义》："《史记·弟子传》闵损'不仕大夫，不食污君之禄。'不仕大夫即指此辞费宰言。"

（十）伯牛有疾[1]，子问之[2]，自牖执其手[3]，曰："亡之[4]，命矣夫[5]！斯人也而有斯疾也！斯人也而有斯疾也！"

[注释]

①伯牛：孔子弟子，姓冉，名耕，字伯牛。疾：《集解》引包氏谓"恶疾"。《集注》："先儒以为癞也。"黄氏《后案》引《淮南子·精神》"子夏失明，冉伯牛为厉"，称厉、癞古字通用。按厉、癞即麻风病。②问：探望。③自牖执其手：皇疏："牖，南窗也。君子有疾，寝于北壁下东首。今师来，故迁

出南窗下，亦东首，今师从户入于床北，得面向也。孔子恐具恶疾不欲见人，但于窗上而执其手也。”木窗。④亡：同“无”，没有办法。⑤命：《集注》：“谓天命。”

[译文]

冉伯牛生了重病，孔子去探望他，从南窗外握着他的手，叹息道：“没办法，这是命呀！这样的人竟生了这样的病！这样的人竟生了这样的病！”

[疏义]

黄氏《后案》云：“亡之，《汉书·宣元六王传》引作‘蔑之’，蔑，微也，言天命暗不可测也。……孔注解亡为丧，武虚谷谓非慰问所宜也。”录之备参。

（十一）子曰：“贤哉！回也。一箪食[①]，一瓢饮，在陋巷[②]。人不堪其忧，回也不改其乐。贤哉！回也。”

[注释]

①箪（dān）：盛饭竹器，圆形，有盖。食：《集注》：“饭也。”②巷：居室。刘氏《正义》引王念孙说“古人称巷有二义：里中道谓之巷，人所居亦谓之巷”，谓此巷非街巷，而指陋室。

[译文]

孔子说：“贤德啊，颜回！一竹盒饭，一瓢水，居于陋室，别人不能忍受这种忧迫，颜回仍能不改其乐。多么贤德啊，颜回！”

[疏义]

邢疏：“此章叹颜回之贤。”

刘氏《正义》引赵岐注《孟子·离娄》云：“当乱世安陋巷者，不用于世，穷而乐道也。惟乐道，故能好学。夫子疏水曲肱，乐在其中，亦谓乐道也。”

（十二）冉求曰[①]：“非不说子之道[②]，力不足也。”子曰：

“力不足者，中道而废③。今女画④。”

[注释]

①冉求：即冉有，字子有。②说：同“悦”。③废：暂时搁置，停下休息。④画：止。

[译文]

冉求说：“不是我不向往您的大道，而是力量不足呀。”孔子说：“力量不足的人，最多在中途暂停休息一下。现在你是自画界限再不肯前啊！”

[疏义]

邢疏：“此章勉人学也。”

黄氏《后案》引《礼记·表记》：“乡道而行，中道而废，忘身之老也，俛焉日有孳孳，毙而后已。”

(十三) 子谓子夏曰：“女为君子儒①，无为小人儒。”

[注释]

①女：同“汝”。

[译文]

孔子对子夏说：“你应当做君子儒，不要做小人儒。”

[疏义]

君子儒心系天下，民胞物与，小人儒则独善其身，甚至以才名自矜。黄氏《后案》：“君子之儒见识高明，规模广大……子夏未免过于迂谨，圣人因而进之以远大。”刘氏《正义》：“子夏于时设教，有门人，故夫子告以为儒之道。君子儒，能识大而可大受；小人儒，则但务卑近而已。”

(十四) 子游为武城宰①。子曰：“女得人焉耳乎②？”曰：“有澹台灭明者③，行不由径④，非公事，未尝至于偃之室也⑤。”

[注释]

①武城：鲁邑，在今山东费县西南。②女：同“汝”。焉耳：阮元《论

语注疏校勘记》谓“耳”当作“尔”，黄氏《后案》据段玉裁《说文解字注》认为作“耳”者为俗本，谓“焉尔，犹言于此也。”刘氏《正义》则云：“唐宋石经、宋本九经岳珂本，此文皆作‘耳’。‘耳’训语辞，不必从‘尔’训‘于此’矣。”今姑从刘氏说。③澹（tán）台灭明：姓澹台，名灭明，字子羽，后为孔子弟子。④径：小路，捷径。⑤偃：子游自称。子游姓言名偃，字子游，吴国人，比孔子小四十五岁。

［译文］

子游为武城的城宰。孔子说：“你在那儿发现了什么人才吗？”子路说：“有一个叫澹台灭明的人，行由正道，不抄小路，公事之外，从不曾到我住处来。”

［疏义］

邢疏：“此章明子羽公、方也。”

（十五）子曰：“孟之反不伐①，奔而殿②，将入门，策其马③，曰：‘非敢后也，马不进也。’”

［注释］

①孟之反：鲁国大夫，姓孟，名之侧，字子反。伐：自夸功劳。②奔：败退奔逃。殿：殿后。《集注》：“战败而还，以后为功。”③策：鞭打。

［译文］

孔子说：“孟之反不自夸，军队败退而奔逃之时，他殿后抵挡追兵，将入城门时，又鞭打其马，说：‘不是我敢于殿后，是马不往前跑呀。’”

［疏义］

《左传》哀公十一年：“师及齐师战于郊。……右师奔，齐人从之。陈瓘、陈庄涉泗。孟之侧后入以为殿，抽矢策其马，曰：‘马不进也。’”

（十六）子曰：“不有祝鮀之佞①，而有宋朝之美②，难乎免于今之世矣。”

[注释]

①不有：没有。祝鮀（tuó）：卫灵公大夫，字子鱼，善于辞令。祝，《集注》："宗庙之官。"佞：能言善辩。②而：反倒，却，转折词。宋朝：宋国公子，有美色。

[译文]

孔子说："一个人没有祝鮀的能言善辩，却有宋朝那样的美色，处当今之世一定难免灾祸呀。"

[疏义]

《宪问》篇："子言卫灵公之无道也。康子曰：'夫如是，奚而不丧？'孔子曰：'仲叔圉治宾客，祝鮀治宗庙，王孙贾治军旅。夫如是，奚其丧？'"可见祝鮀颇有才具。

《左传》定公十四年："卫侯为夫人南子召宋朝，会于洮。大子蒯聩献盂于齐，过宋野。野人歌之，曰：'既定尔娄猪，盍归吾艾豭。'"宋朝美而善淫，为时人所公认。

刘氏《正义》引刘宝树《经义说略》云："美必兼佞，方可见容。美而不佞，衰世犹嫉之。……故夫子叹时世不佞之人，虽美难免，夫子非不恶宋朝也，所以甚言时之好佞耳。"孔子之意，如宋朝之善淫，势难免乎当世，然加之佞口善辩，则或能免，衰世乱俗，一至于此。

（十七）子曰："谁能出不由户①？何莫由斯道也②？"

[注释]

①户：《说文》"半门曰户"。②莫：不。斯道：大道，正道。

[译文]

孔子说："谁能走出屋外而不经过门户？为什么[为人处世]不遵正道而行呢？"

[疏义]

《集解》引孔氏曰："言人立身成功当由道，譬犹出入要当从户。"

黄氏《后案》："道者，平而不陂，正而不歧，通而不塞，安而不危，是当行之路也。”

(十八) 子曰：“质胜文则野①，文胜质则史②，文质彬彬③，然后君子。”

[注释]

①质：本质，质朴。胜：多。文：文采，文饰。野：鄙陋无礼。《礼记·仲尼燕居》子曰：“敬而不中礼谓之野。”②史：宗庙策祝及宫廷掌书之官。这里指文辞虚浮。《仪礼·聘礼·记》：“辞多则史。”③彬彬：《说文》引作“份”，文质兼备之义。

[译文]

孔子说：“质朴多过文采，则伤于鄙野；文采多过质朴，则有类策祝。只有二者相兼，方为君子修辞立言之道。”

[疏义]

黄氏《后案》：“此为修辞者发也。……《韩非子·难言》篇云：‘繁于文采则见以为史，以质信言则见以为鄙。’盖本诸此。金氏《考证》引张文潜云：‘今之儒者务博记，尚文辞，乃古之所谓史。’其意盖同。”

(十九) 子曰：“人之生也直①，罔之生也幸而免②。”

[注释]

①也：语气助词。直：正直。②罔：诬罔背道之人。

[译文]

孔子说：“人处世间，能善始善终，是缘于正直的品格。至于诬罔背道之人，他能生存，只是幸免灾祸而已。”

[疏义]

邢疏：“此章明人以正直为德。”

《集解》引马氏曰：“言人所生于世而自终者，以其正直也。”包曰：“诬罔正直之道而亦生者，是幸而免。”

黄氏《后案》释“罔”为“无”，谓“无是直也”，即“罔之，生也幸而免”，意谓如丧失正直，还能生存，只是幸免。亦通。

（二十）子曰：“知之者不如好之者①，好之者不如乐之者。”

[注释]

①知之：懂得求学问道。

[译文]

孔子说：“懂得求学问道的，不如诚心笃好者，诚心笃好者又不如以此为乐者。”

[疏义]

邢疏：“此言人之学道用心深浅之异也。”

《集解》引包氏曰：“学问，知之者不如好之者笃，好之者不如乐之者深。”

《述而》篇子曰：“发愤忘食，乐以忘忧，不知老之将至云尔。”孔子与颜回，皆可谓乐道者。

（二十一）子曰：“中人以上可以语上也①，中人以下不可以语上也②。”

[注释]

①中人：中才之人。语（yù）：告。②不可：钱穆《新解》：“本章‘不可’二字非禁止意，乃难为意。”

[译文]

孔子说：“中才以上之人，可以对他讲授高深的学问；中才以下之人，很难对他讲授高深的学问。”

[疏义]

《论语·阳货》篇，子曰：“唯上知与下愚不移。”中人可上可下，唯视其有无向学之心。

《集注》：“言教人者，当随其高下而告语之，则其言易入而无躐等之弊也。”刘氏《正义》云：“观所答弟子、诸时人语，各有不同，正是因人才知量为语之，可知夫子循循善诱之法。”

（二十二）樊迟问知。子曰：“务民之义[①]，敬鬼神而远之[②]，可谓知矣。”问仁。曰：“仁者先难而后获[③]，可谓仁矣。”

［注释］

①务：着力，专注。民之义：人伦大义。《集注》：“人道之所宜。”②敬鬼神而远之：《集解》引包氏：“敬鬼神而不黩。”远，疏远。③先难而后获：《集解》引孔氏：“先劳苦而后得功。”皇疏：“言臣必先历为难事，而后乃可得禄受报。”难，艰难，劳苦。获，得功食禄。

［译文］

樊迟问如何才算明智。孔子说：“专心致力于人伦大义，对鬼神敬而远之，可以算明智了。”又问如何称得上仁德，孔子说：“有志行仁者，能历经艰难困苦，而不计得功受禄，如此可称仁德了。”

［疏义］

《左传》隐公六年，季梁曰：“夫民，神之主也，是以圣王先成民而后致力于神。”

刘氏《正义》引《礼记·礼运》：“何谓人义？父慈，子孝，兄良，弟弟，夫义，妇听，长惠，幼顺，君仁，臣忠。十者谓之人义。”

《礼记·表记》子曰：“夏道尊命，事鬼敬神而远之，近人而忠焉，先禄而后威，先赏而后罚，亲而不尊；其民之敝，蠢而愚，乔而野，朴而不文。殷人尊神，率民以事神，先鬼而后礼，先罚而后赏，尊而不亲；其民之敝，荡而不静，胜而无耻。周人尊礼尚施，事鬼敬神而远之，近人而忠焉，其赏罚用爵列，亲而不尊；其民之 敝，利而巧，文而不惭，贼而蔽。”

按《卫灵公》篇，子曰：“事君，敬其事而后其食。”朱子《集注》：“后，与‘后获’之‘后’同。”黄氏《后案》：“后食，犹后获也。”

（二十三）子曰：“知者乐水[①]，仁者乐山[②]；知者动，仁者静[③]；知者乐，仁者寿[④]。”

［注释］

①知者乐水：《集解》引包氏："知者乐运其才知以治世，如水流而不知已。"邢疏："言知者役用才知，成功得志，故欢乐也。"知，同"智"。乐，喜好。旧音 yào，下"仁者乐山"同。②仁者乐山：《集解》引包氏："仁者乐如山之安固，自然不动，而万物生焉。"③仁者静：《集解》引孔氏："无欲故静。"④仁者寿：《集解》引包氏："性静者多寿考。"

［译文］

孔子说："智者喜欢水，仁人爱好山。智者常动，仁人守静。智者悦乐，仁人永寿。"

［疏义］

邢疏："此章初明知、仁之性，次明知、仁之用，三明知、仁之功也。"

《集注》："知者达于事理而周流无滞，有似于水，故乐水；仁者安于义理而厚重不迁，有似于山，故乐山。"黄氏《后案》："水缘理而行，经历险阻，必达乎海而后已；知者通天下事之条理，无拘执，无阻窒，故乐水。山安土而敦，蓄育取予，出云雨，成万物，无所私；仁者敦厚无私，故乐山。《韩诗外传》及《太平御览》引《尚书大传》有孔子对子张问'乐山'之义。"

《道德经》："死而不亡者寿。"仁者之德不朽，故称寿。

（二十四）子曰："齐一变，至于鲁；鲁一变，至于道①。"

［注释］

①道：先王之道。

［译文］

孔子说："齐国政俗一变能赶上鲁国，鲁国政俗一变则能至于先王之道。"

［疏义］

邢疏："此章言齐、鲁有太公、周公之余化。"齐乃姜太公始封之国，鲁为周公始封之国，皆被圣贤之德化。《集注》云："孔子之时，齐俗急功利，喜夸诈，乃霸政之余习。鲁则重礼教，崇信义，犹有先王之遗风焉。"又引程子曰：“夫子之时，齐强鲁弱，孰不以为齐胜鲁也，然鲁犹存周公之法制。齐由桓公之霸，为从简尚功之治，太公之遗法变易尽矣，故一变乃能至鲁。鲁则修举废坠而已，一变则至于先王之道也。”

（二十五）子曰：“觚不觚[①]，觚哉！觚哉！”

[注释]

①觚（gū）：商周时代的青铜酒器，喇叭形口，细腰，高圈足，腹和圈足处有棱。《说文》：“觚，乡饮酒之爵。”《集解》引马氏：“觚，礼器。一升曰爵，二升曰觚。”

[译文]

孔子说：“觚都不像个觚了，还叫什么觚呀！还叫什么觚呀！”

[疏义]

邢疏：“此章言为政须遵礼道也。”觚不像觚，孔子叹伤当时礼制混乱，名不符实。《集注》引程子曰：“觚而失其形制，则非觚也。举一器，而天下之物莫不皆然。故君而失其君之道，则为不君；臣而失其臣之职，则为虚位。”

（二十六）宰我问曰：“仁者，虽告之曰[①]：‘井有仁焉[②]。’其从之也[③]？”子曰：“何为其然也[④]？君子可逝也[⑤]，不可陷也[⑥]；可欺也[⑦]，不可罔也[⑧]。”

[注释]

①虽：假使。②仁：同“人”。③从：《集注》：“谓随之于井而救之也。”④其：助词，表反诘。然：如此。⑤逝：《集注》：“谓使之往救。”⑥陷：《集注》：“谓陷之于井。”⑦欺：欺瞒。《集注》：“谓诳之以理之所有。”⑧罔：愚弄。《集注》：“谓昧之以理之所无。”

[译文]

宰我问：“有志行仁的人，假使跟他说：‘井里掉下去一个人啦。’他难道也跟着下去吗？”孔子说：“为什么非要那么做呢？君子可以请他去查看并救助，但不可以陷害他；可以欺骗他，却不可以把他当傻瓜来愚弄。”

[疏义]

邢疏：“此章明仁者之心也。”

智、仁、勇为《中庸》所称三达德，仁者博爱济众，见义勇为，然不为不智之事。《孟子·万章上》：“君子可欺之以方，难罔以非其道。”《集注》云：“盖身在井上，乃可以救井中之人；若从之于井，则不复能救之矣。此理甚明，人所易晓，仁者虽切于救人而不私其身，然不应如此之愚也。”

（二十七）子曰：“君子博学于文①，约之以礼②，亦可以弗畔矣夫③。”

[注释]

①文：《诗》《书》典籍。②约：节制。③弗畔：《集解》引郑氏：“弗畔，不违道。”畔，背，违背。或又解为偏，不得中道之义。

[译文]

孔子说：“君子博学《诗》《书》典籍，再折中以礼，也就不背大道了。”

[疏义]

《子罕》篇，颜渊喟然叹曰：“夫子循循然善诱人，博我以文，约我以礼。”

文献所载古人言行有纯驳精粗之别，学古须经慎思明辨，以礼为节，方能明仁义之道。《礼记·曲礼》：“道德仁义，非礼不成。”故邢疏云：“此章言君子若博学于先王之遗文，复用礼以自检约，则不违道也。”

又《雍也》篇此章重出。

（二十八）子见南子①，子路不说②。夫子矢之曰③：“予所否者④，天厌之⑤！天厌之！”

[注释]

①南子：《集解》引孔氏：“卫灵公夫人，淫乱，而灵公惑之。”②不说：

即“不悦”。黄氏《后案》云：“不解而心郁也。”③矢：发誓。④所：语助词。否（fǒu）：《集注》：“谓不合于礼，不由其道也。”⑤厌：《集注》：“弃绝。”

[译文]

孔子去见南子，子路心中不悦。孔子发誓说：“我若做了什么和行道无关的事，就让老天爷抛弃我吧，就让老天爷抛弃我吧！”

[疏义]

子见南子，或不得已。《史记·孔子世家》：“反乎卫，主蘧伯玉家。灵公夫人有南子者，使人谓孔子曰：‘四方之君子不辱欲与寡君为兄弟者，必见寡小君。寡小君愿见。’孔子辞谢，不得已而见之。夫人在絺帷中。孔子入门，北面稽首。夫人自帷中再拜，环佩玉声璆然。孔子曰：‘吾乡为弗见，见之礼答焉。’子路不说。孔子矢之曰：‘予所不者，天厌之！天厌之！’”《集注》亦谓：“古者仕于其国，有见其小君之礼。”

按黄氏《后案》云：“矢，直陈也。子见南子，难言衷曲，因子路不说，乃直陈之也。……‘否’，……皇疏引王弼说训为‘否泰’之‘否’。是‘否’谓遇之塞也。厌，迫也。《七经考文》曰古本‘厌’作‘压’。……今用‘压’，古用‘厌’。‘天压之’者，言为天所屈迫也。此直陈其不得已之衷曲，以明所见之非所乐，而未尝有所求于此也。”存之备参。

(二十九）子曰：“中庸之为德也①，其至矣乎！民鲜久矣②。”

[注释]

①中庸：《集解》：“庸，常也。中和可常行之德。”不偏不倚谓之中，日用常行谓之庸。②鲜（xiǎn）：少。

[译文]

孔子说：“中庸之德，应该是至高的了！天下之人罕能恪行此道了！”

[疏义]

《礼记·中庸》，子曰：“中庸其至矣乎？民鲜能久矣！”

《集解》："世乱，先王之道废，民鲜能行此道久矣，非适今。"邢疏："此章言世乱，人不能行中庸之德也。"

（三十）子贡曰："如有博施于民而能济众①，何如？可谓仁乎？"子曰："何事于仁？必也圣乎②！尧舜其犹病诸③！夫仁者④，己欲立而立人⑤，己欲达而达人⑥。能近取譬⑦，可谓仁之方也已⑧。"

［注释］

①博施：广施恩惠。济：周济，救恤。②何事于仁，必也圣乎：黄氏《后案》云："《说文》'谁'训'何'，转注之，'何'犹'谁'也。'谁事于仁，必也圣乎'，设为问答之辞，言圣人已尽仁也。尧舜，得位行仁之圣人，而心不能无所歉，为其有所未施济也。圣不能无病，病不害其为圣，言此以引下'近取'之旨也。"依黄说，此句意谓：谁能行此仁德，一定是圣人吧。何，谁。事，行。必，一定。又按：近时注释多从邢疏之言："言君能博施济众，何止事于仁？谓不啻于仁，必也为圣人乎！"以"何"为何止之义、"事"为从事之义，于本句虽通。但与下文似有隔膜。因博施广济实为仁德所包，若以"圣"居"仁"上，下文似不应转而犹言"仁"之方。故不从此说。③尧舜其犹病诸：《集注》引程子云："《论语》言'尧舜其犹病诸'者二。夫博施者，岂非圣人之所欲？然必五十乃衣帛，七十乃食肉。圣人之心，非不欲少者亦衣帛食肉也，顾其养有所不赡尔，此病其施之不博也。济众者，岂非圣人之所欲？然治不过九州。圣人非不欲四海之外亦兼济也，顾其治有所不及尔，此病其济之不众也。推此以求，修己以安百姓，则为病可知。苟以吾治已足，则便不是圣人。"其，副词，表揣度语气，也许，大概。犹，尚且。病，难，为难。④夫（fú）：句首发语词。⑤立：树立，成就。⑥达：通达，顺利。⑦能近取譬：从己身取喻，推及他人。《集解》引孔氏："但能近取譬于己，皆恕己所欲而施之于人。"朱子《集注》亦同。譬，喻。黄氏《后案》："譬，谕晓也。取人之事而谕之于己。"意谓能取他人之事，感发晓谕自身，亦通。今姑从旧说。⑧方：路径，方法。邢疏："方，犹道也。"《集注》："方，术也。"

［译文］

子贡说："如果有人对民众能够广施恩惠，体恤周济，怎么样呢？称得上仁德了吧？"孔子说："谁能行此仁德，一定是圣人吧！尧舜或许还难以完全做到呢！仁这种德行，是自己想有所树立，便也促成他人成就；自己想行事通达，便也帮助他人顺利。能从自身取喻，推及他人，可以说就是行仁的具体方法了。"

［疏义］

黄氏《后案》解此篇大义颇精，其言云："夫子以行仁之方，不论大小广狭，天子之仁厚诸夏而薄四裔，诸侯之仁厚境内而薄诸夏，递而推于卿大夫之仁，凡己之所不得辞者，即施、济之所及。仁者之于人，分有所不得辞，情有所不容遏，相感以欲而媷责于己焉，所谓'能近取譬'也。以此为仁之方者，仁之心无尽而术尽于此也。以仁心之无尽者言而难其事，事难而尧舜犹病，以仁术之宜尽者言而事在近取，近足以见其心也。程伯子云'仁者以天地万物为一体'，言仁甚憭。"

述而第七

共三十八章

（一）子曰："述而不作[①]，信而好古[②]，窃比于我老彭[③]。"

［注释］

①述而不作：传述前代旧闻而不创始新说。②信而好古：信守古道。信，信奉。③窃：私下。我：《集注》："亲之之辞。"老彭：黄氏《后案》据郑玄说以为二人，乃老聃与彭祖。一说老彭为一人，或以为殷贤大夫，或以为长寿之彭祖，或以为乃述容成氏五千言之老子。今以老彭为二人，分别为周、殷之史官。孔子为殷人，故亦尊彭祖。

［译文］

孔子说："叙述前圣之学而不自创新说，敦奉古道，私底下我自比于老聃和彭祖。"

［疏义］

邢疏："此章记仲尼著述之谦也。"

黄氏《后案》："《释文》引郑君注：'老，老聃。彭，彭祖。'《礼·曾子问》'古者师行'节，《正义》引郑君此注云：'老聃，周之太史。'则以老聃周史，彭祖商史。是二人也。"

（二）子曰："默而识之[①]，学而不厌[②]，诲人不倦，何有于我哉[③]？"

[注释]

①识（zhì）：通“志”，记。②厌：满足。③何有于我：《集解》引郑氏：“我独有之。”黄氏《后案》亦谓“经中所言‘何有’，皆不难之词。”《集注》则谓孔子自谦不敢当，今不取。

[译文]

孔子说：“将所学默记在心，勤学不厌，诲人不倦，这些事我都是乐在其中的。”

[疏义]

本篇他章与本章颇有可相印证者。如，子曰：“盖有不知而作之者，我无是也。多闻择其善者而从之，多见而识之，知之次也。”又，子曰：“若圣与仁，则吾岂敢？抑为之不厌，诲人不倦，则可谓云尔已矣！”公西华曰：“正唯弟子不能学也！”又按《孟子·公孙丑上》引孔子曰：“我学不厌而教不倦也。”

（三）子曰：“德之不修，学之不讲①，闻义不能徙②，不善不能改，是吾忧也。”

[注释]

①讲：讲习，治学。②义：道义。徙：改从。

[译文]

孔子说：“不修德，不治学，闻道义却不能改从，有不善也拒绝改正，这是我的担忧呀。”

[疏义]

《颜渊》篇，子张问崇德辨惑。子曰：“主忠信，徙义，崇德也。”

（四）子之燕居①，申申如也②，夭夭如也③。

[注释]

①燕居：闲居。居，坐。②申申：端正舒展之貌。③夭夭：放松安和之貌。

[译文]

孔子在家闲居时，体态端正舒展，放松安和。

[疏义]

邢疏："此章言孔子燕居之时体貌也。"

黄氏《后案》："'申申如'状其躬之直，'夭夭如'状其躬之稍俯也，此记圣人徒坐之容，合伸屈观之而见其得中也。……此文上句谓其申，下句谓其屈。洪筠轩曰：'燕居之时，其容体可以屈伸如意。'式三以此言坐容。"

（五）子曰："甚矣，吾衰也①！久矣，吾不复梦见周公②。"

[注释]

①衰：衰老。②周公：姓姬，名旦，周文王之子，武王之弟。

[译文]

孔子说："我实在是衰朽极了！我已经很久没梦到周公了。"

[疏义]

《集解》引孔氏："孔子衰老，不复梦见周公。明盛时梦见周公，欲行其道也。"

《后案》云："《春秋》哀公十四年《公羊传》：'颜渊死，子曰"天丧予"；子路死，子曰"天祝予"；西狩获麟，子曰"吾道穷矣"。'子于此时验天运人事之日非而已值衰年，此行道之心亦不著于梦矣。"

（六）子曰："志于道，据于德①，依于仁②，游于艺③。"

[注释]

①据：奉持。《集注》："执守之意。"②依：《集注》："倚也。"③游：博涉之谓。艺：指礼、乐、射、御、书、数六艺。六艺之中，又以礼乐为主。

[译文]

孔子说："立志行道，尊奉德性，倚守仁义，游心六艺。"

[疏义]

《中庸》："为政在人，取人以身，修身以道，修道以仁。"《学记》："不兴其艺，不能乐学。故君子之于学也，藏焉，修焉，息焉，游焉。夫然，故安其学而亲其师，乐其友而信其道，是以虽离师辅而不反也。”

《后案》云：“夫失其艺陈其数，虽礼乐，一曲技也。由形迹而求礼义，六艺皆道德之用也。《周官》之法，教万民以艺，养国子以艺，党正之所校比，州长之所考劝，乡大夫之所察以宾兴，皆以艺。宫正之会什伍，诸子之进退游倅，亦莫不以艺。士固有滞于艺而不闻道者，要未有不通于艺而遽高语道德者，此实学之所以出也。”

（七）子曰：“自行束脩以上①，吾未尝无诲焉。”

［注释］

①自行束脩以上：从十五岁以上能行束带脩饰之礼者，意即谨饬明礼的年轻人。此据黄氏《后案》。自，从。邢疏则解为从赠束脩之礼以上的，束脩即十条肉脯，为拜见之贽，乃礼之薄者，其厚者则有玉帛之属。今不取。

［译文］

孔子说：“只要是谨饬明礼的年轻人，我从未不给予教诲的。”

［疏义］

《后案》：“‘自行束脩以上’，谓年十五以上，能行束带脩饰之礼。郑君注如此，汉时相传之师说也。《后汉·伏湛传》：‘杜诗荐湛自行束脩，讫无毁玷。’《注》：‘自行束脩，谓年十五以上。’《廷笃传》笃曰：‘吾自束脩以来。’《注》：‘束脩，谓束带脩饰。’郑玄注《论语》曰：‘谓年十五以上也。’”

（八）子曰：“不愤不启①，不悱不发②，举一隅不以三隅反③，则不复也④。”

［注释］

①愤：《说文》：“愤，懑也。”《集注》：“心求通而未得之意。”启：《说文》：“启，教也。”这里指启发。《集注》：“谓开其意。”②悱（fěi）：《集注》：“口欲言而未能之貌。”发：阐发。《集注》：“谓达其辞。”③举一隅不

以三隅反：不能够举一反三。隅，屋角，角落。④复：反复申述。

[译文]

孔子说："不到愤悱求通的程度，就不加以启发阐明；如不能举一反三，也不再反复申述。"

[疏义]

邢疏："此章言诲人之法。"

《后案》："《礼·学记》：'时观而弗语，存其心也。'郑君注曰：'使之悱悱愤愤，然后启发也。'《易》：'初筮告，再三渎，渎则不告，利贞。'郑君注曰：'弟子初问，则告之以事义，不思其三隅相况以反解而筮者，此勤师而功寡，学者之灾也。渎筮则不复告，欲令思而得之，亦所以和义而榦事也。'"此黄氏以郑学解《论语》，其义博通。

（九）子食于有丧者之侧①，未尝饱也。

[注释]

①丧：家中有丧事。

[译文]

孔子在有丧事的人身旁吃饭，从未吃饱过。

[疏义]

仁者心怀悲恕，临他人之丧，食不思饱。《后案》云："《礼》曰：'无服之丧，内恕恐悲。'仁也，不必在戚属也。"

（十）子于是日哭①，则不歌。

[注释]

①是日：当天。哭：哀痛而哭，《集注》谓吊哭。

[译文]

孔子在一天当中，因为吊丧哀哭过，当天便不再歌唱。

[疏义]

朱子《集注》并上章合为一章，并云："日之内，余哀未忘，自不能歌也。”

（十一）子谓颜渊曰：“用之则行，舍之则藏①，唯我与尔有是夫②！”子路曰：“子行三军则谁与③？”子曰：“暴虎冯河④，死而无悔者，吾不与也。必也临事而惧⑤，好谋而成者也。”

[注释]

①用之则行，舍之则藏：身为世用，则推行此道；不为世用，则退藏此道。舍，不为世所用。②是：指上文用舍行藏之言。夫（fú）：句末语气词，表感叹。③行三军：用兵，出兵。行，率领。三军，《集注》：“万二千五百人为军，大国三军。”与：随行，一起。④暴虎冯（píng）河：徒手搏虎，徒步渡河。《毛诗·小雅·小旻》：“不敢暴虎，不敢冯河。”⑤临事而惧：临军旅之事须存敬畏。事，即“行三军”之事。惧，敬，黄氏《后案》释为“小心周密”，亦通。

[译文]

孔子对颜渊说：“身为世用，则推行此道；不为世用，则退藏此道。只有我和你能做到这样啊！”子路说：“如果您率领三军，会跟谁一起呢？”孔子说：“徒手斗虎，徒步渡河，死了都不自悔，我不和这样的人一道。[能一起的，] 必须敬慎周密，善用谋略而能成事的人。”

[疏义]

邢疏：“此章孔子言己行藏与颜回同也。”

（十二）子曰：“富而可求也①，虽执鞭之士②，吾亦为之。如不可求，从吾所好。”

[注释]

①而：表假设，相当于“如果”。②执鞭：仆役等贱职。《周礼·秋官》条狼氏“掌执鞭以趋辟”，是为王出入开道者；《地官》司市“入则胥执鞭度守门”，则为守城门者。

[译文]

孔子说："财富如可正当求得，就算是仆役之类的贱职，我也会去做。如果不能正当求得，我仍将遵从我内心所守。"

[疏义]

邢疏："此章孔子言己修德好道，不谄求富贵也。"

焦循《论语补疏》："孟子言：'非其道，一箪食不可受于人，如以道，则舜受尧之天下，不以为泰。'正与此章之旨相发明。"

（十三）子之所慎：齐、战、疾①。

[注释]

①齐：同"斋"，斋戒。战：战争。疾：疾病。

[译文]

孔子所敬慎的三类大事：斋戒、战争、疾病。

[疏义]

《左传》成公十三年："国之大事，在祀与戎。"国之大事，亦为民之大事。黄氏《后案》："斋不慎不诚，战不慎不忠，疾不慎不孝。"

（十四）子在齐闻《韶》①，三月②，不知肉味。曰："不图为乐之至于斯也③！"

[注释]

①闻《韶》：闻习《韶》乐。《集解》引周氏曰："孔子在齐，闻习《韶》乐之盛美，故忽忘于肉味。"《史记·孔子世家》："与齐太师语乐，闻《韶》音，学之，三月不知肉味。"闻，闻而习之。《韶》，相传为帝舜之乐，因用排箫演奏，又称《箫韶》。②三月：古人习乐，每以三月为期。或谓虚数，言其久，亦通。③图：想到，料到。为乐：习练《韶》乐。斯：指《韶》乐。《后案》："斯，斯《韶》也。不图为乐至于如斯《韶》之美，前此未得其美也。"

[译文]

孔子在齐国闻习《韶》乐，沉浸三月之久，连肉的味道都忘记了，感叹道："没想到习练古乐竟然能感受到《韶》乐如此之美！"

[疏义]

据《汉书·礼乐志》，陈为舜之后，故《韶》存于陈。春秋时，陈国公子完奔齐，齐因得有《韶》乐。

《后案》："夫子以鲁乱适齐，力不能请观古乐，即请观之而未能久。三月者，古人习乐之常期也。《文王世子》云：'春诵夏弦。'诵以乐语，弦以乐音，必经时而毕。……《尚书》言《箫韶》九成，兽舞凤仪，季札论《韶》天帱地载，夫子契之已久，然事非亲习焉，徒以考寻典故相像仿佛，自为有得，虽圣人不能，故叹不图至斯于三月之后也。"

另有一说，谓夫子感《韶》音至美，而有器存道废、有声无时之叹。如皇疏："孔子至齐，闻齐君奏于《韶》乐之盛，而心为伤痛，故口忘完味，至于一时乃止也。三月，一时也。何以然也？齐是无道之君，而滥奏圣王之乐，器存人乖，所以可伤慨也。"录以备参。

（十五）冉有曰："夫子为卫君乎①？"子贡曰："诺②。吾将问之。"入，曰："伯夷、叔齐何人也③？"曰："古之贤人也。"曰："怨乎④？"曰："求仁而得仁，又何怨！"出，曰："夫子不为也。"

[注释]

①为：助。卫君：卫出公蒯辄，为灵公嫡孙。②诺：答应之声。③伯夷、叔齐：商末孤竹君二子，伯夷为长，叔齐为幼。父将死，欲立叔齐。父卒后，叔齐让位伯夷，伯夷逃去，叔齐亦逃去。国人于是立孤竹君之中子。其后，武王伐纣，二人扣马而谏。商亡，二人耻食周粟，饿死于首阳山。④怨：遗憾，怨悔。

[译文]

冉有说："夫子会帮助卫君吗？"子贡说："好，我去问问看。"子贡入孔子之堂，问："伯夷、叔齐是什么人？"孔子回答："是古代的贤人。"子贡又问："他们对自己的行为有怨悔吗？"孔子说：

“他们求仁道，最后也得了仁道，又有什么可怨悔的呢？”子贡出来后，跟大家说：“夫子是不会帮助卫君的。”

[疏义]

邢疏：“此章记孔子崇仁让也。”

卫世子蒯聩为灵公所逐。灵公薨，国人立聩之子辄为君。同年，晋臣赵鞅率师纳聩于卫之戚城，卫大夫石曼姑则率师围戚，以拒蒯聩之归，成父子争国之势。

《集注》云：“时孔子居卫，卫人以蒯聩得罪于父，而辄嫡孙当立，故冉有疑而问之。”《集解》引郑氏云：“父子争国，恶行也。孔子以伯夷、叔齐为贤且仁，故知不助卫君明矣。”

《后案》云：“舍夷立齐，乱命也。伯夷尊父命，不以为乱命也，如叔齐成父乱命，陵兄之贤，安知九原下无悔心乎？惟夷、齐各遂其尊爱之心，而无后日失国之憾。大伦为重，得民社为轻，此所谓‘求仁得仁’也，而辄罪以定矣。”

任铭善《说〈论语〉冉有问夫子为卫君章》说：“君子之论人也，论其用心。辄之心将以大伦之变为可乘之机，乐无父以为利，是则君子所不许。礼，君薨，有反国之道，蒯聩之反，礼也，而其志乃在违父命以夺子所受王父之位，何礼之有？若夷、齐苟无仲子，固必有一人焉不得弃而权居其国，其心则终为夷齐之心，非蒯聩与辄之心也。”（见《无受室文存》）

（十六）子曰：“饭疏食饮水①，曲肱而枕之②，乐亦在其中矣！不义而富且贵，于我如浮云③。”

[注释]

①饭疏食饮水：吃着粗饭，喝着冷水。疏食，《集解》引孔氏以为菜食，皇疏本“疏”作“蔬”。朱子《集注》解为粗饭。今从朱子。②肱（gōng）：上臂，引申为胳臂。皇疏：“肘前曰臂，肘后曰肱，通亦曰臂。”③浮云：漂过的云。浮，《后案》：“犹过也。”

[译文]

孔子说：“吃着粗饭，喝着冷水，弯起胳膊当枕头，乐在其中呀！不合道义而得富贵，对我来说好比天际之浮云。”

[疏义]

《集解》引郑氏：“富贵而不以义者，于我如浮云，非己之有也。”皇疏云：“言浮云自在天，与我何相关？如不义之富贵，与我亦不相关也。又浮云倏聚欻散不可为常，如不义富贵聚散俄顷如浮云也。”

《后案》：“乐在其中，与颜子‘不改其乐’有别。彼云‘其乐’是颜子乐道之乐，此言‘乐在其中’，谓贫贱之中亦有可乐。”

又按《中庸》：“素富贵，行乎富贵。素贫贱，行乎贫贱。君子无入而不自得。”

（十七）子曰：“加我数年①，五十以学《易》②，可以无大过矣。”

[注释]

①加：通“假”，宽假。《后案》：“一作‘假’，谓宽假之也。”②五十以学《易》：五十岁研习《周易》。《集解》：“《易》：‘穷理尽性以至于命。’年五十而知天命，以知命之年读至命之书，故可以无大过。”按：《史记·孔子世家》云：“孔子晚而喜《易》，序彖、系、象、说卦、文言。读《易》，韦编三绝。曰：‘假我数年，若是，我于《易》则彬彬矣。’”后人据此以《论语》此言出孔子晚年，遂疑“五十”之文为误字。或疑“五十”二字为“卒”字之误（《集注》引旧说），或疑为“吾”字之误（俞樾《群经平议》），众说纷纭，迄无定论。李炳南《论语讲要》以“五、十”为数年之补充语，以所加者或五年、或十年，亦备一说。今仍从《集解》。

[译文]

孔子说：“再等几年，五十岁时研习《易》理，或许可以没什么大的过误了。”

[疏义]

“无大过”“寡过”，皆《易》之大义。黄氏《后案》云：“皇、邢疏及朱子注言学《易》可以寡一身之过。……《坤》戒一朝之驯，《临》防八月之消，惟《易》每杜于微。《乾》以惕而无疚，《震》以恐而致福，惟《易》每观其变。《易》言吉凶，所以示人，如是则吉，如是则凶，善补过者无疚。《易》之教固如是，人欲寡过，安得不勉学《易》乎！”

（十八）子所雅言①：《诗》、《书》、执礼②，皆雅言也。

[注释]

①雅言：正言，即官话。《集解》引孔氏：“雅言，正言也。”②执礼：先王礼典。执，执守。《集注》：“礼独言执者，以人所执守而言，非徒诵说而已也。”

[译文]

孔子教学常用正言，如《诗》《书》及先王典礼，都必以正言讲诵。

[疏义]

《集注》引谢氏曰：“此因学《易》之语而类记之。”

《集解》引郑氏：“读先王典法，必正言其音，然后义全，故不可有所讳也。礼不诵，故言执也。”

黄氏《后案》引叶少蕴曰：“经礼三百，曲礼三千，先王之时皆有书与法藏于有司，官掌之，士习之，有司守之，谓之执礼。《周官·太史》‘掌邦之六典’，礼居一焉。其曰：‘大祭祀，宿之日，读礼以协事。祭之日，执书以次位常。大会同，朝觐，以书协礼事。将币之日，执书以诏王。’《小史》：‘大祭祀，读礼法。’凡此或读之以喻众，或执之以行事，至周衰而二者皆亡，惟孔子独能知之，故子所雅言，亦谓之执礼。”

（十九）叶公问孔子于子路①，子路不对。子曰：“女奚不曰②：其为人也，发愤忘食，乐以忘忧，不知老之将至云尔③。”

[注释]

①叶（shè）公：楚大夫沈诸梁，为叶地邑宰。《集解》引孔氏：“叶公，名诸梁，楚大夫，食采于叶，僭称公。”叶，故城在河南叶县南，为春秋时楚

国军事重地。可参《子路篇》“叶公问政”章。②奚：为何。③云尔：如此而已。

[译文]

叶公向子路请教孔子是个什么样的人，子路没有回答。孔子知道了，对子路说：“你为什么不这么说：他这个人，老而好学，发愤忘食，乐道忘忧，不知衰朽之将至，如此而已。”

[疏义]

邢疏：“此节记孔子之为人也。”

（二十）子曰：“我非生而知之者，好古，敏以求之者也①。”

[注释]

①敏：勤敏。

[译文]

孔子说：“我不是生来就什么都懂，而是信守古道，勤敏求得的呀。”

[疏义]

邢疏：“此章劝人学也。”

（二十一）子不语①：怪、力、乱、神②。

[注释]

①语：与人辨析，讨论。②怪、力、乱、神：怪异、勇力、悖乱、鬼神之事。《集解》引王氏：“怪，怪异也。力，谓若奡荡舟，乌获举千钧之属也。乱，谓臣弑君，子弑父也。神，谓鬼神之事也。”

[译文]

孔子所不与人辨析讨论的有四件事：怪异、勇力、悖乱、鬼神。

[疏义]

邢疏：“此章记夫子为教，不道无益之事。”

《后案》云："《诗·公刘》传：'论难曰语。'《礼·杂记》'言而不语'，注：'言，言己事也。为人说曰语。'此'不语'，谓不与人辨诘也。"

（二十二）子曰："三人行[①]，必有我师焉，择其善者而从之，其不善者而改之。"

［注释］

①行：德行。《集注》释作"同行"，亦通。

［译文］

孔子说："三个人的德行，其中必有堪为我师的。择其善行而师法，不善的便对照自身改正。"

［疏义］

此章言择善亲仁，学无常师。

《子张》篇，卫公孙朝问于子贡曰："仲尼焉学？"子贡曰："文、武之道，未坠于地，在人。贤者识其大者，不贤者识其小者，莫不有文、武之道焉。夫子焉不学？而亦何常师之有？"

（二十三）子曰："天生德于予，桓魋其如予何[①]？"

［注释］

①桓魋（tuí）：《集注》："宋司马向魋也，出于桓公，故又称桓氏。"如予何：拿我无可奈何。

［译文］

孔子说："上天赋予我大德，桓魋能把我怎么样？"

［疏义］

邢疏："此章言孔子无忧惧也。"

《史记·孔子世家》："孔子去曹，适宋，与弟子习礼大树下。宋司马桓魋欲杀孔子，拔其树。孔子去。弟子曰：'可速矣。'孔子曰：'天生德于予，桓魋其如予何？'"

《后案》云："圣人微服而过宋者，虽知其不能害己，然避患亦未尝不深，避患未尝不深而处之未尝不闲暇，所谓并行而不悖者，学者宜深玩于斯焉。”

（二十四）子曰：“二三子以我为隐乎①？吾无隐乎尔②。吾无行而不与二三子者③，是丘也。”

［注释］

①二三子：《集解》引包氏：“二三子，谓诸弟子。”隐：隐匿不示。②乎尔：语气词，齐鲁方言。③与：示，对示。

［译文］

孔子说：“大家以为我有所隐匿吗？我从来没什么秘而不宣的。我对你们，没有什么事不一起分享的，这就是我的为人呀。”

［疏义］

邢疏：“此章言孔子教人无所隐惜也。”

（二十五）子以四教：文、行、忠、信①。

［注释］

①文：典籍文献。行：践履实行。旧解为孝悌等德行，则与忠、信嫌于重复。故不取。忠：尽心。信：诚信。

［译文］

孔子教育弟子以四教并重：典籍、践履、尽心、诚信。

［疏义］

《后案》：“博典籍，敏践履，尽思虑，实言语，四教之判也。”其言精当。

又，皇疏引李充曰：“其典籍辞义谓之文，孝悌恭睦谓之行，为人臣则忠，与朋友交则信。此四者，教之所先也。”此解“行”为道德。

（二十六）子曰：“圣人，吾不得而见之矣；得见君子者，斯可矣。”子曰①：“善人②，吾不得而见之矣；得见有恒者，斯可矣。亡而为有③，虚而为盈④，约而为泰⑤，难乎有恒矣。”

［注释］

①子曰：朱熹《集注》疑此“子曰”为衍文。或说此下另为一章。②善人：一心向善，志于行仁者。③亡：同“无”。④盈：满。⑤约：寡陋。泰：安泰。

［译文］

孔子说：“圣人，我见不到了；如能见到贤人君子，也可以了。”孔子又说：“一心向善之人，我没法子看到了。如能见到有操守者，也可以了。无中生有，虚而自满，寡陋困顿却偏装出安泰之貌，这种人是很难有常操的。”

［疏义］

邢疏：“此章疾世无明君也。”

《后案》引《大戴礼·哀公问五义》曰：“所谓君子者，躬行忠信，其心不置，仁义在己而不害不知，闻识广博而色不伐，思虑明达而辞不争。……所谓圣人者，知通乎大道，应变而不穷，能测万物之情性者也。”

《集注》引张子曰：“有恒者，不贰其心。善人者，志于仁而无恶。”《后案》：“有恒者不欲袭善一时，志在行善而期以久者也，久则善矣。”

刘氏《正义》云：“两加‘子曰’者，言非一时也。”程树德《集释》举《毛诗·小雅·宾之初筵》正义所引《论语》此章，以为自“善人”以下，古本别为一章。

（二十七）子钓而不纲①，弋不射宿②。

［注释］

①钓：以竿钓鱼。纲：以大网捕鱼。②弋（yì）：以丝绳系矢而射。宿：歇巢之鸟。《集解》引孔氏：“宿鸟也。”黄氏《后案》：“宿，止也。见《说文》。此言日中巢栖之鸟，非必夜止也。鸟飞集无常所，其日中栖巢者必伏卵育雏之类。夫子不射之。礼所谓‘不卵，不杀胎，不夭夭，不覆巢’者是也。”

［译文］

孔子获鱼、鸟，仅以一竿钓而从不张大网捕，也从不射取歇巢之鸟。

［疏义］

邢疏："此章言孔子仁心也。"

（二十八）子曰："盖有不知而作之者①，我无是也。多闻，择其善者而从之，多见而识之②，知之次也③。"

［注释］

①作：创造新说。②识：记。③知之次也：《集解》引孔氏："次于天生知之。"《后案》："次于作者之圣也。"

［译文］

孔子说："或许有无知者妄自穿凿，凭空造作，但我从不如此。增广闻见，择善而从，默而识之，以此获取学识，［虽然未必尽得其理，］也算仅次于圣人的生而知之了。"

［疏义］

《集解》引包氏："时人有穿凿妄作篇籍者，故云然。"

《后案》云："此即述而不作之意也。'从之''识之'谓述也。识者，辨而存之也。"

（二十九）互乡难与言①，童子见②，门人惑。子曰："与其进也③，不与其退也④。唯何甚⑤？人洁己以进⑥，与其洁也，不保其往也⑦。"

［注释］

①互乡：乡名。言：讲论。②见：求见。③与：称许。进：进于礼，这里指上门求教。④退：不合礼之言行。刘氏《正义》引刘逢禄《论语述何》云："《春秋》列国进乎礼义者与之，退则因而贬之，亦此义也。"⑤唯何甚：何必那么过分呢。唯，语气词。甚，过分。⑥洁：清，自新之意。⑦保：理

会，计较。往：离开之后。《集解》引郑氏：“往，犹去也。”一说指往日之言行。亦通。

［译文］

互乡之人难与论道，那里的一个童子求见，孔子见了，弟子们很不解。孔子说：“合乎礼义的言行要赞许，不守礼义的才要批评。何必做得那么过分呢？人家虚心来求教，应该支持，离开后怎么样就不必管了。”

［疏义］

邢疏：“此章言教诲之道也。”

（三十）子曰：“仁远乎哉？我欲仁，斯仁至矣①。”

［注释］

①斯：连词，起承接作用，接近于“则”“而”。

［译文］

孔子说：“仁德很遥远吗？我心怀仁，而仁德也就来了。”

［疏义］

邢疏：“此章言仁道不远，行之即是。”

《雍也》篇，子曰：“能近取譬，可谓仁之方也已。”

《后案》云：“‘仁远乎哉’，不敢决言近，与《表记》‘仁之器重道远’义原不悖也。”

（三十一）陈司败问①：“昭公知礼乎②？”孔子曰：“知礼。”孔子退。揖巫马期而进之③，曰：“吾闻君子不党，君子亦党乎？君取于吴④，为同姓⑤，谓之吴孟子⑥。君而知礼，孰不知礼⑦？”巫马期以告。子曰：“丘也幸，苟有过，人必知之。”

［注释］

①陈司败：陈国大夫，旧说司败为官名。《集注》：“即司寇也。”②昭公：名裯，鲁襄公庶子，继襄公之位，昭为其谥号。③巫马期：孔子弟子，姓

巫马，名施，字子期，比孔子小三十岁。④取：同“娶”。吴：吴国。⑤为：因为。同姓：鲁为周公之后，吴为太伯之后，二国俱为姬姓。⑥吴孟子：本应称吴姬，因诸侯同姓不婚，所以去本姓，称“孟子”以讳之。孟是排行，子谓子女。⑦孰：谁。

［译文］

陈司败问孔子：“鲁昭公知礼吗？”孔子道：“知礼。”孔子退下后，陈司败向巫马期作揖，待他走近，对他说：“我听说君子不偏不倚，难道夫子也有所偏袒吗？鲁君娶于吴国，因是同姓之国，大家称‘吴孟子’以避讳。鲁君若是知礼，谁不知礼呢？”巫马期将这话转告了孔子。孔子说：“我真是幸运，只要有了错，别人一定给我指出来。”

［疏义］

邢疏：“此章记孔子讳国恶之礼也。”按《左传》僖公元年：“讳国恶，礼也。”

《礼记·大传》：“系之以姓而弗别，缀之以食而弗殊，虽百世而婚姻不通者，周道然也。”《坊记》：“子云：‘娶妻不取同姓，以厚别也。’故买妾不知其姓，则卜之。以此坊民，鲁《春秋》犹去夫人之姓曰‘吴’，其死曰‘孟子卒’。”

（三十二）子与人歌而善，必使反之①，而后和之。

［注释］

①反：复，指再次歌唱。

［译文］

孔子和别人一起唱歌，如果觉得别人唱得好，一定请他再唱一次，然后自己跟着和。

［疏义］

《集注》：“必使复歌，欲得其详而取其善也。而后和之者，喜得其详而与其善也。”

（三十三）子曰："文莫吾犹人也[1]。躬行君子，则吾未之有得。"

[注释]

①文莫（mínmù）：忧"黾勉"，努力。旧说多以"文"为文章学术，释"莫"为"疑辞"或"无"，今不取。

[译文]

孔子说："勤勉努力，我跟别人差不多。躬行君子之道，我还尚未有成。"

[疏义]

《后案》："《说文》：'忞，强也。''慔，勉也。''文莫'即'忞慔'借字。《尔雅》：'懋懋，慔慔，勉也。'《广雅》：'文，勉也。''飭莫，强也。'《方言》：'侔莫，强也。北燕之外郊，凡劳而相勉，若言努力者，谓之侔莫。'诸文或用正字，或用音近假借。杨氏《丹铅录》引晋栾肇《论语驳》曰：'燕、齐谓勉强为文莫。'近刘端临亦申杨氏说云：'黾勉、密勿、蠠没、文莫，皆一声之转。'"

邢疏："此章记夫子之谦德也。"按"文莫"即下章"为之不厌，诲人不倦"之意。

（三十四）子曰："若圣与仁，则吾岂敢？抑为之不厌[1]，诲人不倦，则可谓云尔已矣[2]。"公西华曰："正唯弟子不能学也[3]！"

[注释]

①为之：《集注》："为仁圣之道。"②云尔：《后案》："犹言'如此'。"已矣：《后案》："绝语辞。"③正：正是此处。唯：助词。

[译文]

孔子说："若论圣与仁，我哪里敢当？只是朝着这个方向不断努力，诲人不倦，最多也就这样吧。"公西华说："正是这些地方我们弟子做不到呀。"

［疏义］

邢疏："此章亦记孔子之谦德也。"

（三十五）子疾病①，子路请祷②。子曰："有诸③？"子路对曰："有之。诔曰④：'祷尔于上下神祇⑤。'"子曰："丘之祷久矣。"

［注释］

①疾病：重病。②请祷：祈祷。《集解》引包氏："祷请于鬼神。"③诸：之乎。④诔（lěi）：当作"讄"，《说文》："讄，祷也。累功德以求福。《论语》云：'讄曰：祷尔于上下神祇。'"诔是叙述死者生前德行以定其谥，讄是累叙活人之功德以求福免灾。二字相混已久。⑤尔：汝，你。上下神祇（qí）：天神地祇。

［译文］

孔子重病，子路向鬼神祷告。孔子说："有这回事吗？"子路回答："有。讄辞作'替你向天神地祇祈祷'。"孔子说："我早就祷告过了。"

［疏义］

《集解》引孔氏："孔子素行合于神明，故曰某之祷久矣。"

邢疏："此章记孔子不谄求于鬼神也。"

（三十六）子曰："奢则不孙①，俭则固②。与其不孙也，宁固。"

［注释］

①孙（xùn）：顺。皇疏本作"逊"。《后案》："依《说文》作'愻'，为正字。皇本借用'逊遁'字。"②固：固陋，寒俭。

［译文］

孔子说："奢侈则易不知逊让，俭朴则易固陋失礼。与其不逊，宁为固陋。"

［疏义］

邢疏："此章戒人奢僭也。"

段玉裁注《说文》心部"愻"字云："训顺之字作'愻'，古书用字如此。凡愻顺字从心，凡逊遁字从辵，今人'逊'专行而'愻'废矣。《学记》'不陵节而施之谓逊'，刘向书作'愻'，此未经改窜之字也。《论语》'孙以出之'，'恶不孙以为勇者'，皆'愻'之假借。"《集解》引孔氏："奢不如俭。奢则僭上，俭则不及礼耳。"《后案》云："由奢返俭难，由俭充礼易。"

（三十七）子曰："君子坦荡荡①，小人长戚戚②。"

［注释］

①坦荡荡：《集解》引郑氏："宽广貌。"②戚：迫促之貌。引申有忧惧之义。

［译文］

孔子说："君子之心坦坦荡荡，小人之心迫促忧惧。"

［疏义］

《说文》"戚"字段玉裁注云："'戚'之引伸之义为促迫。而古书用'戚'者，俗多改为'蹙'。试思亲戚亦取切近为言，非有异义也。……'戚'训促迫，故又引申训忧。《小明》'自诒伊戚'传曰：'戚，忧也。'"

黄氏《后案》："凡经典'戚'与'蹙'训忧者，皆以'慽'为正字；训迫促者，以'戚'为正字，即戚近义之引申。此'戚戚'当训迫缩，与'荡荡'反对也。"

（三十八）子温而厉①，威而不猛，恭而安②。

［注释］

①厉：严正。②安：平和之态。

［译文］

夫子的容仪温和而严正，威严而不凶猛，庄敬且安详。

[疏义]

此章言孔子之威仪容止，以明其德行。按《尧曰》篇子曰："君子正其衣冠，尊其瞻视，俨然人望而畏之，斯不亦威而不猛乎？"

《后案》："温而厉，仁中有义也。威而不猛，义中有仁也。恭而安礼，顺乎理之当然，率乎性之自然也。"

泰伯第八

共二十一章

（一）子曰："泰伯[①]，其可谓至德也已矣[②]。三以天下让[③]，民无得而称焉。"

［注释］

①泰伯：西周太王古公亶父长子，又称"太伯"。②至德：至高之德。③三以天下让：《史记·吴太伯世家》云："吴太伯，太伯弟仲雍，皆周太王之子，而王季历之兄也。季历贤，而有圣子昌，太王欲立季历以及昌，于是太伯、仲雍二人乃奔荆蛮，文身断发，示不可用，以避季历。季历果立，是为王季，而昌为文王。"三让之义，邢疏引郑玄注："太伯因适吴越采药，太王殁而不返，季历为丧主，一让也。季历赴之，不来奔丧，二让也。免丧之后，遂断发文身，三让也。"

［译文］

孔子说："泰伯可以称作至德之人了。三次让天下，百姓却找不到合适的说法来称赞他。"

［疏义］

邢疏："此章论泰伯让位之德也。"

黄氏《后案》："扬子《法言》：'不为名之名，其至矣乎！为名之名，其次也。'则德以无称而至也。"

（二）子曰："恭而无礼则劳[①]，慎而无礼则葸[②]，勇而无礼则乱，直而无礼则绞[3]。君子笃于亲则民兴于仁[4]，故旧不遗则民不偷[5]。”

[注释]

①劳：劳扰，烦渎。②葸（xǐ）：《集解》：“畏惧之貌。”③绞：躁急尖刻。刘氏《正义》：“‘绞’者，两绳相交之名，故引申为乖刺之义。郑注云：‘绞，急也。’与马义不异。下篇云：‘好直不好学，其蔽也绞。’”④笃：厚。亲：父母兄弟。⑤故旧：故交老友。遗：忘却，遗弃。偷：凉薄。

[译文]

孔子说：“恭而无礼，未免劳扰；慎而无礼，每致懦弱；勇而无礼，则易作乱；直而无礼，往往尖刻。在上位者，如能和睦亲族，百姓也将会兴起仁德；如能不忘故旧，百姓也不会凉薄无情。”

[疏义]

《后案》云：“偷，愉之借字。《说文》：‘愉，薄也。’愉又有暂义。《周礼》‘以俗教安则民不愉’注：‘愉谓朝不谋夕。’此经‘愉’对‘故旧’言，训为暂，义正通。《说文》无‘偷’字，女部‘媮，巧黠也’。此今偷盗之本字。凡经传中媮、偷字，训薄、训暂、训苟且者，正字当作‘愉’；‘愉’之训取者，正字当作‘媮’‘偷’。”

按《礼记·仲尼燕居》：“敬而不中礼，谓之野；恭而不中礼，谓之给；勇而不中礼，谓之逆。”又《经解》：“恭俭庄敬而不烦，则深于《礼》者也。”

朱子《集注》：“吴氏曰：‘君子以下，当自为一章，乃曾子之言也。’愚按：此一节与上文不相蒙，而与首篇慎终追远之意相类，吴说近是。”黄氏《后案》以为此乃臆说。

（三）曾子有疾[1]，召门弟子曰：“启予足[2]，启予手。《诗》云：‘战战兢兢，如临深渊，如履薄冰[3]。’而今而后，吾知免夫[4]。小子！”

[注释]

①疾：重病。②启：《集解》引郑氏曰：“启，开也。曾子以为受身体于

父母，不敢毁伤之，故使弟子开衾视之也”。黄氏《后案》：“手足不毁伤，何待开衾？‘启’为‘晵’借字，‘晵’者省察之谓，曾子自述其平日一举动之必察也。”今从黄说。③战战兢兢，如临深渊，如履薄冰：见《诗经·小雅·小旻》。毛传：“战战，恐也。兢兢，戒也。如临深渊，恐坠也。如履薄冰，恐陷也。”履，践踩。④免：解脱。或谓免于刑伤。《孝经·开宗明义章》云：“身体发肤，受之父母，不敢毁伤。”孔注解“毁伤”为“刑伤”。今不取此说。夫（fú）：句末语气词。

［译文］

曾参得了重病，召见门弟子，说：“一举一动，都要仔细省察呀！《诗》里说：‘心怀恐惧与戒慎，好像面临深渊之前，好像行走薄冰之上。’直到现在临死，我才能放松下来，小子们！”

（四）曾子有疾，孟敬子问之①。曾子言曰②：“鸟之将死，其鸣也哀；人之将死，其言也善③。君子所贵乎道者三④：动容貌，斯远暴慢矣⑤；正颜色，斯近信矣；出辞气⑥，斯远鄙倍矣⑦。笾豆之事⑧，则有司存⑨。”

［注释］

①孟敬子：《集解》引马氏曰：“孟敬子，鲁大夫仲孙捷。”邢疏：“郑玄注《檀弓》云：‘敬子，武伯之子，名捷。’是也。”问：探视。②曾子言曰：钱穆《论语新解》说：“曾子不言己病，独告以君子修身之道，记者郑重曾子此番临终善言，故特加一言字，而曾子病之不起，亦见于言外。”③鸟之将死，其鸣也哀；人之将死，其言也善：此当为古语，曾子引之。《集注》：“此曾子之谦辞，欲敬子知其所言之善而识之也。”④君子：指在上位者。道：《集解》引郑氏：“谓礼也。”⑤远：远离。暴：急躁粗暴。慢：怠慢放肆。⑥辞：言辞。气：语气。⑦鄙：鄙陋。倍：同“背”，违逆，悖谬。⑧笾（biān）豆之事：指祭祀宴饮等具体礼仪。笾，竹制礼器，高足圆口，带盖，用于盛放干的食物。豆，木制礼器，高足圆口，或有盖，用于盛放有汁的食物。⑨有司：主事官员。存：在。

[译文]

曾参病了，孟敬子去探望他。曾子说："常言道：'鸟之将死，鸣声常显悲哀；人之将死，说话也多善言。'在上位者对于礼应注重这三方面：举动有仪，可远离粗暴；容色端正，则近于诚信；出语温和，将远离鄙陋。至于祭祀宴饮等具体仪节，自有主管人员负责。"

[疏义]

《集解》引郑氏曰："动容貌，能济济跄跄，则人不敢暴慢之；正颜色，能矜庄严栗，则人不敢欺诈之；出辞气，能顺而说之，则无恶戾之言入于耳。"

《集注》："言道虽无所不在，然君子所重者，在此三事而已。是皆修身之要、为政之本，学者所当操存省察，而不可有造次颠沛之违者也。"

黄氏《后案》："'远暴慢'，'近信'，'远鄙倍'，据郑君注指民言。在上者能重礼，则一动、一正、一出民必以礼应也。据朱子注，则身自远之，自近之也。"

（五）曾子曰："以能问于不能①，以多问于寡，有若无，实若虚，犯而不校②，昔者吾友尝从事于斯矣③。"

[注释]

①能：才能。②犯：冒犯。校：《集注》："计校也。"③吾友：《集解》引马氏曰："谓颜渊。"

[译文]

曾子说："才能高却能请教才能低的，懂得多却会请教懂的少的；有学识倒像没有，充实却如同虚空；被无故冒犯也不去计较。过去我的一个朋友就是这样做的。"

[疏义]

邢疏："此章称颜渊之德行也。"

（六）曾子曰："可以托六尺之孤①，可以寄百里之命②，临大节而不可夺也[3]，君子人与[4]？君子人也。”

［注释］

①托六尺之孤：受命辅佐幼君。托，委托。六尺之孤，《集解》引孔氏："幼少之君。”邢疏引郑玄注："年十五以下。”②寄：托。百里：诸侯国。《后案》："百里，畿内外班禄之地最大者，故经传称诸侯为‘百里’。”命：《后案》："谓国祚也。君相有造命之权，命吉凶，命历年，皆在执政者之用德祈命。”③临大节：指社稷存亡，个人操守等。《后案》："凡当大疑、投大艰皆是也。经传言‘节目’、言‘错节’皆指事之难治者也。”不可夺：《后案》："不得倾其谋、不得颓其操皆是也。”夺，剥夺，使丧失。④与（yú）：语气词。《后案》："拟辞，非疑辞也。反复言之，见非君子不能也，深慕之也。”

［译文］

曾子说："可将年幼之君与社稷命脉都托付给他，临生死存亡之大节能坚定不移，这种人，堪称君子了吧？一定堪称君子了！”

［疏义］

邢疏："此章论君子德行也。”

（七）曾子曰："士不可以不弘毅[1]，任重而道远。仁以为己任，不亦重乎？死而后已，不亦远乎？”

［注释］

①弘：《集解》引包氏："大也。”《集注》："宽广也。”杨伯峻以为乃今之"强”字。《论语译注》引章太炎《广论语骈枝》云："《说文》：‘弘，弓声也。’后人借‘强’为之，用为‘彊’义。此‘弘’字即今之‘强’字也。《说文》：‘毅，有决也。’任重须彊，不彊则力绌；致远须决，不决则志渝。”今从之。毅：《集解》引包氏："强而能断也。”

［译文］

曾子说："士子［修德行道］不可不坚强而果断，因为自任深重，见道高远。以仁为任，不深重吗？至死方休，不高远吗？”

［疏义］

黄氏《后案》："‘仁以为己任’，犹孟子所谓‘自任以天下之重’也。”

按孟子之言乃称伊尹之德，见《万章上》。

（八）子曰："兴于《诗》[1]，立于礼[2]，成于乐[3]。"

［注释］

①兴于《诗》：《集解》引包氏："兴，起也。言修身当先学诗。"《毛诗序》："在心为志，发言为诗。"②立于礼：《集解》引包氏："礼者，所以立身。"《毛诗序》："发乎情，止乎礼义。"③成于乐：《集解》引包氏："乐所以成性。"

［译文］

孔子说："在《诗》中感发志意，在礼中学会立身，在乐中成就德性。"

［疏义］

邢疏："此章记人立身成德之法也。"

（九）子曰："民可使由之[1]，不可使知之。"

［注释］

①民：民众。②由：《集解》："用也。"

［译文］

孔子说："在上者引导民众，要能使他们遵行政令，但很难事事让他们理解为何要如此。"

［疏义］

邢疏："此章言圣人之道深远，人不易知也。"

按《孟子·尽心上》："行之而不著焉，习矣而不察焉，终身由之而不知其道者，众也。"

（十）子曰："好勇疾贫[1]，乱也。人而不仁，疾之已甚，乱也。"

[注释]

①疾：憎恶，痛恨。

[译文]

孔子说："好勇而厌贫，此乃为乱之阶。对不仁之人，憎恶太甚，也易导致祸乱。"

[疏义]

黄氏《后案》："《后汉书·郭泰传》引此经注引郑注说云：'不仁之人，当以风化之。若疾之甚，是益使为乱也。'又《张俭传论》云：'终婴疾甚之乱。'范蔚宗以后汉党锢之祸起于疾恶之已甚也，是古说亦指世乱言，欲治世者平其心。"

刘氏《正义》引《大戴礼·曾子立事》篇："君子恶人之为不善，而弗疾也。"

（十一）子曰："如有周公之才之美①，使骄且吝②，其余不足观也已③。"

[注释]

①如：如果。周公：周公旦，周武王之弟。才：不仅指才能，亦兼指道德而言。美：功业之美。②使：假若。骄：矜夸，骄纵。吝：《集注》："鄙啬也。"③其余：骄吝之外。

[译文]

孔子说："假如真有人具备周公那样的才德与功业，却骄纵鄙吝，那些才德与功业也就不足观了。"

[疏义]

此章谓真有才德者必不骄吝。《集注》引程子曰："此甚言骄吝之不可也。盖有周公之德，则自无骄吝；若但有周公之才而骄吝焉，亦不足观矣。"

《后案》："古有以德称才者，如《易》天、地、人为'三才'，《左传》'高阳氏才子齐圣广渊、明允笃诚，高辛氏才子忠肃共懿、宣慈惠和'是也。有才德分言者，如《左传》'酆舒有三儁才，怙其儁才而不以茂德，兹益罪也’是也。‘周公之才’，程、朱轻言之。依《书·金縢》篇，周公自称多才多艺，才亦不甚重，与此经合。”

（十二）子曰：“三年学，不至于穀[①]，不易得也。”

［注释］

①至：心念所及。穀：禄位。《尔雅·释言》：“穀，禄也。”

［译文］

孔子说：“求学三年而不存求官得禄的念头，真是难得。”

［疏义］

《集解》引孔曰：“穀，善也。言人三岁学，不至于善，不可得，言必无也。所以劝人学。”与《集注》说不同，存参。

（十三）子曰：“笃信好学[①]，守死善道[②]。危邦不入[③]，乱邦不居[④]。天下有道则见[⑤]，无道则隐。邦有道，贫且贱焉，耻也；邦无道，富且贵焉，耻也。”

［注释］

①笃信：笃守大道。②守死：不轻死。善道：善守道、行道。③危：不安之貌。《集解》引包氏：“将乱之兆也。”④乱：悖礼叛乱。《集解》引包氏：“谓臣弑君，子弑父。”⑤见：同“现”。

［译文］

孔子说：“信道好学，但要善行道，不轻许以死。危邦不入，乱邦不居。天下有道则出，无道则隐。国家有道，甘受贫贱，那是耻辱；国家无道，安享富贵，也是耻辱。”

［疏义］

《后案》：“从危乱者或受牵制，或因逼迫，终必取祸，祸至而以身殉之，死亦为愚。此言善道之术也。”

（十四）子曰：“不在其位[①]，不谋其政[②]。”

[注释]

①位：职位。②谋：议论谋划。政：事务。

[译文]

孔子说："不居其职，便不谋议其事。"

[疏义]

《集解》引孔氏："欲各专一于其职也。"

(十五)子曰："师挚之始①，《关雎》之乱②，洋洋乎盈耳哉③！"

[注释]

①师挚之始：典礼之始，太师挚率众瞽升堂而歌。师挚，鲁乐官，名挚。②《关雎》之乱：典礼之末，合乐《周南》之《关雎》《葛覃》《卷耳》与《召南》之《鹊巢》《采蘩》《采蘋》六篇。这里仅言《关雎》，包六诗在内。乱，总结整理之义，这里指曲终合乐。③洋洋：形容乐音美盛。盈：满。

[译文]

孔子说："从太师挚升歌之始，到最终合乐《关雎》诸篇，真是美盛之音盈耳！"

[疏义]

邢疏："此章美正乐之音也。"

刘氏《正义》引刘台拱《论语骈枝》曰："始者，乐之始；乱者，乐之终。《乐记》曰：'始奏以文，复乱以武。'又曰：'再始以著往，复乱以饬归。'皆以始、乱对举，其义可见。凡乐之大节，有歌有笙，有间有合，是为一成。始于升歌，终于合乐。是故升歌谓之始，合乐谓之乱。《周礼·太师职》：'大祭祀，帅瞽登歌。'《仪礼·燕》及《大射》皆太师升歌，挚为太师，是以云'师挚之始'也。合乐《周南·关雎》《葛覃》《卷耳》，《召南·鹊巢》《采蘩》《采蘋》凡六篇，而谓之'《关雎》之乱'者，举上以该下，犹之言'《文王》之三''《鹿鸣》之三'云尔。升歌言人，合乐言诗，互相备也。洋洋盈耳，总叹之也。自始至终，咸得其条理，而后声之美盛可见。言始、乱，则笙、间在其中矣。”本章译注即据此为说。

按：《集解》引郑氏：“始，犹首也。周道衰微，郑、卫之音作，正乐废而失节。鲁大师挚识《关雎》之声，而首理其乱，有洋洋盈耳，听而美之。”黄氏《后案》：“郑君训始为首，而云‘首理其乱’，是郑君以理乱为乱，八字为句。《史记·孔子世家》：‘《关雎》之乱，以为《风》始。’《正义》曰：‘乱，理也。’王氏《离骚》‘乱曰’注亦云：‘乱，理也。’孔氏《乐记》‘复乱以饬归’，疏曰：‘乱，治也。复，谓舞曲终，舞者复其行位而整治。’……诸说以理乱曰乱，训诂无异。后儒误以郑君训紊乱之乱，故驳之，所谓以不狂为狂者也。”此亦足备一说，录之备参。

（十六）子曰：“狂而不直①，侗而不愿②，悾悾而不信③，吾不知之矣。”

［注释］

①狂：《集解》引孔氏：“狂者进取。”直：率直。②侗（tóng）：无知之貌。愿：忠厚。③悾悾（kōngkōng）：愚悫无能之貌。信：可信。

［译文］

孔子说：“狂放又不率直，无知又不老实，无能又不守信，这种人是我搞不懂的。”

（十七）子曰：“学如不及①，犹恐失之②。”

［注释］

①如不及：好像赶不上。②犹恐失之：还担心丧失已有的。此依皇疏。详下。

［译文］

孔子说：“治学好像不停地追赶什么，生怕无所得；已经有所得，还担心又丢了。”

［疏义］

邢疏：“此章劝学也。”

《集解》："学自外人，至熟乃可长久。如不及，犹恐失之。"《集注》："言人之为学，既如有所不及矣，而其心犹竦然，惟恐其或失之，警学者当如是也。"黄氏《后案》："依何解，'如'犹'若'也，设词，言学之功苟未至，则不长久也。依朱子注，'如不及'状其学之急也。皇疏曰：'学之为法，急务取得，恒如追前人，欲取必及，故云"如不及"也。又学若有所得，则战战持之，犹如人执物恒恐去失。'依皇疏，未得即求之如不及，既得则守之犹恐失之也。"

刘氏《正义》："如不及，故'日知所亡'；恐失，故'月无忘所能'。"按《子张》篇，子夏曰："日知其所亡，月无忘其所能，可谓好学也已矣。"

（十八）子曰："巍巍乎①，舜、禹之有天下也②，而不与焉③。"

[注释]

①巍巍：《集解》："高大之称。"②禹：夏朝开国君主，鲧之子，因治水成功得舜之禅让。③不与（yù）：不事事躬亲之谓。黄氏《后案》："孟子答陈相，上言以不得人为忧，下言非无所用心，中引此经及下章为证。而此经下章'舜有臣五人而天下治'，复骈章类叙，则'不与'者，得人善任，不身亲其事也。"刘氏《正义》亦以"任贤使能"为正诂。

[译文]

孔子说："真是伟大啊，舜和禹君临天下，[知人善任，]并不事事躬亲。"

[疏义]

《集解》："美舜、禹也。言已不与求天下而得之。"刘氏《正义》："魏篡汉得国，托于舜、禹之受禅，故平叔等解此文，以'不与'为'不与求'也。《魏志·明帝纪》注引《献帝传》云：'仲尼盛称尧、舜巍巍荡荡之功者，以为禅代乃大圣之懿事也。'又《文帝纪》注引《魏氏春秋》云：'帝升坛礼毕，顾谓群臣曰："舜、禹之事，吾知之矣。"'当时援舜、禹以文其奸逆，大约皆以为不求得之矣。"

（十九）子曰："大哉[1]，尧之为君也！巍巍乎，唯天为大，唯尧则之[2]。荡荡乎[3]，民无能名焉[4]。巍巍乎，其有成功也[5]。焕乎[6]，其有文章[7]。"

［注释］

①大：伟大。②则：取法。《集解》引孔氏："则，法也。"③荡荡：《集解》引包氏："广远之称。"④名：指说，形容。⑤成功：功业。⑥焕：《集注》："光明之貌。"⑦文章：《集注》："礼乐法度。"

［译文］

孔子说："尧作为国君真是伟大啊！只有天如此高大，也只有尧能够效法。尧德广远，百姓简直无法形容。他的功烈无比高大，文德又如此美盛。"

［疏义］

邢疏："此章叹美尧也。"

《集注》引尹氏曰："天道之大，无为而成。唯尧则之以治天下，故民无得而名焉。"《后案》谓此语"正言其得人善任"，又谓："天无为而四时行、百物生，尧无为而百工釐、庶绩熙，孟子所以引此答陈相也。"

（二十）舜有臣五人而天下治[1]。武王曰："予有乱臣十人[2]。"孔子曰："才难[3]，不其然乎[4]？唐、虞之际，于斯为盛[5]。有妇人焉[6]，九人而已。三分天下有其二[7]，以服事殷。周之德，其可谓至德也已矣。"

［注释］

①舜有臣五人：《集解》引孔氏："禹、稷、契、皋陶、伯益。"刘氏《正义》引李光地《榕村语录》曰："'舜有臣'二句，亦是夫子语，如《微子篇》'逸民'节亦然。"②予有乱臣十人：今伪古文《尚书·泰誓》记武王誓师之辞曰："予有乱臣十人，同心同德。"阮元《论语注疏校勘记》、黄氏《后案》皆谓《论语》此文古本并无"臣"字，后人据晚出《太誓》增"臣"字，其说可从。予，我。刘氏《正义》："予者，予周也。"乱，治官臣僚。据

于省吾说，“乱”古字作“𤔔”，与“司”通用，即司徒、司马、司空之“司”，见《论语新证》。十人，《集解》引马氏：“谓周公旦、召公奭、太公望、毕公、荣公、太颠、闳夭、散宜生、南宫适，其一人是文母。”《集注》：“刘侍读以为子无臣母之义，盖邑姜也。九人治外，邑姜治内。”③才难：人才难得。《集注》：“‘才难’，盖古语。”④其：难道。⑤唐、虞之际，于斯为盛：《集解》引孔氏：“言尧、舜交会之间，比于周，周最盛。”《集注》：“唐虞，尧舜有天下之号。际，交会之间。言周室人才之多，惟唐虞之际乃盛于此，降自夏商皆不能及。”二说正相反。黄氏《后案》：“古注谓周才盛于唐、虞，唐、虞两代五人，周一代十人，是周盛也。申朱子注者云：唐、虞盛于周，而夏、商不能及，难也；十人取足于妇人，难也。周十人而以五人为盛者，蔡介夫谓不计多寡，顾其人物地位何如也。王伯申训‘于’为‘与’，言唐、虞与周为盛也。”刘氏《正义》则谓：“际犹下也，后也。……夫子此言唐、虞之下，至周乃为盛也。”此说可从。⑥妇人：即上十人中之一位，或以为文母太姒，或谓武王妻邑姜。⑦三分天下有其二：《集注》：“盖天下归文王者六州，荆、梁、雍、豫、徐、扬也。惟青、兖、冀尚属纣耳。”黄氏《后案》：“《逸周书·程典》云：‘文王合六州之侯，奉勤于商。’是注所本也。然经言‘三分’，《程典》言‘六州’，皆就大概而言，非真画地而分。”

[译文]

舜有贤臣五人，天下便大治了。武王说：“我有十位治世之能臣。”孔子说：“古话说‘人才难得’，难道不是这样吗？尧舜之后，及至周初，人才极盛。不过十位中还有一位妇人，实际只有九位而已。周文王得了天下三分之二，仍然以臣礼事殷商。周朝之德，真可谓臻于极致了。”

[疏义]

邢疏：“此章论大才难得也。”

刘氏《正义》：“周得群才，故能三分有二，其时实有得天下之势，而犹以服事殷，与泰伯之以天下让无以异，故夫子均叹为至德也。”

（二十一）子曰："禹，吾无间然矣①。菲饮食②，而致孝乎鬼神③；恶衣服④，而致美乎黻冕⑤；卑宫室，而尽力乎沟洫⑥。禹，吾无间然矣！"

［注释］

①无间（jiàn）：无所非议。间，《集注》："罅隙也，谓指其罅隙而非议之也。"然：句尾语气词，相当于"焉""也"。见刘氏《正义》引《经传释词》。②菲：《集解》引马氏："薄也。"③致孝乎鬼神：《集解》引马氏："祭祀丰洁。"④衣服：常服。⑤黻（fú）冕（miǎn）：祭服之衣冠。⑥沟洫：指农田水利。《集注》："田间水道，以正疆界、备旱潦者也。"

［译文］

孔子说："禹，我对他没有什么非议的了。他饮食菲薄，将祭品却办得丰洁；穿着粗劣，而讲究祭服之美；住得简陋，却尽力于农田水利。禹，我对他真是没有什么非议的了！"

［疏义］

邢疏："此章美夏禹之功德也。"

《后案》："此赞夏后之丰俭合宜，以讽世也。周末衣食宫室俱逾礼制，既失之奢，鲁惠公时，史角至鲁，其后为晏婴、墨翟尚简之学，而自谓宗师大禹，此又异端之渐启矣。《史记》曰：'墨者俭而难遵，要其强本节用，则人给家足之道也。'然曷若反复此经，宗师夏后之为得哉！"

子罕第九

共三十章

（一）子罕言利与命与仁[①]。

[注释]

①罕：少。《集解》："罕者，希也。"言：主动谈论。《说文》："直言曰言，论难曰语。"

[译文]

孔子平时很少主动谈论利、命和仁德。

[疏义]

《集解》云："利者义之和也，命者天之命也，仁者行之盛也。寡能及之，故希言也。"邢疏谓："此章论孔子希言难考之事业。"刘氏《正义》云："时至春秋，君子道微，故夫子罕言利，则以其理精微，人或误习其说，而惟知有利，不复知有义矣。……利、命、仁三者，皆夫子所罕言，而言'仁'稍多，言'命'次之，言'利'最少。……夫子晚始得《易》，《易》多言'利'，而赞《易》又多言'命'，中人以下，不可语上，故弟子于《易》独无问答之辞。今《论语》夫子言'仁'甚多，则又群弟子记载之力，凡言'仁'皆详书之，故未觉其罕言也。"

黄氏《后案》则云："'罕言'之'罕'，借为'轩豁'之'轩'，古'罕''軒'二字通用。……则'罕言'者，表显言之也。"黄氏谓经传所载，孔子于利、命、仁三者多辨明其义以示人，其说与古注正相反，录之备考。

（二）达巷党人曰[①]："大哉！孔子博学，而无所成名[②]。"

子闻之，谓门弟子曰：“吾何执[3]？执御乎[4]？执射乎[5]？吾执御矣。”

[注释]

①达巷：《集解》引郑氏：“党名也。”党：五百家为党。②无所成名：《集注》：“不成一艺之名。”③执：专执。④御：驾车。⑤射：射艺。

[译文]

达巷的一个人说：“真是伟大呀！孔子博学多能，乃至大家都不知道他有何专擅之艺。”孔子听了，对弟子们说：“我究竟该专门从事哪一项技艺呢？驾车？射艺？我想还是驾车吧。”

[疏义]

黄氏《后案》云：“博难执易，门弟子宜先执后博。”刘氏《正义》云：“示为学当施博而守约也。”此就治学而言，亦“君子不器”之意。

（三）子曰：“麻冕[1]，礼也。今也纯[2]，俭[3]，吾从众。拜下[4]，礼也。今拜乎上，泰也[5]。虽违众，吾从下。”

[注释]

①麻冕：一种麻制礼帽。麻工细密难成，费时耗力。《后案》引《白虎通》：“麻冕者何？周宗庙之冠也。……所以用麻为之者，女工之始示不忘本也。”②纯：蚕丝。③俭：节省，俭约。《集解》引孔氏：“丝易成，故从俭。”④拜下：古制，臣与君行礼，当拜于堂下，君辞，乃升堂成拜。⑤泰：骄慢。《集解》引王氏：“时臣骄泰，故于上拜也。”

[译文]

孔子说：“绩麻为冕，乃是古礼，现在改用丝料，较麻俭约了。我愿意随俗，用丝冕。臣见君，拜于堂下，然后升堂再拜，这是古礼。现在大家都简省了，只在升堂后拜，这是何等倨傲失礼？这方面，即使与众违异，我还是主张先在堂下拜。”

[疏义]

黄氏《后案》云：“拜下之礼，见于《觐礼》《燕礼》《大射仪》《公食大夫礼》《聘礼》诸篇为详。凌次仲曰：‘凡臣与君行礼，皆堂下再拜稽首。异国之君亦如之。凡君待以客礼，下拜则辞之，然后升成拜。’凌氏说是也。”

《集注》引程子曰：“君子处世，事之无害于义者，从俗可也；害于义，则不可从也。”

（四）子绝四：毋意①，毋必②，毋固③，毋我④。

［注释］

①毋：通“无”，一点儿没有。《集注》：“绝，无之尽者。”意：臆度。《集注》：“私意也。”②必：事先即存成见。《集注》：“期必也。”黄氏《后案》云：“必者，决断之也，事犹未定而存必然之见也。”③固：拘泥固执。《集注》：“执滞也。”④我：私心。《集注》：“私己也。”

［译文］

孔子平日杜绝这四种毛病：一不凭空揣测，二不心存成见，三不拘泥固执，四不挟私自蔽。

［疏义］

《集注》引程子曰：“此‘毋’字，非禁止之辞。圣人绝此四者，何用禁止。”

（五）子畏于匡①，曰：“文王既没②，文不在兹乎③？天之将丧斯文也，后死者不得与于斯文也④。天之未丧斯文也，匡人其如予何？”

［注释］

①畏：拘，威迫。黄氏《后案》：“畏，威也，厄也，谓威厄之也。古畏、威、厄同音。”匡：卫邑名。②没：通“殁”，死。③文：文章礼乐。兹：此。《集注》：“此也。孔子自谓。”④后死者：孔子自称。与（yù）：与闻，得知。

［译文］

孔子在匡地被拘，他说：“文王已经不在世了，礼乐大道难道不在我这里吗？老天如果想灭亡此道，那我也不会与闻此道了。老天如果不想灭亡此道，那匡人能把我怎么样呢？”

[疏义]

《集解》引包氏：“匡人误围夫子，以为阳虎。阳虎尝暴于匡，夫子弟子颜克时又与阳虎俱往。后克为夫子御，至匡，匡人相与共识克，又夫子容貌与阳虎相似，故匡人以兵围之。”《后案》：“阳虎尝暴于匡，当是定公六年‘侵郑取匡’，公叔文子所谓‘天将多阳虎之罪以毙之’也。然匡人之围，专因颜克之故，非必为貌似。”

（六）大宰问于子贡曰①：“夫子圣者与②？何其多能也？”子贡曰：“固天纵之将圣③，又多能也。”子闻之，曰：“大宰知我乎！吾少也贱，故多能鄙事④。君子多乎哉？不多也。”

[注释]

①大（dài）宰：官名。至于何国大夫，则未知。②圣：儒家以为德行至高之称。与：同“欤”，疑问语气词。③纵：《集注》：“犹肆也，言不为限量也。”将：大。《集注》则云：“殆也，谦若不敢知之辞。”④鄙：鄙贱之事。

[译文]

太宰问子贡：“你们的先生堪称圣人了吧？何以又如此多才多艺？”子贡回答：“应该是天纵之圣，又使他多才多艺。”孔子听到了说：“太宰真是了解我呀！我只因小时候贫贱，所以习得不少小技。真正的君子需要这么多技艺吗？不需要这么多呀。”

[疏义]

《集解》引孔氏：“疑孔子多能于小艺也。”邢疏：“大宰之意，以为圣人当务大忽小，今夫子既曰圣者与，又何其多能小艺乎？以为疑，故问于子贡也。”

一说大宰以多能为圣，并无疑圣者不当多能之意，《后案》称此义亦通，“特未得尽夫子之圣耳”。

（七）牢曰[①]："子云[②]：'吾不试[③]，故艺[④]。'"

［注释］

①牢：当为孔子弟子。《史记·仲尼弟子列传》未列此人，刘氏《正义》以为偶阙。《集注》称姓琴字子开，一字子张，乃据《家语·弟子》篇，不可据信。②子云：以下牢引孔子语。③试：任用为官。④艺：才艺。

［译文］

牢说："夫子曾说过：'我未得大用，所以习得许多小技。'"

［疏义］

邢疏："此章论孔子多技艺之由，但与前章异时而语，故分之。"

《集注》则与上合为一章，并引吴氏曰："弟子记夫子此言之时，子牢因言昔之所闻有如此者。其意相近，故并记之。"

（八）子曰："吾有知乎哉[①]？无知也。有鄙夫问于我[②]，空空如也[③]，我叩其两端而竭焉[④]。"

［注释］

①知：知识，学问。②鄙夫：粗人，白丁。③空空如：心虚无知之貌。④叩：反问，反诘。竭：尽。

［译文］

孔子说："我难道什么都懂吗？没有呀。有鄙夫拿他的问题求教于我，我本着一无所知的态度，只就他所问，从两端加以阐发，以穷尽其疑。"

［疏义］

黄氏《后案》："空空如，自言心之虚也。承人之问，不以已见先为主。《荀子》云：'不以所已藏害所将受，谓之虚也。'叩，反诘之也。两端，所问之两端也，《逸周书》云'疑意以两'是也。"

（九）子曰："凤鸟不至[①]，河不出图[②]，吾已矣夫[③]！"

［注释］

①凤鸟：凤凰。②河图：传说伏羲氏时的符瑞，被视作早期文明的起源。③已：《集注》："已，止。"

［译文］

孔子说："凤凰不来，黄河也没有符瑞出现，我这辈子怕是要完了吧！"

［疏义］

《周易·系辞上》："河出图，洛出书，圣人则之。"

（十）子见齐衰者、冕衣裳者与瞽者①，见之，虽少②，必作③；过之，必趋④。

［注释］

①齐（zī）衰（cuī）：古代丧服，以熟麻布制作，缝缉边缘。又有不缉边缘者，谓之"斩衰"，以最粗的生麻布制作。丧服五等，包括斩衰、齐衰、大功、小功、缌麻五种，丧期各有长短。皇疏称此言齐衰，则斩衰也在其中。其说是。冕衣裳者：指大夫以上有爵者。皇疏："冕衣裳者，周礼大夫以上之服也。"《集注》："冕，冠。衣，上服。裳，下服。"或谓冕通"娩"，亦丧服之一种，而较齐衰为轻。今不从。瞽（gǔ）者：盲人。②少：年轻。③作：起身。④趋：疾行。

［译文］

孔子遇到服丧者、卿大夫以及瞽者，相见之时，即便对方很年轻，孔子必从坐席上起身；从旁走过之时，也必疾行而去。

［疏义］

刘氏《正义》："礼，四十始仕，此童子得服冕或弁者，春秋时，世卿持位，不嫌有年少已贵仕也。"

（十一）颜渊喟然叹曰①："仰之弥高，钻之弥坚。瞻之在前，忽焉在后。夫子循循然善诱人②，博我以文，约我以礼，欲罢不能。既竭吾才，如有所立卓尔[③]，虽欲从之，末由也已[④]。”

［注释］

①喟（kuì）然：叹息之貌。叹：感叹，赞叹。②循循：有次序的样子。诱：引导。③如：《后案》：“转语词，而也，若也。”卓尔：高峻之貌。④末：无。

［译文］

颜渊赞叹说：“［夫子之道，］愈仰望愈觉其高，越钻研越觉得深，有时候如在目前，忽然间又像到了后面。夫子真是循循善诱，他以典章文献丰富我的学识，用礼义来节制我的德行，使我欲罢不能。我竭尽全力去学习，而夫子之道立于眼前，峻拔而高卓，虽想追摩，竟觉无从入手了。”

［疏义］

邢疏：“此章美夫子之道也。”

（十二）子疾病[①]，子路使门人为臣[②]。病间[③]，曰：“久矣哉，由之行诈也！无臣而为有臣。吾谁欺？欺天乎？且予与其死于臣之手也，无宁死于二三子之手乎[④]！且予纵不得大葬[⑤]，予死于道路乎[⑥]？”

［注释］

①疾病：《集解》引包氏：“疾甚曰病。”②臣：治丧之家臣。③病间（jiàn）：病情好转。《集解》引孔氏：“病少差曰间也。”④无宁：即“宁”，宁愿。⑤大葬：以大夫之礼下葬。《集解》引孔氏：“君臣礼葬也。”《集注》同。⑥死于道路：《集注》：“谓弃而不葬。”

［译文］

孔子病得很重，子路委派孔子的学生作为治丧的家臣。后来孔子的病好转了，就说：“仲由干这自欺欺人的事已经有段时间了吧！我明明不该有家臣，却非要为我安排家臣来治丧。我欺骗谁呢？欺骗老天吗？而且我与其死在治丧之人手里，宁愿死在你们这些学生手里不更好吗？即使我不得以大夫之礼下葬，难不成我就会死在路上，没人来葬我吗？”

［疏义］

《后案》：“使门人为臣，欲使门人治丧制服依君臣礼也。礼，师弟之服，心丧三年；君臣之服，斩衰三年。此所以使为臣始得伸其情也。……《传》曰：‘君谓有地者也。’《传》明大夫之无采地者犹不得用君臣之礼也。夫子为鲁大夫，门人尝为之臣。夫子自言无臣者，非有地称君之例；而使之有臣，是‘无臣而为有臣’也。”

（十三）子贡曰：“有美玉于斯，韫椟而藏诸①？求善贾而沽诸②？”子曰：“沽之哉！沽之哉！我待贾者也。”

［注释］

①韫：包裹纳藏。《后案》：“马注韫训藏。郑君注：‘韫，裹也，谓包裹纳椟也。’《诗·小宛》孔疏引舒瑗曰：‘包裹曰蕴。’蕴与韫同。既韫且椟，犹弓之有韣，剑之有衣，皆在椟之内也。”椟：木匣。②求：择。善贾（gǔ）：识货的商贾。沽：炫卖。诸：相当于“之乎”。

［译文］

子贡道：“如这里有块美玉，是包裹收藏在匣子里，还是选个识货的商人卖出去呢？”孔子说：“卖掉吧！卖掉吧！我正在等待识货的呢。”

［疏义］

邢疏：“此章言孔子藏德待用也。”

（十四）子欲居九夷①。或曰：“陋②，如之何？”子曰：“君子居之，何陋之有？”

［注释］

①九夷：东方诸夷之泛称。②陋：无礼。

[译文]

孔子想住到九夷去。有人说：“那地方鄙陋无礼，怎么能住？”孔子说：“有君子去那儿住，就不会鄙陋了。”

[疏义]

邢疏：“此章论孔子疾中国无明君也。”

皇疏引孙绰云：“九夷所以为陋者，以无礼义也。”

《后案》：“张横渠《易说》曰：‘否之时，天下无邦也。……子欲居九夷，未敢必天下之无邦。或夷狄有道，于今海上之国，尽有仁厚之治者。’张子说见圣人之量大，其以九夷为海上之国，亦非无据。《说文》羊部‘羌’字下云：‘……夷俗仁，仁者寿，有君子不死之国。孔子道不行，欲之九夷，乘桴浮于海。有以也。’许说东夷之风俗如此。《汉书·地理志》曰：‘东夷天性柔顺，异于三方之外，故孔子悼道不行，设桴于海，欲居九夷。’”录之备考。

（十五）子曰：“吾自卫反鲁①，然后乐正②，《雅》《颂》各得其所③。”

[注释]

①自卫反鲁：在鲁哀公十一年冬，见《左传》。②乐正：厘定礼乐所用《诗》篇的乐章。③各得其所：《后案》：“定其体例之分，辨其礼仪之异而已。”

[译文]

孔子说：“我从卫国返回鲁国，才将礼乐所用《诗》篇的乐章重新审定，使《雅》归《雅》，《颂》归《颂》，各得其所。”

[疏义]

黄氏《后案》：“《颂》者，天子所制郊庙之乐歌，美盛德之形容，以其成功告于神明。《鲁颂》主咏僖公功德，亦用于鲁庙者也。……《雅》为朝廷献替之诗，言王政之所由废兴。其有大小《雅》者。正《大雅》所陈，受命作周伐殷继代，荷先王之福禄，尊祖考以配天，皆祖述道德之大而辞旨闳博，体近于《颂》之告成功；正《小雅》所陈，饮食宾客，赏劳群臣，遣使睦邻，秉钺专征，歌其事功之一端而比兴缅叠，体近于《风》之讽喻。……乐之制，天子用《颂》与《大雅》，诸侯用《小雅》，大夫用乡乐，此用乐之正。”

又，此章惟言《雅》《颂》，不及《风》，后人遂疑变《风》、变《雅》不入乐。皇氏《论语义疏》云：“《雅》《颂》是《诗》义之美者。美者既正，则余者正亦可知也。”《后案》云：“考《左传》季札观乐，《诗》无不入乐者。《大戴礼·投壶》言‘八篇可歌’，而列《魏风》之《伐檀》。汉末杜夔能记雅乐，《伐檀》亦与《文王》《鹿鸣》《驺虞》同歌。《荀子》云：‘《诗》者，中声之所止。’太史公谓：‘《诗》三百篇，夫子皆弦歌之以求合于《韶》《武》之音。’安见变《诗》之不入不入乐，而专以《南》《豳》《雅》《颂》为‘四诗’乎？善夫孔仲远之言曰：‘变《雅》虽亦播于乐，或无算爵之节所用，或随事类而歌，又在制礼之后，乐不常用也。’盖《诗》之取用者如此。”

（十六）子曰：“出则事公卿，入则事父兄①，丧事不敢不勉，不为酒困②，何有于我哉③？”

[注释]

①父兄：指长辈。②困：《集解》引马氏：“乱也。”③何有于我哉：《后案》：“言不难于自励也。”

[译文]

孔子说：“出外奉侍公卿，回家服侍父兄，有丧事不敢不尽力，不被酒所祸乱，我时时以此自勉。”

（十七）子在川上曰：“逝者如斯夫①！不舍昼夜②。”

[注释]

①逝：流动消逝。②舍（shè）：止息，停留。

[译文]

孔子在河边，叹道：“流动消逝的一切就像这河水一样呀！日夜不停地奔流而去。”

[疏义]

《集注》："自此至篇终，皆勉人进学不已之辞。"

（十八）子曰："吾未见好德如好色者也①。"

[注释]

①好（hào）：喜欢，尊崇。色：美貌。

[译文]

孔子说："我没见过好德能像好色一样的人。"

[疏义]

《卫灵公》篇此章重出，句首增"已矣乎"三字。

孔子此言或有激而发。《史记·孔子世家》："居卫月余，灵公与夫人同车，宦者雍渠参乘，出，使孔子为次乘，招摇市过之。孔子曰：'吾未见好德如好色者也。'于是丑之，去卫。"

（十九）子曰："譬如为山，未成一篑①，止，吾止也②。譬如平地③，虽覆一篑，进，吾往也。"

[注释]

①篑（kuì）：盛土之器。②吾：己。③平地：填平洼地。

[译文]

孔子说："好比堆土成山，最后只差一筐土，如果停下来不干了，这是自己主动放弃的。又好比填平洼地，虽仅倒下一筐土，如果决定继续，这也是自己主动坚持的。"

[疏义]

《集注》："《书》曰：'为山九仞，功亏一篑。'夫子之言，盖出于此。……学者自强不息，则积少成多；中道而止，则前功尽弃。其止其往，皆在我而不在人也。"

《后案》："《易》言'自强''自牧''自昭'，《礼》曰'自明''自修''自成'，此非人所能致力，决之于己也。"

（二十）子曰：“语之而不惰者[1]，其回也与！”

［注释］

①惰：懈怠，厌倦。

［译文］

孔子说：“听我讲论而始终不倦怠的，大概只有颜回了吧！”

［疏义］

邢疏：“此章美颜回也。”

（二十一）子谓颜渊，曰：“惜乎！吾见其进也[1]，未见其止也。”

［注释］

①进：进益，进步。

［译文］

孔子谈到颜渊，说：“可惜［他早逝］了呀！我只看到他不断精进，从没看到他停止不前。”

［疏义］

《后案》：“学贵乎不止。”

（二十二）子曰：“苗而不秀者有矣夫[1]！秀而不实者有矣夫[2]！”

［注释］

①秀：谷类抽穗开花。②实：成谷结实。

［译文］

孔子说：“庄稼发了苗，却不抽穗开花的，有过的吧！抽穗开花了，却没有长成谷的，有过的吧！”

［疏义］

邢疏：“此章亦以颜回早卒，孔子痛惜之，为之作譬也。”《后案》引翟灏谓“此说自汉迄齐、梁相沿已然，以喻短折之可惜也”。

朱子《集注》云：“盖学而不至于成，有如此者，是以君子贵自勉也。”可见此章或为泛言，未必特指颜回。

（二十三）子曰：“后生可畏[①]，焉知来者之不如今也[②]？四十、五十而无闻焉[③]，斯亦不足畏也已。”

［注释］

①后生：年少之人。②来者：后来者，后辈。今：《后案》：“即可畏之今日也。”皇疏谓“我今师徒”，邢疏、《集注》谓我之今日，皆不从。③闻：闻习大道。

［译文］

孔子说：“年少之辈令人生畏。但又怎能断定往后的人比不上如今这辈呢？一个人如果到了四五十岁还未闻知大道，那真不足畏惧了。”

［疏义］

邢疏：“此章劝学也。”

《后案》：“焉知来者之不如今，儆其不豫知也。无闻，不能闻道也。言后生之可畏，诚以来日之富矣。不知日复一日，来日不长为后生也。四十、五十而于道卒未有闻，斯无复来日之可俟，复谁畏之？”

（二十四）子曰：“法语之言[①]，能无从乎？改之为贵。巽与之言[②]，能无说乎[③]？绎之为贵[④]。说而不绎，从而不改，吾末如之何也已矣[⑤]。”

［注释］

①法语（yù）：以正言相告诫。法，法则。语，告诫。②巽（xùn）与：以恭逊相鼓励。巽，逊顺。与，赞许，鼓励。③说：同“悦”，内心欢喜。④绎：寻绎，内省。⑤末如之何：《后案》：“痛惜之、激励之也。”

[译文]

孔子说："对别人以正言告诫的话，能不接受吗？但须能改正才可贵。对别人以恭逊相鼓励的话，能不喜悦吗？但须懂得寻绎与内省。只顾着喜悦，不加省思；表面上接受，却不改正，这种人我是拿他没办法了。"

（二十五）子曰："主忠信[1]，毋友不如己者[2]，过则勿惮改[3]。"

[注释]

①主忠信：亲近忠信之人。②毋友不如己者：不和道不同者为友。毋，不要。如，类似，即志同道合。③惮：畏难，有所顾忌。

[译文]

孔子说："亲近忠信之人，不和道不同者为友，犯了错不要怕改正。"

[疏义]

与《学而》篇文义重出，彼章"毋"作"无"。皇疏引范宁曰："圣人应于物作教，一事时或再言，弟子重师之训，故又书而存焉。"

（二十六）子曰："三军可夺帅也[1]，匹夫不可夺志也[2]。"

[注释]

①三军：周礼，大国三军。这里泛指军队。夺：丧失，被强取。《后案》："即今之'脱'字也。"一般多释为强夺，亦通。②匹：单独。

[译文]

孔子说："一国的军队，可能会丧失主帅；一个人，却不能丧失志气。"

[疏义]

皇疏："此明人能守志，虽独夫亦不可夺；若其心志不坚，虽众必倾。"

（二十七）子曰："衣敝缊袍[1]，与衣狐貉者立而不耻者[2]，其由也与[3]？'不忮不求，何用不臧[4]？'"子路终身诵之。子曰："是道也[5]，何足以臧[6]？"

［注释］

①衣（yì）：穿。敝：破旧。缊（yùn）：旧棉絮。或说为乱麻，亦有所本。②狐貉（mò）：以狐、貉之皮为裘，此贵者之轻裘，亦寒时之服。③其：语气词，表揣度，相当于"大概""也许"。④不忮（zhì）不求，何用不臧（zāng）：见《诗经·邶风·雄雉》。忮，嫉恨。求，贪婪。臧，善。⑤是道：固然是善道。⑥何足以臧：《后案》："儆其不可以此自足也。"

［译文］

孔子说："穿着破旧棉袍和穿着狐貉裘的人并立，而不觉惭愧的，大概只有仲由了吧！好比《诗》篇里说：'不嫉恨，不贪求，怎么会不善呢？'"子路听了，便经常念诵此诗。孔子又说："这固然好，但仅限于此，又怎能尽善呢？"

［疏义］

《后案》："孔斝轩以'不忮不求'下别一章，子路诵此二语，犹'南容三复白圭'之意，而夫子进之也。"刘氏《正义》即取孔说另分一章，谓："《仲尼弟子列传》载'衣敝缊袍'一节，无'不忮不求'二句，亦一证。"

（二十八）子曰："岁寒然后知松柏之后彫也[1]。"

［注释］

①彫：同"凋"，凋伤。

［译文］

孔子说："天寒了，才知道松柏是最后落叶的。"

［疏义］

《集解》："喻凡人处治世，亦能自修整，与君子同。在浊世，然后知君子之正，不苟容也。"

（二十九）子曰："知者不惑[1]，仁者不忧[2]，勇者不惧。"

［注释］

①知：同"智"。②忧：愁虑。

［译文］

孔子说："智者心无惑乱，仁者心不忧虁，勇者无所恐惧。"

［疏义］

《礼记·中庸》孔子答鲁哀公问政，曰："知、仁、勇三者，天下之达德也。"

（三十）子曰："可与共学，未可与适道[1]；可与适道，未可与立[2]；可与立，未可与权[3]。'唐棣之华，偏其反而。岂不尔思？室是远而[4]。'"子曰："未之思也夫[5]，何远之有！"

［注释］

①适：往，赴。②立：有所自立，强立不反。③权：通权达变。④唐棣之华，偏其反而。岂不尔思？室是远而：此或逸《诗》，或当时歌谣。唐棣，《尔雅》："唐棣，移（yí）。"郭璞注："似白杨，江东呼夫移。"华，即"花"。偏其反而，郑玄注云："其华翩翩，顺风而返，此其光色盛时。"（敦煌唐写本郑玄《论语注》残卷）何晏《集解》曰："华反而后合。"朱子《集注》谓："华之摇动。"文义近是，而训诂不切。陈鸿森《〈论语〉"唐棣之华偏其反而"解》一文考明，"偏其反而"即"偏反"，其、而皆语助，"偏反"即"缤纷"，美盛之貌。今从其说。而，句末语气词，相当于"耳"。⑤夫（fú）：句尾语气词，表感叹。《后案》："'夫'字属上句读，见《释文》，武氏《经读考异》取之。"

［译文］

孔子说："有人可和他共学，但未必能一起向道；有人能和他一起向道，但未必能和他坚守到底；有人可同他坚守到底，但未必可与他通权达变。［闻道之难如此。］好比歌谣里说的：'唐棣花开，缤纷美盛。怎能不想念你呀？只因居处相隔太远。'"孔子［接着又］说："还是没有想念吧！［真想念的话，］那又有什么远的呢？"

［疏义］

"唐棣之华"以下汉儒旧说多连上为一章。《集解》云："赋此诗者，以言权道反而后至于大顺也。思其人而不得见者，其室远也。以言思权而不得见者，其道远也。"以所赋诗为解释上文之权道。

如从朱子《集注》分作两章，则孔子之语重点在"思"字，"唐棣之华，偏其反而"则为比兴之物，指思慕贤才，或怀思仁道，与《述而》"仁远乎哉？我欲仁，斯仁至矣"同义。

按：若从古本合为一章，实不必解作思"权"，径可视作怀思仁道、或闻道不易之感慨。所引诗句，正摹其任重道远，寤寐求之之态。末孔子之言，语意再翻一层，仍见闻道之心既坚且笃。

乡党第十

共二十一章

（一）孔子于乡党[①]，恂恂如也[②]，似不能言者。其在宗庙朝廷[③]，便便言[④]，唯谨尔[⑤]。朝[⑥]，与下大夫言[⑦]，侃侃如也[⑧]；与上大夫言，訚訚如也[⑨]。君在[⑩]，踧踖如也[⑪]，与与如也[⑫]。

［注释］

①乡党：周礼，一万二千五百家为一乡，五百家为一党。《集注》："乡党，父兄宗族之所在。"②恂恂（xún）：《集解》引王氏："温恭之貌。"《后案》以为"恂"为"逡"之假借，取谦退之义，可从。如：助词，用于句末，相当于"然"。《后案》："篇中凡言'如'者，皆形状之辞。"③宗庙：祭祀行礼之处。朝廷：图议政事之所。④便便（pián）：明辨之貌。《集解》引郑氏："辩也。"《集注》："便便，辩也。"⑤谨：谨敬。⑥朝：上朝之时。《集注》："此君未视朝时也。"⑦下大夫：官秩品级，大夫分上、中、下三等。⑧侃侃：《集解》引孔氏："和乐之貌。"侃，《后案》以为"衎"之通借。按《尔雅·释诂上》："衎，乐也。"⑨訚訚（yín）：平和正直之貌。《集解》引孔氏："中正之貌。"《说文》："訚，和说而诤也。"《后案》以为"龂"之通借，似不必。⑩君在：《集注》："视朝也。"⑪踧（cù）踖（jí）：《集解》引马氏："恭敬之貌。"⑫与与：《集解》引马氏："威仪中适之貌。"皇疏："犹徐徐也。"

［译文］

孔子在乡里，温恭谦逊，好像不善谈吐。他在宗庙、朝廷，则言辞明晰而谨敕。孔子上朝，同下大夫说话，辞气和乐；同上大夫说话，辞气中正。国君视朝时，仪貌恭敬而从容。

［疏义］

邢疏："此一节记言语及趋朝之礼容也。"

本篇原就一章，今参酌邢昺《论语注疏》分作二十一章。

（二）君召使摈①，色勃如也②，足躩如也③。揖所与立④，左右手⑤，衣前后⑥，襜如也⑦。趋进⑧，翼如也⑨。宾退，必复命曰⑩："宾不顾矣⑪。"

［注释］

①摈（bìn）：同"傧"，迎接宾客。②色：容色。勃：变色起敬。③躩（jué）：《集解》引包氏："盘辟貌。"皇疏引江熙云："不暇闲步，躩，速貌也。"此释包氏意为速行。《后案》："一曰注言'盘辟'是盘旋逡循之义，《投壶》礼所谓'盘旋曰"辟"'者，言盘旋如有所退避也。退避则屏于一边，辟之言边也。"④所与立：《集注》："谓同为摈者也。"⑤左右手：指向左右作揖传辞受辞，双手亦随之而侧。《集解》引郑氏："揖左人，左其手；揖右人，右其手。"刘氏《正义》："其传主命达于宾，当左其手，则左臂缩而右臂升，右者随之而左。其传宾命达主，当右其手，右肱短而左肱长，则左手亦缘之而右矣。"⑥衣前后：衣裳随人之俯仰及左右而前后摆动。⑦襜（chān）：整齐之貌。⑧趋进：疾趋。⑨翼：《集注》："张拱端好，如鸟舒翼。"⑩复命：回报君命。《集解》引郑曰："复命，白君'宾已去矣'。"皇侃："复命，反命也。反命，谓初受君命以送宾，宾退，故反还君命，以白君道'宾已去'。"⑪顾：回望。

［译文］

鲁君召孔子使为摈相，孔子变容起敬，脚步加快，不敢怠慢。孔子左右作揖，传辞受辞，俯仰之际，衣裳亦随之飘动而不乱。由中庭趋进，其态如飞鸟舒翼。宾辞退之后，一定向国君复命："宾已走远，不再回头了。"

［疏义］

黄氏《后案》："朝用交摈，聘用旅摈……此言'揖所与立'，是用交摈之礼。……江慎修云：‘春秋时小聘曰问，亦用交摈之礼也。鲁侯国摈者四人在门东西向立，夫子揖右摈则右手揖，左摈则左手推手为揖。传命当用土揖，推手稍下之，一俯一仰故衣动，动须整然有容仪，皇疏引江熙说以襜如为动貌。’”

刘氏《正义》：“《周官·司仪》：‘凡诸公相为宾，主国五积，三问，皆三辞拜受，皆旅摈。……主君郊劳，交摈，三辞。……及将币，交摈，三辞，车逆，拜辱。……诸公之臣相为国客，……及大夫郊劳，旅摈，三辞。……及将币，旅摈，三辞。’据此，两君相见用交摈，故惟主君郊劳及将币行之。将币，亦两君相见也。若五积三问，是主国遣卿大夫为之，臣与宾君行礼用旅摈。其聘礼则君待使臣，亦君与臣行礼用旅摈也。交摈者，敌体之礼；旅摈者，君臣相行之礼。旅摈犹《觐礼》言‘传摈’也，在主曰摈，在宾曰介。……《聘礼》云：‘卿为上摈，大夫为承摈，士为绍摈。’……《聘礼》云：‘公迎宾于大门内。’《聘义》云：‘君亲拜迎于大门之内。’则知旅摈之礼，主君不出门限也。旅摈是君与臣行礼，君不出限，则两君相见，行交摈礼，君必出限可知。……君朝用交摈，臣聘用旅摈，《论语》此文，专指旅摈。”

按行朝聘之礼，由众摈介一一传辞者谓之交摈，旅摈则不传辞。两君行礼用交摈，此礼较尊；君与臣行礼则旅摈，由宾与主国之上摈面相交言，无传辞。黄氏以《论语》此文为“交摈”，盖据“揖所与立”。刘氏《正义》以为旅摈，然释“揖所与立”又谓“每一传辞”云云，又涉交摈之礼，前后不一。今以黄氏为正。

至传辞之法，刘氏《正义》言之颇详，云：“在朝礼则上摈奉主君之命，问宾所以来之意，恐其以他事至，不欲自承以人来诣己也。上摈揖而传与承摈，承摈复揖而传与末摈，末摈与末介，东西相直，则向末介揖而传问之也。末介揖而传与承介，承介揖而传与上介，上介乃传以告于宾，宾称己所以来之意，以告于上介，复递传以至于上摈，上摈以告于君，君辞不敢当，而命上摈复传于承摈，递传至宾，宾对主君又辞，宾终请不获辞，是为三辞，主君乃进车迎宾也。其聘礼，则上摈述君命请，递传至宾，宾辞递传至上摈，上摈述君命辞之，至不获已，始命绍摈入复于君，而君出迎宾也。”

《后案》亦释“复命”为“反命”，乃据《仪礼·聘礼》及郑注，其言：

“《聘礼》宾介私觌后，‘摈者出请，宾告事毕，摈者入告，公出送宾，及大门内。……宾出，公再拜送，宾不顾。’郑君注曰：‘公既拜，客趋辟，君命上摈送宾出，反告宾不顾。……《论语》说孔子之行曰：“……宾退，必复命曰宾不顾矣。”’贾疏：‘此送宾是上摈，……孔子为下大夫，得为上摈者，以孔子有德，君命使摄上摈。’式三谓：《仪礼》本文言‘宾不顾’，无‘摈者复命’之文，其文不具，郑君依此章补之，又以不言君命送宾，不宜言‘复命’，故补命送之文。郑君意以‘复命’为‘反命’。”

邢疏：“此一节言君召孔子，使为摈之礼也。”

（三）入公门①，鞠躬如也②，如不容③。立不中门④，行不履阈⑤。过位⑥，色勃如也，足躩如也，其言似不足者⑦。摄齐升堂⑧，鞠躬如也，屏气似不息者⑨。出，降一等⑩，逞颜色⑪，怡怡如也⑫。没阶⑬，趋进⑭，翼如也。复其位⑮，踧踖如也。

［注释］

①公门：古代诸侯公门有三：库门，雉门，路门。这里指库门。《后案》：“以礼考之，臣入雉门行朝礼，上记‘君在’正是入雉门之事，自‘过位’‘升堂’则入路门之事。此首记‘入公门’指库门而言，鲁库门依天子皋门而为之者，皋之为言高也。”②鞠躬（qióng）：当读作“鞠穷”，谨敬之貌，《聘礼》“鞠躬”本亦作“鞠穷”。此据《后案》说。下同。③如不容：《集注》：“敬之至也。”《后案》：“重公门也。库门为君莅外朝之处，重公门即重外朝也。”④中门：门中立短橛二，谓之闑（niè），二闑之间谓之门中。钱玄《三礼辞典》：“既有闑东、闑西，而又有中门，是门必有两闑乃可。中门为两闑之中；闑东为东闑之东，闑西为西闑之西。”⑤行不履阈（yù）：皇疏：“一则忽上升限，似自高矜；二则人行跨限，己若履之则污限，污限则污跨者之衣也。”履，践。阈，门限。⑥过位：治朝君所立之位。《后案》：“此言治朝之位也。曰‘过’者，其正朝之礼上文所记‘君在’，是朝毕而位虚也。……下文‘升堂’为路寝之堂。……古者常朝在治朝，三揖而退，其事甚简；议政则在路寝之堂，臣过位而入路寝，意欲有所建白，而慎重之心益于是见也。”《后案》又引郑注：“过位，谓入门右北面君揖之位。”是郑玄以为治朝之臣位。今不

从郑说。刘氏《正义》则以此非本国臣朝君，而是在他国行聘礼，引刘台拱《论语骈枝》曰："过位者，过主君之位，庙门之内，中庭之位也。主君先入门右，即中庭之位俟宾，宾后入门左，及中庭，乃与主君并行，故以过位为节。"按下文有"言似不足"，不当于行聘时，应为群臣朝见之事。故不从刘说。⑦言似不足：此处非交谈之所，故不多言语。《集注》："不敢肆也。"⑧摄齐（zī）：旧说，升堂登阶褰裳使下摆远离地面。《集注》："摄，抠也。齐，衣下缝也。礼，将升堂，两手抠衣，使去地尺，恐蹑之而倾跌失容也。"摄，搴，牵起。齐，本字为"𪗋"，见《说文》，裳之下缉。《后案》引刘台拱《论语骈枝》曰："《曲礼》'两手抠衣去齐尺'，谓即席也。于升堂未有言抠衣者，拾级聚足，连步以上，自不至有倾跌失容之患，不必抠衣也。摄，敛也，整也。举足登阶，齐易发扬，故以收敛整饬为难。"则以摄为仪容整肃，齐为衣摆整齐。刘说足备一解。今姑仍从旧说。堂：路寝之堂。⑨屏（bǐng）：藏，抑止。气：鼻息。息：呼吸。⑩降：下。等：路寝堂阶之级。⑪逞：疏解。皇疏："申也。"⑫怡怡：《集注》："和悦也。"⑬没（mò）阶：下尽阶级。⑭趋进：《后案》："堂上不趋，至没阶则徐趋，凡发足向前为'进'。趋进者，出路门也。"⑮位：《集解》引孔氏："来时所过位也。"皇疏："谓初入时所过君之空位也。"

［译文］

孔子入治朝之门，敛神谨敬，如无所容身般。立不于门之中间，行不践踏门限。经过国君之位，容色必变，脚步加快，少言寡语。褰裳升路寝之堂，敛神谨敬，屏气似不能呼吸。待从堂上退下，下台阶一级，面色便放松下来，怡然和乐。下尽台阶，走到平地，距君已远，步伐稍快，如鸟之舒翼。再经过治朝君位时，又起恭敬之意。

［疏义］

邢疏："此一节记孔子趋朝之礼容也。"

（四）执圭[①]，鞠躬如也，如不胜[②]。上如揖，下如授[③]。勃如战色④，足蹜蹜如有循⑤。享礼⑥，有容色⑦。私觌⑧，愉愉如也⑨。

［注释］

①执圭：《后案》："指正行聘言。"圭，玉器，上为三角形，下为方形。《集注》："诸侯命圭，聘问邻国，则使大夫执以通信。"②如不胜（shēng）：好像拿不动。《集注》："执主器，执轻如不克，敬谨之至也。"胜，能承担。③上如揖，下如授：《集解》引郑氏："上如揖，授玉宜敬也。下如授，不敢忘礼也。"指登堂授玉推手如揖，下堂不敢忘礼，仍如授时之敬。《集注》则谓："上如揖，下如授，谓执圭平衡，手与心齐，高不过揖，卑不过授也。"《后案》云："《曲礼》：'执天子之器，则上衡；国君，则平衡。'注：'上衡谓高于心，平衡谓与心平。'此朱子注所本也。注既曰'平衡'，又曰'高''卑'，《文集》所谓步趋之间微有高下也。"则以为执圭之容。今从《集注》、《后案》之说。④战色：容色矜庄，如临战阵。《集解》引郑氏："战色，敬也。"⑤足蹜蹜（sùsù）如有循：初举足前，脚踵拖曳，相接而前，行不离地，如有所循。蹜蹜，《集注》："举足促狭也。"⑥享礼：聘礼执圭行聘后，为享献之礼，用璧与庭实（陈列礼物于庭）。⑦有容色：神色放松，和气满容。刘氏《正义》："《聘》记云：'及享，发气焉盈容。'注云：'发气，舍气也。孔子之于享礼有容色。'案：'舍'与'舒'同，谓颜色舒解。"⑧私觌（dí）：《集解》引郑氏："觌，见也。既享，乃以私礼见。"⑨愉愉：和颜悦色。

［译文］

［孔子出使他国，行聘礼时，］手执玉圭，神色谨敬，好像举不动圭的样子。往上举似推手作揖，向下拿如授物与人。容色矜庄，若临战阵，步幅紧凑，前后相接，如有所循。其后行享献之礼，和气满容。再以私礼相见，一片和颜悦色。

［疏义］

邢疏："此一节记为君使聘问邻国之礼容也。"

黄氏《后案》："《记》云：'执圭，鞠躬焉，如恐失之。及享，发气焉盈容。……私觌，愉愉焉。’《记》分执圭、享、觌三节，见礼之大在此三者，与此经正符。”

刘氏《正义》：“考之《春秋》，夫子仕鲁时，无诸侯大夫来聘之事。江氏永《图考》谓：‘聘问之礼，大聘为聘，使卿；小聘为问，使大夫。大夫以小聘往来，不书于《春秋》。’又《群经补义》谓：‘晏子尝聘鲁，而《春秋》不书，晏子未为卿也。孔子为司寇，亦是大夫，故出聘亦不书。’”

（五）君子不以绀緅饰①，红紫不以为亵服②。当暑③，袗絺绤④，必表而出之⑤。缁衣，羔裘⑥。素衣，麑裘⑦。黄衣，狐裘⑧。亵裘长⑨，短右袂⑩。必有寝衣，长一身有半⑪。狐貉之厚以居⑫。去丧⑬，无所不佩⑭。非帷裳，必杀之⑮。羔裘玄冠不以吊⑯。吉月，必朝服而朝⑰。齐⑱，必有明衣，布⑲。

[注释]

①君子不以绀（gàn）緅（zōu）饰：孔子所服，不用绀、緅二色作饰边。因绀饰为斋祭之服，緅饰似丧祭之服，故然。君子，《集注》：“谓孔子。”绀，深青而含赤色。緅，深青而带黑色。饰，领口、袖口之缘边。②红紫不以为亵服：不以浅红与紫色作日常家居之服。以赤加白为红，以黑加赤为紫，二者虽非正色，皆为当时所贵，故亦用作正服，而不施于私居之服。黄氏《后案》云：“《玉藻》：‘衣正色，裳间色。’间色用于裳不用于亵者，亵，里衣及袴之属，红紫易污也。”亵服，日常家居之服。③暑：暑热之时。④袗（zhěn）：单衣。絺（chī）绤（xì）：葛布，精者为絺，粗者为绤。⑤表：《集解》引孔氏：“加上衣也。”刘氏《正义》据《御览》引郑注“若今单衣也”，谓：“单衣即裼（xī）衣。裼衣在絺绤外，故称表其衣。……古人之服，先著亲身之衣，次则春秋加袷褶，夏加絺绤，冬加裘，又次各加裼衣，又次上加礼服。此文‘必表而出’与下文‘缁衣’‘素衣’‘黄衣’，皆论裼衣。”出：出门。之：《正义》：“语辞。皇本无‘之’字。”⑥缁衣，羔裘：《后案》：“此言衣裘色称之得宜也。‘缁衣羔裘’者，夫子玄冕服、爵弁服、元冠服之用裘如此，而次之以裼衣者亦如此也。”又云：“裘外之衣曰裼衣，裼衣外加礼服，礼服掩盖裼衣谓之袭，露裼衣谓之裼。……礼之最盛者，其所服之裘必随礼服

之色，裼衣可知也。”皇疏：“此是诸侯日视朝服也。诸侯视朝与群臣同服，孔子是鲁臣，故亦服此服以日朝君也。”缁，黑色。羔裘，刘氏《正义》：“经传凡言‘羔裘’，皆谓黑裘，若今称紫羔矣。”⑦素衣，麑（ní）裘：《后案》：“此明夫子皮弁服之用裘如此，而次之用裼衣者亦如此也。”皇疏：“谓国有凶荒，君素服则群臣从之，故孔子鲁臣，亦服之也。”麑，小鹿，毛色近白。⑧黄衣，狐裘：《后案》：“黄衣狐裘，亦兼礼服及裼衣言也。”皇疏：“此服谓蜡祭宗庙五祀也。岁终大蜡报功，象物色黄落，故着黄衣黄冠也。而狐貉亦黄，故特为裘以相称也。孔子为臣助蜡祭，亦随君着黄衣也。故《礼运》云‘昔者仲尼预于蜡宾’是也。”金鹗《求古录礼说》则谓为韦弁服（刘氏《正义》引）。⑨亵裘长：便服较长，欲其保暖。《集解》引孔氏：“私家裘长，主温也。”⑩短右袂（mèi）：《集解》引孔氏：“便作事。”袂，袖子。刘氏《正义》引胡绍薰、夏炘之说，认为“右”通“又”，又袂即“手褎（xiù）”，深衣之裘有缘无褎，其制较有褎之裘为短，故云“短右袂”，非谓裁短右手之袂。亦备一说，存参。⑪必有寝衣，长一身有半：《后案》：“寝衣，谓寝时之衣，长一身有半，衣及膝也。人之股半于身，寝衣所覆及膝，冬藉以温，当暑以蔽形。言‘必有’者，承上言冬夏之服也。”据此，则类今之睡衣，其长至膝。旧说大被为衾，小被为寝衣。寝衣长一身有半，睡时脚端处折起，今不从。身，《正义》引王引之《经义述闻》云：“人自顶以下，踵以上，总谓之身。……颈以下，股以上，亦谓之身。……以今尺度之，中人颈以下，股以上，约有一尺八寸，一身之长也。再加九寸，为一身之半，则二尺七寸矣。以古六寸为尺计之，得四尺又五寸，一身又半之长也。”其说可从。⑫狐貉（hé）之厚以居：据《后案》引阎百诗说，“居”训“坐”，取狐、貉二兽之皮为坐褥。貉，《说文》引《论语》此文作“貈”。按“貈”是正字，“貉”为假借字。《说文》：“貈，似狐狸善睡兽也。”⑬去丧：除去丧服。⑭无所不佩：《集注》：“君子无故，玉不去身。觿砺之属，亦皆佩也。”《后案》：“佩有德佩，有用佩，此兼之也。”佩，系于大带。⑮非帷裳，必杀之：《后案》据皇疏及《左氏》昭公元年《传》正义引郑注云：“帷裳，谓朝、祭之服，其制正幅如帷也。‘非帷裳’者，谓余服也。‘杀之’者，削其幅，使缝齐倍腰者也。”朝祭之服，裳用整幅布，不加剪裁，多余者为之襞积（折叠收紧）；非帷裳，谓深衣，则有杀缝。杀，减裁缝制之义。⑯羔裘玄冠不以吊：羔裘玄冠为吉礼冠服，不可用于吊问。《集解》引孔氏："丧主素，吉主玄，吉凶异服。"刘氏《正义》谓此羔裘玄冠为朝服，并云："羔裘玄冠乃始死之吊服，不得在小敛之后。……主人于亲始死，易朝服为深衣，吊者方用深衣。……旧礼本是如此……始死吊服用深衣，此特夫子之制。"存之备参。⑰吉月，必朝服而朝：朱子《集注》："孔子在鲁致仕时如此。"黄氏《后案》云："致仕之老必朝月吉，《礼》无明文。姚姬传言'哀公以师友之职处孔子，故多问对之辞。吉月，必朝，有政与闻，请讨陈恒，定礼乐，亦其职也。'姚说是。"吉月，《集解》引孔氏："月朔也。"谓每月初一。⑱齐（zhāi）：同"斋"。明衣：斋戒沐浴后所服之衣。刘氏《正义》据《御览》引郑注："明衣，亲身衣，所以自洁清也，以布为之。"《后案》："斋时亲身之衣尊称曰明，亦明水明火取诸洁之义也。以礼言之，斋服玄端，则内服明衣，外服玄端也。"⑲布：《说文》："布，枲织也。"段玉裁注："古者无今之木棉布，但有麻布及葛布而已。"

[译文]

孔子所服，不以绀、緅二色作衣领与袖之饰边，不用浅红与紫色作日常家居之服。暑热之时，在室内穿葛布单衣，但外出一定要加外衣。黑衣配羔羊皮裘，素衣配小鹿皮裘，黄衣则配狐裘。私居所穿皮裘较长，没有袖头。夜寝必有睡衣，长度过身一半［，及于两膝］。［寒冷之节，］用毛厚的狐、貉之皮当坐垫。除了服丧期间，大带之上日有所佩。非朝、祭所服帷裳，其余深衣之裳皆减裁布幅缝制而成。紫羔裘、黑礼帽不宜用于吊丧。每月初一，穿朝服去上朝。斋戒，沐浴之后当服布制的明衣。

[疏义]

邢疏："此一节记孔子衣服之礼也。"

（六）齐必变食[①]，居必迁坐[②]。食不厌精，脍不厌细[③]。食饐而餲[④]，鱼馁而肉败[⑤]，不食。色恶[⑥]，不食。臭恶[⑦]，不食。失饪[⑧]，不食。不时[⑨]，不食。割不正，不食[⑩]。不得其酱，不食⑪。肉虽多，不使胜食气⑫。唯酒无量，不及乱⑬。沽酒市脯不食⑭。不撤姜食⑮，不多食⑯。祭于公，不宿肉⑰。祭肉不出三日⑱。出三日，不食之矣。食不语，寝不言⑲。虽疏食菜羹瓜⑳，祭，必齐如也㉑。

[注释]

①齐：同“斋”。变食：改变日常饮食。《集注》：“谓不饮酒，不茹荤。”荤指蒜、葱、韭等，非指鱼、肉。《后案》云：“《周礼·膳夫》：‘王日一举，鼎十有二，物皆有俎。王斋日三举。’贾疏：‘斋必变食，故加牲体至三太牢。’贾意以周制王日食供一太牢，遇朔加日食一等当两太牢，斋则加牲至三太牢。惠半农曰：‘王日四饭，惟朝一举，日中及夕皆馂其余。斋日三举者，旦也，昼也，餔也。变者，改常馔更而新之，洁清其气。’惠说与贾说相足。”则以为加盛馔且不食当日剩菜。《后案》所解与《集注》所云皆为变食之义。②迁坐：改变日常居处。皇疏引范宁云：“迁居齐（斋）室。”刘氏《正义》引胡培翚《燕寝考》云：“路寝，正寝也。寝疾居正寝，正也。《大戴礼·明堂》篇云：‘此天子之路寝也，不齐不居其室。’古者自天子以至于士，常居皆在燕寝，惟齐及疾乃居于正寝。”③食不厌（yàn）精，脍（kuài）不厌细：饭菜不择精细皆能饱足。食，谷类。脍，细切的牛羊鱼肉。不厌，《集注》：“言以是为善，非谓必欲如是也。”厌，餍足。④饐（yì）：《后案》：“饭因热湿而伤腐臭谓之饐。”餲（ài）：《后案》：“饭因久郁而味不甘者谓之餲。”⑤馁（něi）：腐烂。败：腐烂变质。⑥色恶：变色。⑦臭（xiù）恶：变味。⑧失饪（rèn）：未熟或过熟。饪，熟。⑨不时：一说非朝夕日中之时（《集解》引郑氏），一说生不当时，非四季所宜（皇疏引江熙说），一说谷物及果实未成熟（《集注》）。今从郑说。《后案》云：“《白虎通》曰：‘王者平旦食、昼食、餔食、莫食，凡四饭，诸侯三饭，大夫再饭。’此郑君举朝夕日中之义也。”⑩割不正，不食：皇疏：“古人割肉必方正，若不方正割之，则不食。”邢疏：“谓折解牲体，脊胁臂臑之属，礼有正数，若解割不得其正，则不食也。”两说皆可通。《后案》：“《少牢礼》：‘牢心舌，载于肵俎，心皆安下切上，午割勿没。……舌皆切本末，亦午割勿没。’贾疏引此经证之，正与皇疏合。”今姑从皇说。⑪不得其酱，不食：《集解》引马氏：“鱼脍非芥酱不食。”《集

注》："食肉用酱，各有所宜，不得则不食，……不以嗜味而苟食耳。"酱，配食之酱。《后案》："酱兼醯、醢，见《周官·膳夫》。《醢人》'共醢六十瓮'，《醯人》'共醯六十瓮'，《膳夫》言'酱百二十瓮'是也。醯以谷为之而主阳，醢以肉为之而主阴，二物迥然不同，则'不得其酱'有醯、醢之错用者。"⑫肉虽多，不使胜食气：《集注》："食以谷为主，故不使肉胜食气。"刘氏《正义》云："气，犹性也。《周官·疡医》：'以五气养之。''五气'即五谷之气。人食肉多，则食气为肉所胜，而或以伤人。"黄氏《后案》引《韩诗外传》三曰："饮食适乎藏，滋味适乎气，夫是之谓能自养者也。故圣养有适，过者不乐，故不为也。直行性情之所安，而制度可以为天下法矣。"⑬唯酒无量，不及乱：《正义》引凌廷堪说："'肉虽多，不使胜食气'，为食礼言之也；'惟酒无量，不及乱'，为燕礼言之也。"量，定量。乱，醉乱。⑭沽（gū）酒市脯不食：旧解沽、市皆为买义，以其不精洁故不食。黄氏《后案》有另说，其言云："《诗》'无酒酤我'，毛传：'一宿酒谓之酤。'酤、沽通，是沽酒非酒之美者，沽如粗沽之沽也。郑君于《周官·酒正》注云：'作酒既有米曲之数，又有功沽。'于《礼·檀弓》'以为沽也'注云：'沽，犹略也。'皆可证。……'市脯'，古本当作'巿脯'，有骨之胏，不可啮也。"意为粗略酿就的酒和有骨的干肉脯不食。此据食礼而言，今从之。⑮不撤姜食：《集解》引孔曰："斋禁薰物，姜辛而不薰，故不去。"《集注》："姜通神明，去秽恶，故不撤。"⑯不多食：指不多食姜。《后案》："阎百诗以'不多食'专指姜言，不撤而亦不多，即上'无量不及乱'一语例也。"又引姚鼐曰："古者有庋食之阁，天子左达五、右达五，公、侯、伯于房中五，大夫于阁三，士于坫一，未知孔子之已有阁与？其坫也与？凡食毕，鼎食则撤，于造脯醢荤菜则不撤，庋以备时食，所以优尊者也。……孔子所庋者姜而已，虽常庋而以辛善散气，故不多食，以卫生也。"《正义》亦引姚说。⑰祭于公，不宿肉：皇疏："祭于公，谓孔子仕时助君祭也。"刘氏《正义》："凡杀牲皆于祭日旦明行事，至天子诸侯祭之明日又祭，谓之绎祭，祭毕，乃颁所赐肉，及归宾客之俎。则胙肉之来，或已三日，故不可再宿。"宿，经宿。⑱祭肉：家祭之肉。⑲食不语，寝不言：《集注》："答述曰语，自言曰言。"《后案》："食时有须答述者，俟下咽后徐答之，则声宜而语清，不可口衔事物而与语也。寝则不妨答语，而人方静卧，或以自言惊之，不可也。”⑳虽疏食菜羹瓜，祭：《集解》引孔氏：“三物虽薄，祭之必敬。”《集注》：“古人饮食，每种各出少许，置之豆间之地，以祭先代始为饮食之人，不忘本也。”疏食，粗饭。《后案》引程瑶田《通艺录》云：“凡经言‘疏食’者，稷食也。”亦备一解。菜羹，《后案》：“无肉之羹。”㉑齐：同“斋”，《集解》引孔氏：“严敬貌。”如：语助词。

[译文]

逢斋戒时，必改变平常的饮食与居处。饭菜不必精细皆能饱足。饭食馊臭，鱼烂肉腐，不吃。食物变色，不吃；变味，不吃。过生或过熟，不吃。不当该食之时，不吃。肉切割不方正，不吃。没有所配酱料，不吃。席上肉品虽多，不可贪食，使肉气胜过五谷之气［以致伤身］。唯酒无定量，以不至醉乱为限。粗略酿成的酒，带骨头的干肉脯，都不吃。食毕，姜留着不撤，但亦不多食。助祭于公家，所得祭肉不过夜就分完。家祭之肉，三日内也必吃完分完，如过了三日，就不吃了。吃着饭时不答语交谈，睡下后不自言自语。即使是粗饭、菜羹和瓜类，临食前也必先祭，严肃恭敬以待之。

[疏义]

邢疏：“此一节论齐祭饮食居处之事也。”

（七）席不正，不坐①。乡人饮酒②，杖者出③，斯出矣。

[注释]

①席不正，不坐：布席不合礼制者不坐。《集注》引谢氏曰：“圣人心安于正，故于位之不正者，虽小不处。”《后案》：“谢氏以位之不正言，是兼徒坐、礼坐言也。……礼坐之席莫详于《乡饮酒礼》。……席之同异、席之远近、席之所向、席之端末、席之坐处，皆所宜正。”②乡人饮酒：《后案》：“旧说乡饮酒之礼有四：一则三年宾兴贤能，二则乡大夫饮国中贤者，三则州长习射饮酒，四则党正蜡祭饮酒。……乡人岁时伏腊及冠、昏诸事，凡为酒食

以召乡党僚友者，皆是饮酒之事，不必偏执一礼。”③杖者：老人。《礼记·王制》《内则》并云：“六十杖于乡。”

[译文]

布席不合礼制者不坐。乡人一起饮酒，待年老者离席，也就随之离席。

[疏义]

邢疏：“此明坐席及饮酒之礼也。”

（八）乡人傩[①]，朝服而立于阼阶[②]。

[注释]

①傩（nuó）：《集解》引孔氏：“傩，驱逐疫鬼。”《集注》：“傩，所以逐疫，《周礼》方相氏掌之。”黄氏《后案》：“傩之时见于《月令》者有三季：春有国者傩，仲秋‘天子乃傩’，季冬‘命有司大傩’，此经之傩据十二月大傩而言。义见《周官》贾疏。”②阼（zuò）阶：东阶，主人所立之地。

[译文]

逢乡人举行傩祭，便穿上朝服站在家庙的东阶上。

[疏义]

邢疏：“此明孔子存室神之礼也。”《集注》：“傩虽古礼，而近于戏，亦必朝服而临之者，无所不用其诚敬也。”

（九）问人于他邦[①]，再拜而送之[②]。

[注释]

①问人于他邦：托人问候他国友人。问，邢疏：“问犹遗也，谓因问有物遗之也。问者，或自有事问人，或闻彼有事而问之，悉有物表其意。”黄氏《后案》以为“有物遗之”未必可信。②再拜：拜两次。士相见礼，主宾迎送皆再拜。《集注》：“拜送使者如亲见之，敬也。”至其拜仪，刘氏《正义》以为即礼书之“空首”，并引王鋆云：“首俯而不至手，首与尻平，故荀卿言‘平衡曰拜’。但以手据地，故曰拜手；其首空悬，故曰空首。”

[译文]

派使者问候他邦友人，必向其再拜而送行。

[疏义]

邢疏："此记孔子遗人之礼也。"

（十）康子馈药[1]，拜而受之[2]。曰："丘未达[3]，不敢尝。"

[注释]

①馈：赠送。药：丸散补品。②拜而受之：一拜而受之。③未达：未晓此药性。

[译文]

季康子赠孔子药，孔子拜而受之，对使者说："我不知道药性，就先不尝了。"

[疏义]

邢疏："此明孔子受馈之礼也。"

《集注》引杨氏曰："大夫有赐，拜而受之，礼也。未达不敢尝，谨疾也。必告之，直也。"

（十一）厩焚[1]。子退朝，曰："伤人乎？"不问马。

[注释]

①厩（jiù）：马棚。指孔子家厩。或谓公家之厩。焚：失火。

[译文]

孔子家里的马棚失火了。孔子退朝归来，急问："伤了人吗？"没有问及马。

[疏义]

邢疏："此明孔子重人贱畜也。"

《集注》："非不爱马，然恐伤人之意多，故未暇问。盖贵人贱畜，理当如此。"

（十二）君赐食，必正席先尝之[①]。君赐腥[②]，必熟而荐之[③]。君赐生[④]，必畜之[⑤]。侍食于君，君祭，先饭[⑥]。

[注释]

①正席先尝：《集解》引孔氏："敬君惠也。既尝之，乃以班赐也。"《集注》："如对君也。言'先尝'，则余当以颁赐矣。"《后案》："谓对使者而遂尝之也。正席，如礼所谓'齐豆去席尺'者是也。"按《礼记·玉藻》："徒坐不尽席尺。读书、食，则齐，豆去席尺。"②腥：未经烹煮的生肉。③荐：进献。《集解》引孔氏："荐，荐其先祖也。"④生：活的。⑤畜之：《集注》："畜之者，仁君之惠，无故不敢杀也。"《后案》："畜之，待荐也。"⑥君祭，先饭：此言君不以客礼待臣，臣以先饭为礼之正。旧说谓臣不敢当客礼，故为君尝食。今不从。见下引黄氏《后案》。

[译文]

国君赐以熟食，孔子必正其席位，［当着使者的面］先品尝少许。国君赐以生肉，孔子必烹熟后进献祖先。国君赐以活的牲畜，孔子必畜养之。陪国君一起吃饭，国君行饭前祭礼时，自己先吃饭。

[疏义]

邢疏："此明孔子受君赐食及侍食之礼也。"

黄氏《后案》："此章纷纷异论。以经考之，《公食大夫礼》是正食礼，贾疏云：'彼君前无食，与君臣俱有食者异矣。'《玉藻》：'若赐之食而君客之，则命之祭，然后祭。先饭，辩尝羞，饮而俟。若有尝羞者，则俟君之食然后食。'此客礼，与公食不同。然君命之祭，正待以客礼之次，时或膳宰不存，先饭为君尝羞，不敢以客礼自居。若膳宰存，不先饭；则既以客待，不先饭为正也。经文本直截，此章所记，不言命祭，是不以客礼待之，无论膳宰之在与不在，而以先饭为合礼也。自《玉藻》孔疏分'若有尝羞'以下为不以客礼待之，说《论语》者遂谓不可通。旧说谓不以客待之礼不必先饭，而夫子于常礼外有加谨，是过于礼也。江慎修疑为客礼待之而先饭，则经何以不言君命之祭也？秦氏《通考》云：'君不以客礼待之，故君祭而臣不祭。君侧无尝羞者，故先饭辩尝。’然‘无尝羞者’句，于《论语》中未免添说。今以公食礼为正客礼，以《玉藻》所言为客礼之次，以《论语》所记为不以客礼，说经始无胶葛。”

（十三）疾①，君视之，东首②，加朝服，拖绅③。

［注释］

①疾：生病。②东首：刘氏《正义》引毛奇龄《论语稽求篇》：“必令东首者，以室制尊西，君苟入室，则必在奥与屋漏之间，负西而向东，故当东首以示面君之意。”《后案》亦同毛说。③拖：牵引。绅：大带。

［译文］

孔子生病卧床，国君来探望，孔子便头朝东卧，身上加盖朝服，并引大带于其上。

［疏义］

邢疏：“此明孔子有疾，君来视之时也。”

（十四）君命召，不俟驾行矣①。

［注释］

①俟：等待。驾：《说文》：“驾，马在轭中。”段玉裁：“以车加于马也。”

［译文］

国君有命相召，孔子不待车辆驾好马，徒步先行。

［疏义］

邢疏：“此明孔子急趋君命也。”

（十五）入太庙，每事问①。

［注释］

①入太庙，每事问：《八佾》篇重出。皇疏：“旧通云：前是记孔子对或人之时，此是录平生常行之事，故两出也。”

[译文]

孔子入太庙助祭，大事小事都要询问。

[疏义]

邢疏："此明孔子因助祭入太庙，庙中礼仪祭器虽知之，犹每事复问，慎之至也。"

（十六）朋友死，无所归[①]，曰："于我殡[②]。"

[注释]

①无所归：无亲人可归。②于我殡（bìn）：刘氏《正义》："《檀弓》：'宾客至，无所馆。夫子曰：生于我乎馆，死于我乎殡。'……《檀弓》《论语》文互相足也。"殡，停柩待葬。

[译文]

朋友将死，没有亲人可归，孔子便说："死了就在我这里停柩吧。"

[疏义]

邢疏："此明孔子重朋友之恩也。"

（十七）朋友之馈[①]，虽车马，非祭肉，不拜[②]。

[注释]

①馈：赠送。②非祭肉，不拜：《集解》引孔氏："不拜者，有通财之义也。"《集注》："祭肉则拜者，敬其祖考，同于己亲也。"

[译文]

朋友的馈赠，除非祭肉，即使是车马等贵物，孔子接受时都不拜。

[疏义]

邢疏："此言孔子轻财重祭之礼也。"

（十八）寝不尸[①]，居不客[②]。

[注释]

①寝不尸：睡觉不得趴伏如死人之状。《集解》引包氏："不偃卧四体，布展手足，似死人也。"《集注》："谓偃卧似死人也。"按：《礼记·曲礼》："寝毋伏。"郑玄注："伏，覆也。"孔颖达疏："卧当或侧或仰，而不覆也。"②居不客：闲坐在家不执客礼。"客"原作"容"，今据《经典释文》《唐石经》改。

[译文]

孔子睡觉时，绝不像死尸般趴伏而眠；闲坐在家，也不像日常待客、做客那样严肃。

[疏义]

邢疏："此言孔子寝息居家之礼也。"

《后案》："寝易懈，云'不尸'，明圣人不过肆也；坐'不客'，明圣人不过拘也。……段懋堂：'居不客，嫌其主之类于宾也；寝不尸，恶其生之同于死也。'"

（十九）见齐衰者[①]，虽狎[②]，必变[③]。见冕者与瞽者[④]，虽亵[⑤]，必以貌[⑥]。凶服者式之[⑦]。式负版者[⑧]。有盛馔，必变色而作[⑨]。迅雷风烈必变[⑩]。

[注释]

①齐衰者：服丧之人。②狎：关系相亲近。③变：变色改容，以致哀敬。④冕者：大夫以上有爵者。《后案》："犹言搢绅士也。汪容甫曰：'冕者非常服，当其行礼夫人而以貌也。惟卿有玄冕。玄冕者，谓上大夫也。然不云上大夫而云冕者，此辞之曲者也。'"刘氏《正义》谓"'冕'与'絻'同，亦是孝服"，今不从。瞽者：盲人。⑤亵：公余私下会见。《集注》："谓燕见。"⑥貌：以适当的礼容待之。⑦凶服：孝衣。《集解》引孔氏："送死之衣物。"式：同"轼"，这里作动词。《集注》："车前横木，有所敬，则俯而凭之。"《后案》据《考工记》《乡党图考》云："揉木作三曲之形，在前可以凭者为式，左右曲向后接两輢，左人可凭左手、右人可凭右手者亦为式。《集注》

‘车前横木’，宜作‘曲木’为是。”⑧负版：持邦国图籍。邦国图籍所载舆地广狭、车服礼器、人民之数，皆为社稷之重。《集注》：“式此二者，哀有丧，重民数也。”⑨有盛馔（zhuàn），必变色而作：《集解》引孔氏：“作，起也，敬主人之亲馈也。”《集注》：“盛馔亲馈，古今之通礼也。”刘氏《正义》则谓：“有盛馔，当兼亲馈，若不亲馈，虽盛馔亦不起矣。《曲礼》云：‘侍食于长者，主人亲馈，则拜而食；主人不亲馈，则不拜而食。’《坊记》云：‘故食礼，主人亲馈则客祭，主人不亲馈则客不祭。故君子苟无礼，虽美不食焉。’据此，则亲馈乃为礼盛，不只在食品之多备矣。”盛馔，丰盛的饭菜。作，由席地而坐起而为双膝跪地。⑩迅雷风烈必变：《集解》引孔氏：“敬天之怒也。”迅雷风烈，犹言“迅雷烈风”。迅，疾。烈，猛。变，因敬畏而变容。《礼记·玉藻》：“若有疾风迅雷甚雨，则必变，虽夜必兴，衣服冠而坐。”

[译文]

孔子见到穿孝服的，虽是亲狎之友，亦必变容而起哀敬之情。遇见卿大夫、瞽者，虽有私交，也必以适当的礼容待之。行车途中看见送孝衣的，必俯身凭轼以礼敬；遇到持邦国图籍者，也是如此。遇到主人以丰富的菜肴款待，必变容起身以示敬谢。遇迅雷、烈风，必变色而心生敬畏。

[疏义]

邢疏：“此一节言孔子见所哀恤及敬重之事，为之变容也。”

《子罕》篇：“子见齐衰者、冕衣裳者与瞽者，见之，虽少，必作；过之，必趋。”

（二十）升车①，必正立执绥②。车中不内顾③，不疾言④，不亲指⑤。

[注释]

①升车：上车。②正立执绥（suí）：《集解》引周氏：“所以为安也。”绥，《说文》：“车中靶也。”段玉裁注：“靶者，辔也。辔在车前，而绥则系于车中，御者执以授登车者。”③车中不内顾：皇疏：“内犹后也，顾，回头也。

升在车上，不回头后顾也。所以然者，后人从己，有不能常正，若转顾见之，则不掩人之私不备，非大德之所为，故不为也。”《释文》云鲁《论》作“车中内顾”，《后案》引《文选·东京赋》“车中内顾”薛注云：“内顾谓不外视。”两说皆通。阮元《论语注疏校勘记》、刘氏《正义》皆以无“不”字者为然。今姑仍通行之本，不删“不”字。④疾言：言语高急。⑤不亲指：不拿手指画。刘氏《正义》：“‘亲’字义不可解。《曲礼》云：‘车上不妄指。’‘亲’疑即‘妄’字之误。郑彼注云：‘为惑众。’”存之备参。

［译文］

孔子升车，必稳稳正立，手引绥带而上。在车中，不转头回视，不急声高语，不拿手指画。

［疏义］

邢疏：“此记孔子乘车之礼也。”

（二十一）色斯举矣，翔而后集①。曰：“山梁雌雉②，时哉时哉③！”子路共之④，三嗅而作⑤。

［注释］

①色斯举矣，翔而后集：皇疏：“谓孔子在处睹人颜色而举动也……所至之处也，必回翔审观之后乃下集也。”刘氏《正义》：“此二句先经起义，乃记者之辞。”竹添光鸿《论语会笺》云：“此二句盖古《诗》逸句，以鸟之举集，比人之出处也。”按《宪问》篇子曰：“其次避色。”《集解》引孔氏：“色斯举矣。”色，变色改容。斯，乃。举，起飞。翔，鸟展翅回旋而飞。《说文》：“翔，回飞也。”集，鸟栖止于树。②山梁：山涧上的桥梁。雌雉：母的野鸡。③时哉时哉：孔子感叹之语。时，合时宜。刘氏《正义》引刘逢禄《论语述何》：“《孟子》曰‘可以仕则仕，可以止则止，可以久则久，可以速则速’，‘圣之时者也’。《乡党》篇记孔子言行皆准乎礼，而归之时中。礼以时为大也。”④共：同“拱”，捕取。或谓拱手起敬，今不从。⑤三嗅而作：《集注》引刘聘君曰：“嗅，当作‘狊’（jú）……张两翅也。见《尔雅》。”刘氏《正义》：“‘狊’字从目从犬，《说文》训‘犬视’，亦惊顾之意。其字与‘臭’相似，故相沿讹为‘臭’。”则此句意谓雉惊顾而振翅飞去。

[译文]

见人脸色一变，雌雉举身高飞，空中回翔审视，方乃下落停集。孔子说：“山梁雌雉，得其时呀！得其时呀！”子路张开手臂佯装捕捉，雌雉惊顾不已，振翅而去。

[疏义]

邢疏：“此记孔子感物而叹也。”

《毛诗 · 大雅 · 卷阿》：“凤凰鸣矣，于彼高冈。”郑玄笺：“凤凰鸣于山脊之上者，居高视下，观可集止，喻贤者待礼而行，翔而后集。”

唐文治《论语大义》：“《卫风》之诗曰：‘雄雉于飞，泄泄其羽。’（泄泄，疏缓貌。）《王风》之诗曰：‘有免爰爰，雉离于罗。’（爰爰，缓意。离，罹也。罗，网也）。雉，易入网罗者也。而山梁之雌雉，能不陷于杀机，何也？审于机而善自藏也。”

《乡党》备记夫子周旋揖让、饮食衣服之细。末节四言为句，以鸟取喻，夫子之志，子路之行，记述之趣，诗性之美，皆跃然其间，而孔门垂教之深趣，更令人有得于言外者。

先进第十一

共二十四章

（一）子曰：“先进于礼乐①，野人也②。后进于礼乐③，君子也。如用之，则吾从先进。”

［注释］

①先进：指周初先贤。②野人：无位者。区别于“君子”在位者。③后进：指当时习礼乐者。

［译文］

孔子说：“周初传习礼乐者古风犹存，多为在野之人；后来学礼乐者渐多文饰，且多为在位君子。如果让我选择人才，我主张选用古时传习礼乐的人。”

［疏义］

《集解》：“先进有古风。”

《集注》引程子曰：“先进于礼乐，文质得宜，今反谓之质朴，而以为野人。后进之于礼乐，文过其质，今反谓之彬彬，而以为君子。盖周末文胜，故时人之言如此，不自知其过于文也。”

黄氏《后案》：“《书·文侯之命》《诗·云汉》《礼·缁衣》皆言‘先正’，此‘先进’即‘先正’，指周初也。《孟子·滕文公》篇‘野人’‘君子’以位言，此亦同。无位者抱残守缺，所谓‘礼失而求诸野’也，君子遵时制风尚如此。”

（二）子曰："从我于陈、蔡者①，皆不及门也②。"

［注释］

①从我于陈、蔡者：跟随孔子厄于陈、蔡的弟子，据《史记·孔子世家》，有颜渊、子贡、子路，《弟子列传》载有子张。②不及门：《集注》："此时皆不在门。"《集解》引郑氏："不及仕进之门。"今不从。

［译文］

孔子说："跟随我受困于陈、蔡之间的弟子，现在都不在我身边了。"

［疏义］

《史记·孔子世家》云："吴伐陈，楚救陈，军于城父。闻孔子在陈、蔡之间，楚使人聘孔子，孔子将往拜礼。陈、蔡大夫谋曰：'孔子贤者，所刺讥皆中诸侯之疾。今者久留陈、蔡之间，诸大夫所设行皆非仲尼之意。今楚，大国也，来聘孔子。孔子用于楚，则陈、蔡用事大夫危矣。'于是乃相与发徒役围孔子于野。不得已，绝粮。从者病，莫能兴。孔子讲诵弦歌不衰。……于是使子贡至楚。楚昭王兴师迎孔子，然后得免。"

《后案》："《笔解》云门谓圣人之门，是也。古者王宫有门闱之学，教王世子及国子，见《周官·师氏》。诸侯在公宫南之左，亦仿天子门闱之学。《食货志》云：'春秋出民，里胥坐于右塾，邻长坐于左塾。'塾者门侧之堂，《学记》所谓'古之教者，家有塾'。里有门塾之学也。惟其古之学制如此，故以弟子为门人，以同门为朋，以亲受业者为及门。夫子以前之患难相从而追溯之则曰'不及门'。"

（三）德行①：颜渊，闵子骞，冉伯牛，仲弓。言语②：宰我，子贡。政事③：冉有，季路。文学④：子游，子夏。

［注释］

①德行：皇侃《义疏》："此章初无'子曰'者，是记者所书，并从孔子印可而录在《论》之中也。"②言语：娴于辞令。皇疏引范宁云："谓宾主相对之辞也。"③政事：皇疏引范宁云："谓治国之政也。"④文学：《诗》、

《书》、礼乐。皇疏引范宁云："谓善先王典文。"

[译文]

孔子门人中，德行美善者有颜渊，闵子骞，冉伯牛，仲弓；娴于辞令者有宰我，子贡；敏于政务者有冉有，季路；熟精《诗》、《书》、礼乐者有子游和子夏。

[疏义]

据《邢疏》，郑玄以此章合上章，皇侃则别为一章。朱子《集注》亦与上合为一章，并以此四科弟子即从于陈蔡者。

《后案》："王弼曰：'弟子才不徒十，盖举其美者以业名分，其余则各以所长从四科之品也。'而唐开元时乃据此立'十哲'之名。以经考之，十贤之外，曾子、有子，大贤也；公西子华、漆雕子开、澹台子羽、颛孙子张、南宫子容、公冶子长、原子思、宓子贱、高子羔、商子木、颜路、曾皙、樊迟、巫马期，皆贤之显者也。圣教闳则人材盛。"

（四）子曰："回也，非助我者也①，于吾言无所不说②。"

[注释]

①助：助益。《集解》引孔氏："助犹益也。"《集注》："若子夏之起予，因疑问而有以相长也。"②说：理解，愉悦。《集解》引孔氏："闻言即解。"《说文》："说，说释也。"段玉裁注："说释即悦怿……开解之意，故为喜悦。"

[译文]

孔子说："颜回不是那种能够对我有所启发助益的学生，他对我讲的全理解[，从无疑问]。"

[疏义]

邢疏："此章称颜回之贤也。"朱子《集注》："其辞若有憾焉，其实乃深喜之。"

刘氏《正义》："'说'如'说释'之'说'。《曾子立事》云：'问而不决，承间观色而复之，虽不说，亦不强争也。''不说'犹言'不解'。《学记》云'相说而解'，此注云'闻言即解'，亦以'解'训'说'也。"

（五）子曰："孝哉，闵子骞[①]！人不间于其父母昆弟之言[②]。"

［注释］

①孝哉，闵子骞：《后案》："子骞称字，夫子述人言而称之。"②人不间于其父母昆弟之言：《集解》引陈氏："闵子骞为人，上事父母，下顺兄弟，动静尽善，故人不得有非间之言也。"《集注》引胡氏曰："父母兄弟称其孝友，人皆信之无异辞。"二说不同，前说似以他人无非议其父母兄弟之辞。黄氏《后案》引焦循《论语补疏》云："闵子留遣后母事见《艺文类聚·孝部》《太平御览》四百一十三，据此则后母之酷、二子之独绵纩、父之不能早察皆可间。闵子能感化之，使'可间'化为'无间'也。"刘氏《正义》亦以焦氏所申为然。今即从前说。不，无。间，非议。

［译文］

孔子说："闵子骞真是大孝呀！［因为他，］别人从来没有过非议他父母兄弟的话。"

［疏义］

邢疏："此章叹美闵子骞之孝行也。"

《后案》："昆，同也，言同父者也。《礼·丧服》经传与《记》凡曰'昆弟'，皆指同父者也；凡曰'兄弟'，小功以下之亲也。其大功、小功、缌服亲有称'昆弟'者，曰从父昆弟，曰从祖昆弟，曰族昆弟，别之也。"

（六）南容三复"白圭"[①]，孔子以其兄之子妻之。

［注释］

①三：多次。复：反复诵念。白圭：白色瑞玉。这里指《诗经·大雅·抑》篇的诗句："白圭之玷，尚可磨也。斯言之玷，不可为也。"意谓白玉上的斑点还可以磨去，言语中的污点却无法补救。

［译文］

南容时常诵念"白圭之玷，尚可磨也。斯言之玷，不可为也"那几句诗。孔子把自己的侄女嫁给了他。

［疏义］

邢疏："此章美南容慎言也。"

《大戴礼记·卫将军文子》篇，子贡曰："独居思仁，公言言义，其闻之《诗》也，一日三复'白圭之玷'，是南宫縚之行也。"

（七）季康子问："弟子孰为好学[1]？"孔子对曰："有颜回者好学，不幸短命死矣。今也则亡[2]。"

［注释］

①孰：谁。②亡：同"无"。

［译文］

季康子问："你的弟子中谁比较好学？"孔子回答："有一个叫颜回的很好学，可惜不幸早死，现在没有如此好学的了。"

［疏义］

邢疏："此章称颜回之好学也。"

《集注》引范氏曰："哀公、康子问同而对有详略者，臣之告君，不可不尽。若康子者，必待其能问乃告之，此教诲之道也。"按《雍也》篇，哀公问："弟子孰为好学？"孔子对曰："有颜回者好学，不迁怒，不贰过。不幸短命死矣！今也则亡，未闻好学者也。"

黄氏《后案》："王柏《论语通义》：'前有季康子两问，无"对"字，则此"对"字疑误矣。'三案：《颜渊》篇三问皆称'对'。"

（八）颜渊死，颜路请子之车以为之椁[1]。子曰："才不才，亦各言其子也。鲤也死[2]，有棺而无椁。吾不徒行以为之椁。以吾从大夫之后[3]，不可徒行也[4]。"

［注释］

①颜路：颜回之父，也是孔子弟子，名无繇，字路。之：指颜回。椁（guǒ）：内棺外的套棺。②鲤：孔子之子，字伯鱼，年五十而卒，时孔子年六十九。③从大夫之后：孔子虽已致仕，但曾为鲁司寇，故位在大夫之列，此为

谦辞。④徒行：无车马，徒步而行。

[译文]

颜渊死了，他父亲颜路请孔子将车卖了为颜渊办一外椁。孔子说："不管有才无才，他们俩都是我们各自的孩子。之前我的儿子鲤死了，也只有内棺，没有外椁。我也不曾卖了车替他置办外椁。因为我毕竟担任过大夫，总不能让我步行出门吧。"

[疏义]

邢疏："此并三章记颜回死时孔子之语也。"

《礼记·王制》："君子耆老不徒行。"

（九）颜渊死。子曰："噫[①]！天丧予[②]！天丧予！"

[注释]

①噫（yī）：《集解》引包氏："痛伤之声。"②天丧（sàng）予：犹云"天亡我"。

[译文]

颜渊死了。孔子叹云："唉！老天要了我的命呀！老天要了我的命呀！"

（十）颜渊死，子哭之恸[①]。从者曰[②]："子恸矣！"曰："有恸乎？非夫人之为恸而谁为[③]？"

[注释]

①哭：皇疏："颜渊死，孔子往颜家哭之也。"恸（tòng）：伤痛变容。《集解》引马氏："恸，哀过也。"②从者：跟随孔子的人，指弟子们。③夫（fú）人：彼人，那人，指颜回。

[译文]

颜渊死后，孔子去吊哭，伤心动容。孔子一起的人说："您过于哀伤了！"孔子说："有这回事吗？［可是］我不为他伤心，还为谁伤心呢！"

（十一）颜渊死，门人欲厚葬之[1]。子曰："不可。"门人厚葬之。子曰："回也视予犹父也，予不得视犹子也[2]。非我也，夫二三子也[3]。"

［注释］

①门人：孔子弟子。②予不得视犹子也：《集注》："叹不得如葬鲤之得宜。"③夫：彼。

［译文］

颜渊死后，孔子弟子们想隆重厚葬。孔子说："不可如此。"弟子们最终隆重安葬了颜回。孔子说："颜回呀，他看待我如父亲一样，我却不能像对儿子一样地对他。如此厚葬不是我的意思，是他们那些人自作主张的呀。"

［疏义］

《礼记·檀弓上》："子游问丧具。夫子曰：'称家之有亡。'子游曰：'有无恶乎齐？'夫子曰：'有，毋过礼；苟亡矣，敛首足形，还葬，县棺而封，人岂有非之者哉！'"

《后案》："于子之死有棺无椁，是称家有无为葬子之礼。当门人之葬颜子，助以沐椁，有何不可？而此云厚葬，必有不至于是者。违礼从厚，非爱人以德之意。"

（十二）季路问事鬼神。子曰："未能事人[1]，焉能事鬼？"曰："敢问死[2]。"曰："未知生，焉知死？"

［注释］

①事：服侍，侍奉，这里指奉祭祀。②敢：谦辞，冒昧请求之意。

［译文］

子路问如何服侍鬼神。孔子说："活人尚不能服侍好，哪里谈得上服侍鬼神？"子路又问："敢问死是怎么一回事？"孔子说："生之意义尚未明白，哪能领悟死亡之理？"

[疏义]

黄氏《论语后案》："《易传》曰：'原始要终，故知生死之说。精气为物，游魂为变，是故知鬼神之情状。'知死、知鬼神，非夫子五十知天命不能及，此夫子不答，犹是不语怪神之意也。下章类记子路之死，一以见知死之难，一以见夫子之独知此也。夫子之事鬼神，于'祭如在'诸节及此'厚葬'诸说参之，皆圣人所能所知矣。"

(十三) 闵子侍侧①，訚訚如也②；子路，行行如也③；冉有、子贡，侃侃如也④。子乐⑤。"若由也，不得其死然⑥。"

[注释]

①闵子：即闵子骞。②訚訚（yínyín）如：中正平和之貌。訚，《说文解字》："訚，和说而诤也。"黄氏《后案》以为"断"之借字，"断断，守正之貌"。③行行（hànghàng）如：《集解》引郑氏："刚强之貌。"一说为坐立不安、躁动欲行之貌。今不从。④侃侃如：和乐之貌。黄氏《后案》："侃侃者，'衎衎'之借字。……冉有、子贡才智有余，得动而乐之象，故曰'衎衎'。"可从。⑤乐：《集解》引郑氏："乐各尽其性。"《集注》："乐得英才而教育之。"《集注》引或说谓"乐"为"曰"字之误。《后案》从之。今按：皇氏《义疏》本乐下有"曰"字，可从皇本，不删"乐"字。⑥不得其死然：《集解》引孔氏："不得以寿终也。"然，句末语气词，相当于焉，也。《宪问》篇，南宫适问孔子有云："羿善射，奡荡舟，俱不得其死然。"

[译文]

闵子骞侍立孔子身旁，气度中正平和，子路则一副刚强之貌，冉有、子贡又是一派和乐之气。孔子看着很高兴。［不过又说：］"像仲由这样，我担心不得善终呀。"

(十四) 鲁人为长府①。闵子骞曰："仍旧贯②，如之何？何必改作？"子曰："夫人不言③，言必有中。"

[注释]

①鲁人为长府：指三家改建长府。刘氏《正义》引凌鸣喈云："畴昔昭

公尝居是以伐季氏矣。定、哀之间，三家因欲改为之，将以弱所恃也。称‘鲁人’，众也，是时三家皆欲之。”刘氏又自为一说，以为鲁昭公改建长府。其说云：“鲁君左右多为季氏耳目，公欲伐季氏而不敢发，故居于长府，欲借其用，以伐季氏，且以使之不疑耳。昭公伐季氏，在廿五年，孔子时正居鲁，则知鲁人为长府，正是昭公居之，因其毁坏，而欲有所改作，以为不虞之备。但季氏得民已久，非可以力相制，故子家羁力阻其谋。宋乐祈知鲁君必不能逞，而闵子骞亦言‘仍旧贯’，言但仍旧事，略加缮治，何必改作？以讽使昭公无妄动也。《论语》书之曰‘鲁人’，明为公讳，且非公意也。”今不从刘说。长府，鲁国财货武器聚藏之所，在鲁君宫内。《集解》引郑氏：“长府，藏名，藏货财曰府。”②仍：因。贯：事。③夫（fú）人：彼人，那人，指闵子骞。

［译文］

鲁人计划翻建长府。闵子骞说：“照旧不动不好吗？为什么一定要翻建呢？”孔子说：“闵子骞那个人不开口则已，一开口言必当理。”

（十五）子曰：“由之瑟，奚为于丘之门①？”门人不敬子路。子曰：“由也升堂矣②，未入于室也③。”

［注释］

①由之瑟，奚为于丘之门：《集解》引马氏：“子路鼓瑟不合雅颂。”《集注》引程子曰：“言其声之不和。”《后案》云：“圣门以中和为教，欲化之而发此言也。”奚为，何以。②堂：殿堂，前室。③室：内室。

［译文］

孔子说：“仲由鼓瑟之声，怎么会出现在我的门内？”有弟子听到这话，开始瞧不起子路了。孔子说：“由呀，他已经登堂了，只是尚未入室而已。”

［疏义］

《集注》：“升堂入室，喻入道之次第。言子路之学，已造乎正大高明之域，特未深入精微之奥耳，未可以一事之失而遽忽之也。”

(十六) 子贡问：“师与商也孰贤①？”子曰：“师也过，商也不及。”曰：“然则师愈与②？”子曰：“过犹不及。”

[注释]

①师：孔子弟子颛孙师，字子张。商：孔子弟子卜商，字子夏。孰：谁。②愈：胜。

[译文]

子贡问孔子：“颛孙师和卜商二人，谁更贤能？”孔子说：“子张［才性］有点过了，子夏又嫌拘谨了些。”子贡问：“那么是师更胜一些了吧？”孔子说：“过和不及，是一样的。”

[疏义]

邢疏：“此章明子张、子夏才性优劣。”

《集注》：“子张才高意广，而好为苟难，故常过中。子夏笃信谨守，而规模狭隘，故常不及。”

《礼记·檀弓上》：“子夏既除丧而见，予之琴，和之不和，弹之而不成声。作而曰：‘哀未忘也，先王制礼，而弗敢过也。’子张既除丧而见，予之琴，和之而和，弹之而成声，作而曰：‘先王制礼，不敢不至焉。’”

(十七) 季氏富于周公①，而求也为之聚敛而附益之②。子曰：“非吾徒也③，小子鸣鼓而攻之可也④。”

[注释]

①季氏：季康子。周公：《集解》引孔氏以为“天子之宰，卿士”，即周公次子世守采地为天子卿士者；《集注》则以为周公旦，“王室至亲，有大功，位冢宰，其富宜矣”。黄氏《后案》、刘氏《正义》俱从后说，今不从。周公旦为鲁之始祖，以季氏地位，不足与周公相较。此“周公”当指天子之卿士，《春秋》即有“宰周公”。俞樾《群经平议》卷三十一有详说。②求也为之聚敛而附益之：事见《左传》哀公十一年、十二年，季氏欲以田亩收税，使冉

求咨询孔子，孔子不答，而私下告诫以礼，终不获采纳。其文云："季孙欲以田赋，使冉有访诸仲尼。仲尼曰：'丘不识也。'三发，卒曰：'子为国老，待子而行，若之何子之不言也?'仲尼不对，而私于冉有曰：'君子之行也，度于礼。施取其厚，事举其中，敛从其薄。如是，则以丘亦足矣。若不度于礼，而贪冒无厌，则虽以田赋，将又不足。且子季孙若欲行而法，则周公之典在；若欲苟而行，又何访焉?'弗听。十二年，春，王正月，用田赋。"《国语》亦载此事。刘氏《正义》："何休解'用田赋'云：'田谓一井之田。赋者，敛取其财物也。言用田赋者，若今汉家敛民钱以田为率矣。'"③徒：徒党。④小子：《集解》引郑氏："门人也。"鸣鼓：击鼓。

[译文]

季氏比天子之卿周公还富，而冉求仍帮他不断敛取搜刮赋税。孔子说："冉求算不上咱们的伙伴了，你们可以敲着鼓去声讨他了。"

[疏义]

《礼记·大学》："百乘之家，不畜聚敛之臣。与其有聚敛之臣，宁有盗臣。"

《后案》："经文'求也'之称，记者无此体。下'子曰'二字宜移在'季氏'之上。《礼·大学》篇郑君注引此章文，'非吾徒也'上无'子曰'二字。《汉书·诸侯王表》注、《后汉书·杨秉传》注引此文皆以为孔子之言，可证。"

刘氏《正义》："《春秋》内外传皆举周公典籍，是夫子欲以周公所制赋法正季氏之失，故此文即言'富于周公'以讥之也。"此说不足以否定旧注。

（十八）柴也愚①，参也鲁②，师也辟③，由也喭④。子曰："回也，其庶乎⑤！屡空⑥。赐不受命而货殖焉⑦，亿则屡中⑧。"

[注释]

①柴：孔子弟子，姓高名柴，字子羔，少孔子三十岁。愚：《集解》："愚，愚直之愚。"正直而不知变通之义。《集注》谓："知不足而厚有余。"②鲁：

《集解》引孔氏："鲁，钝也，曾子性迟钝。"③辟（pì）：偏激。《后案》："偏也，以其志过高而流于一偏也。"④喭（yàn）：《后案》："刚猛失容也。"⑤庶：庶几，差不多。《集解》："庶几圣道。"《集注》："庶，近也，言近道也。"⑥屡：每，常。空：困乏。《集解》《集注》皆解作"空匮"。⑦不受命：不安天命，指不如颜回虚心乐道。杨伯峻《译注》引俞樾《群经平议》云："若夫不受命于官而自以其财市贱鬻贵，逐什一之利，是谓不受命而货殖。"亦可通。货殖：增聚财货。《集注》："货财生殖也。"⑧亿：揣度，臆测。皇疏本"亿"作"忆"。中（zhòng）：得。

[译文]

高柴愚直，曾参鲁钝，颛孙师怪僻偏激，仲由刚猛无仪。孔子说："颜回的修养差不多了，只是总处在困顿贫乏之间。端木赐不够虚心乐道，以经商增聚财富，［不过］揣度事理竟也常常八九不离十。"

[疏义]

邢疏："此章孔子历评六弟子之德行中失也。"

"子曰"以下，朱子《集注》另分一章。

(十九）子张问善人之道①。子曰："不践迹②，亦不入于室。"子曰："论笃是与③，君子者乎？色庄者乎④？"

[注释]

①善人：一心向善，有志行仁者。《集注》："质美而未学者也。"②践迹：学习圣人的前言往行。③论笃：言论笃实。与：赞许。④庄：《后案》："'妆'之假借字，饰也。"

[译文]

子张问德性善良的人如何上达圣人之道。孔子说："如果不博学圣人之前言往行，其修为也不会接近圣人之境。"孔子又说："听到讲得头头是道，就觉得好，哪里知道真是君子，还是仅会做表面功夫的呢？"

[疏义]

孔广森《经学卮言》卷四："言'问善人之道'，则非问何如而可以为善人，乃问善人当何道以自处也。故子告以善人所行之道，当效前言往行以成其德。譬诸入室，必践陈、除、堂、户之迹，而后可循循然至也。盖有不践迹而自入于室者，唯圣人能之，尧、舜禅而禹继，唐、虞让而殷、周诛是也。亦有践迹而终不入于室者，七十子之学孔子是也。若善人，上不及圣，而又非中贤以下所及，故苟践迹，斯必入于室；若其不践迹，则亦不能入于室耳。"

朱子《集注》于第二"子曰"下别为一章。今按：两"子曰"俱答善人成就之道，前以博文广学相勉，后以巧言佞色相儆。"论笃"三句，即《宪问》篇"有言者不必有德"之义。"色庄"亦即《颜渊》篇"色取仁而行违"。

（二十）子路问："闻斯行诸①？"子曰："有父兄在，如之何其闻斯行之？"冉有问："闻斯行诸？"子曰："闻斯行之。"公西华曰："由也问闻斯行诸，子曰'有父兄在'。求也问闻斯行诸，子曰'闻斯行之'。赤也惑，敢问。"子曰："求也退②，故进之。由也兼人③，故退之。"

[注释]

①诸：即"之乎"。②退：谦退。③兼人：胜人。

[译文]

子路问："听闻善事就该马上去做吗？"孔子说："父兄尚在，怎么能听到就去做呢？"冉有问："听闻善事就该马上去做吗？"孔子道："听到就去做吧！"公西华说："仲由问听到就去做吗，您说有父兄在，不可如此。冉求也问，您却说听到就去做。我有点疑惑，斗胆来请教。"孔子说："冉求性格谦退，所以我会敦促他往前；仲由性格强勇，有一人兼二人之志，所以我会稍加裁抑。"

[疏义]

《集解》引郑氏："言冉有性谦退，子路务在胜尚人，各因其人之失而正之。”

（二十一）子畏于匡[①]，颜渊后。子曰：“吾以女为死矣[②]。”曰：“子在，回何敢死？”

［注释］

①畏：受威迫，遭险厄。②女：同“汝”。

［译文］

孔子［一行］在匡地遇险，颜渊最后才脱身［和孔子会合］。孔子说：“我以为你已经死了呢！”颜渊说：“老师在，我怎敢轻易去死呀！”

［疏义］

《后案》云：“《礼·檀弓》：‘死而不吊者三，畏、厌、溺。’《白虎通》曰：‘有不吊三何？为人臣子，常怀恐惧，深思远虑，志在全身。’《通典》载王肃《圣证论》引郑君说参《檀弓》今本郑君注：‘畏而死，谓人以非罪攻己，不能有以说之而死之者。孔子畏匡，德能自全也。’依《白虎通》及郑君说，经曰‘以女为死’，虑其因威逼不能全而死也；曰‘子在，回何敢死’，夫子在围必不以威逼死，回亦不敢以威逼死，言全身以远害，不敢轻死也。”

（二十二）季子然问[①]：“仲由、冉求可谓大臣与[②]？”子曰：“吾以子为异之问[③]，曾由与求之问[④]。所谓大臣者，以道事君，不可则止[⑤]。今由与求也，可谓具臣矣[⑥]。”曰：“然则从之者与？”子曰：“弑父与君，亦不从也。”

［注释］

①季子然：《集解》引孔氏：“季氏子弟。”②与（yú）：同“欤”。③异：非常之事。④曾（zēng）：乃。⑤不可：《后案》：“道不行也。”止：《后案》：“谓去位也。”⑥具臣：《集解》引孔氏：“言备臣数而已。”《后案》：“谓备用之臣，可供器使者耳。”所言更明。

[译文]

季子然问："仲由和冉求可否称得上大臣？"孔子说："我以为你问别的事，原来是问由、求二人呀！所谓大臣，乃是以道事君，如果大道不行，宁愿放弃官位。如今由、求二人，只能算备位充数的臣罢了。"季子然说："那么他们应该是肯服从的人吧？"孔子说："弑父弑君之事，他们也不会服从的。"

[疏义]

古注称仲由、冉求当时皆为季氏家臣，故季子然有此问。《后案》谓二子固不止"具臣"，孔子如此说，乃是"抑二子以裁季然"。

(二十三) 子路使子羔为费宰①。子曰："贼夫人之子②。"子路曰："有民人焉，有社稷焉③，何必读书，然后为学？"子曰："是故恶夫佞者④。"

[注释]

①子羔：孔子弟子高柴。费：鲁邑，当时属季氏。宰：邑宰，犹县长。②贼：害。夫（fú）人之子：谓子羔。夫，那。③社稷：指所祀土神与谷神。④是故：所以。恶（wù）：厌恶。佞（nìng）：巧言强辩。

[译文]

子路让子羔去当费县县长。孔子说："这是害了那个年轻人。"子路说："那里有百姓，有社稷，[治民、事神皆可以学，]何必非要读书才算研究学问呢？"孔子说："[因为有你这般理屈词穷仍要狡辩的，]所以我厌恶那些巧言强辩之人。"

[疏义]

皇疏云："孔子言子羔习学未习熟，若使其为政，则必乖僻，乖僻则为罪累所及。"

（二十四）子路、曾晳、冉有、公西华侍坐[①]。

子曰："以吾一日长乎尔[②]，毋吾以也[③]。居则曰[④]：'不吾知也。'如或知尔，则何以哉？"

子路率尔而对[⑤]，曰："千乘之国，摄乎大国之间[⑥]，加之以师旅，因之以饥馑[⑦]，由也为之，比及三年[⑧]，可使有勇，且知方也[⑨]。"夫子哂之[⑩]。

"求，尔何如？"对曰："方六七十，如五六十[⑪]，求也为之，比及三年，可使足民。如其礼乐[⑫]，以俟君子。"

"赤，尔何如？"对曰："非曰能之，愿学焉。宗庙之事[⑬]，如会同[⑭]，端章甫[⑮]，原为小相焉[⑯]。"

"点[⑰]，尔何如？"鼓瑟希[⑱]，铿尔舍瑟而作[⑲]，对曰："异乎三子者之撰[⑳]。"子曰："何伤乎[㉑]？亦各言其志也。"曰："莫春者[㉒]，春服既成[㉓]，冠者五六人，童子六七人，浴乎沂[㉔]，风乎舞雩[㉕]，咏而归。"夫子喟然叹曰[㉖]："吾与点也[㉗]！"

三子者出，曾晳后。曾晳曰："夫三子者之言何如？"子曰："亦各言其志也已矣。"曰："夫子何哂由也？"曰："为国以礼，其言不让[㉘]，是故哂之。唯求则非邦也与[㉙]？安见方六七十如五六十而非邦也者[㉚]？唯赤则非邦也与？宗庙会同，非诸侯而何？赤也为之小[㉛]，孰能为之大？"

［注释］

①曾晳（xī）：曾参之父，名点，亦孔子弟子。②尔：汝，你们。③毋：不要。以：《后案》据《释文》谓郑注本作"已"，难对、难言之义。④居：平素，日常。⑤率尔：皇疏本作"卒尔"，解为"无礼仪也"，亦即仓促轻率之义。⑥摄：《集解》引包氏："迫也。"⑦因：《集注》："仍。"饥馑（jǐn）：《集注》："谷不熟曰饥，菜不熟曰馑。"⑧比：考校。《周礼·地官·小司徒》："及三年，则大比。"郑注："大比，谓使天下更简阅民数及其财物也。"⑨方：《集解》："义方。"《集注》："向也，谓向义也。"《后案》："谓常道也。"义

俱相近。⑩哂（shěn）：微笑。⑪方六七十，如五六十：《后案》："方六七十里、五六十里，在当时则强国之大邑，在古制则畿内卿大夫之采地。"⑫如：或。⑬宗庙之事：《集解》引郑氏："谓祭祀也。"⑭如：或。会同：王有事合诸侯，谓之会。天子不巡守，会四方六服诸侯于京师，谓之同。《集解》引郑氏："诸侯时见曰会，殷覜曰同。"皇疏："《周礼》六服，各随服而来，是正朝有数也。而'时见曰会'，此无常期。诸侯有不庭服者，王将有征讨之事，则因朝竟，王命为坛于国，外合诸侯，而发禁亦随其方。若东方不服，则命与东方诸侯共征之。此是'时见曰会'也。又王十二年一巡狩，若王有事故，则六服诸侯并来京师，朝王受法。此是'殷覜曰同'也。"⑮端：玄端礼服。章甫：礼帽。⑯相（xiàng）：赞礼者。⑰点：曾皙之名。⑱希：声音将歇。《集解》："思所以对，故其音希。"《集注》："间歇也。"⑲铿（kēng）尔舍瑟而作：此依黄氏《后案》断句。铿尔，《集解》引孔氏："投瑟之声也。"即以手推瑟之声。作，起身。⑳撰：善。《经典释文》郑注本作"僎（zhuàn）"，谓"读曰'诠'，诠之言'善'也"。或谓"撰"通"选"，选择，志向，亦佳。㉑何伤：何妨。㉒莫（mù）春：暮春。皇疏谓夏正建辰之三月，其时已暖。莫，同"暮"。㉓春服：单袷衣。㉔浴：《集注》："盥濯也，今上巳祓除是也。"旧题韩愈《论语笔解》认为"浴"为"沿"字之误，说亦有理。沂（yí）：黄氏《后案》："《（集）注》云'沂水在鲁城南'者，案《水经》沂水之大者出泰山，《书》所谓'淮沂其乂'也。又有小沂水三，其出尼丘山之沂水流迳鲁县故城南，北对稷门，稷门一名高门，亦曰雩门，此经所言者也。"杨伯峻《译注》："水名，但和大沂河以及流入于大沂河的小沂河都不同。这沂水源出山东邹县东北，西流经曲阜与洙水合，入于泗水。也就是《左传》昭公二十五年'季平子请待于沂上'的'沂'。"未知孰是。㉕风：《集解》引包氏解为"风凉"，《集注》解为"乘凉"，义同。俞樾《群经平议》认为"风"通"放"，则解为"至"，亦通。舞雩（yú）：古代求雨，以女巫为舞以祀。这里指祭天祷雨之处。《集注》："祭天祷雨之处，有坛墠（shàn）树木也。"《颜渊》篇："樊迟从游于舞雩之下。"似为孔门常游之地。㉖喟（kuì）然：叹息之貌。㉗与：赞许。㉘其言不让：即前"率尔而对"。《后案》："子路率尔而对，未深于礼让之道，以此治国，或有动不以礼之弊，故哂之。"

㉙唯：发语词，无义。㉚安：焉。㉛之：其。

［译文］

子路、曾皙、冉有、公西华四个人陪坐在孔子身边。

孔子说："我比你们年纪都大，不过不要因此说话放不开。你们平常总说：'别人不懂我呀！'假如有人愿意了解你们，那你们有何抱负呢？"

子路急忙回答："拥有一千辆兵车的国家，蹙迫于大国之间，外受侵犯，内遭饥荒。让我去治理，经营考校三年，可使百姓勇武，内心向道。"孔子微微一笑。

孔子问："冉求，你怎么样？"冉求回答："疆土纵横六七十里或五六十里的小国，如让我治理，经营考校三年，可使百姓富足。至于讲明礼乐，则期待贤明君子。"

孔子又问："公西赤，你怎么样？"公西赤回答："不敢说有什么本事，愿意往这方向努力而已。宗庙祭祀，或诸侯朝会，我愿穿着礼服，戴着礼帽，做一个相礼者。"

孔子又问："曾点，你怎么样？"曾点鼓瑟将歇，铿的一声推瑟而起，回答："我的志向没他们三位说得那么好。"孔子说："那又何妨呢？就是要大家各自说说自己的想法呀！"曾皙说："暮春时节，穿单袷衣，约上五六个青年，六七个童子，往沂水边洗洗手足，在舞雩台上吹吹风，再一路唱着歌回来。"孔子长叹一声道："我赞同曾点的想法呀！"

子路、冉有、公西华三人都出去了，曾皙留在后面。曾皙问孔子："他们三位的话，老师觉得怎么样？"孔子回答："也不过就是各人说说自己的志向罢了。"曾皙又问："那您为什么笑仲由呢？"孔子回答："治国讲求礼让，他［仓促而对，］心无谦让，所以笑他。难道冉求所言就不是国家吗？哪里有横纵六七十里或五六十里之地够不上一个国家的呢？难道公西赤所言就不是国家吗？有宗庙祭祀，诸侯朝会，不是诸侯国是什么？公西赤只做一小相，又有谁堪为大相呢？”

[疏义]

邢疏：“此章孔子乘间四弟子侍坐，因使各言其志，以观其器能也。”

“唯求”“唯赤”二节，朱熹《集注》以为曾皙再问，孔子再答。《集解》引孔氏：“明皆诸侯之事，与子路同，徒笑子路不让也。”皇侃《义疏》以为皆孔子自问自答，云：“孔子更证我笑非笑子路之志也。若笑子路有为国之志，则冉求亦是志于为国，吾何独不笑耶也？既不笑求，岂独笑子路乎？故云‘唯求非邦也与’，言是邦也；‘安见方六七十如五六十非邦也’者，亦云是邦也。又引赤证我不笑子路志也。赤云‘宗庙’‘会同’，会同即是诸侯之事，岂曰非邦？而我何独不笑乎？又明笑非笑志也。”黄氏《后案》以《集解》所引孔注为简晐，并云：“夫子言此者，正以乐天知命之心与忧民济世之志两者并行不悖。三子之撰皆可嘉许，欲曾氏知此而勉于实事也。”又引黄东发之言云：“三子言为国之事，答问之正也。曾皙之狂，无意于世者也，故自言其潇洒之趣，非答问之正也。夫子以行道救世为心，而时不我与，方与二三子私相讲明于寂寞之滨，乃忽闻曾皙浴沂咏归之言，不觉喟然而叹，盖其所感者深矣。既答曾皙之问，则力道三子之美，夫子岂以忘世自乐为贤，独与点而不与二三子者哉？”

颜渊第十二

共二十四章

（一）颜渊问仁。子曰："克己复礼为仁。一日克己复礼[①]，天下归仁焉[②]。为仁由己，而由人乎哉？"颜渊曰："请问其目[③]。"子曰："非礼勿视，非礼勿听，非礼勿言，非礼勿动[④]。"颜渊曰："回虽不敏，请事斯语矣！"

［注释］

①克己复礼：古成语。《左传》昭公十二年记仲尼曰："古也有志：'克己复礼，仁也。'"克己，约束身心。《集解》引马氏："约身。"复，反。②天下归仁：《后案》："以天下之大纳于仁之心，范围莫外也。"《集注》："归，犹与也。又言一日克己复礼，则天下之人皆与其仁。"今不从。③目：纲目。④动：举动。

［译文］

颜渊问仁德。孔子说："守约自持，使言行自然合礼，就是仁德。一旦决定这么去做，万事万物便为你的仁心所统。践行仁德全靠自己，难道靠别人？"颜渊说："敢问［可供遵照的］具体纲目。"孔子说："凡属非礼的不看、不听、不说、不做。"颜渊说："回虽然鲁钝，也愿按老师说的去努力。"

（二）仲弓问仁。子曰："出门如见大宾，使民如承大祭[①]。己所不欲，勿施于人[②]。在邦无怨，在家无怨[③]。"仲弓曰："雍虽不敏，请事斯语矣！”

[注释]

①出门如见大宾，使民如承大祭：古成语。《左传》僖公三十三年，晋臼季曰：“臣闻之：‘出门如宾，承事如祭。’仁之则也。”皇疏引范宁云：“大宾，君臣嘉会也。大祭，国祭也。”承，承奉，担当。②己所不欲，勿施于人：亦古成语。《管子·小问》管仲引语曰：“非其所欲，勿施于人，仁也。”施，加。③在邦无怨，在家无怨：刘氏《正义》：“在邦谓仕于诸侯之邦，在家谓仕于卿大夫家。”怨，怨天尤人。

[译文]

仲弓问仁德。孔子说：“平常出门好像去接待贵宾，役使百姓如同奉行大祭。己所不欲，不要强加于人。不论从事邦国政务，还是族邑事务，都无怨天尤人之态。”仲弓说：“雍虽鲁钝，也愿照老师说的去努力。”

[疏义]

邢疏：“此章明仁在敬恕也。”

(三) 司马牛问仁①。子曰：“仁者，其言也讱②。”曰：“其言也讱，斯谓之仁已乎？”子曰：“为之难③，言之得无讱乎？”

[注释]

①司马牛：孔子弟子，名耕，字子牛，宋国人。②讱（rèn）：顿，难言之意。此处指出言谨慎。朱子《集注》据《弟子列传》“牛多言而躁”谓夫子以此相勉。③为之：指行仁德。

[译文]

司马牛问仁德。孔子说：“仁者出言谨慎。”司马牛说：“言语谨慎，这就称得上仁德了吗？”孔子说：“因为深知行之不易，说话怎么能不谨慎呢？”

[疏义]

《史记·仲尼弟子列传》：“牛多言而躁。问仁于孔子。孔子曰：‘仁者其言也讱。’”

刘氏《正义》引包慎言《温故录》云：“《公羊》宣八年：‘冬十月己丑，葬我小君顷熊，雨不克葬。庚寅，日中而克葬。’传：‘而者何？难也。乃者何，难也。何为或言而，或言乃？乃难乎而也。’注：‘孔子曰：其为之也难，言之得无讱乎。皆所以起孝子之情也。’案：依何氏意，似讱者谓其辞之委曲烦重，心有所不忍，而不能径遂其情，故言之亦多重难。郑注云：‘讱，不忍言也。’说与何氏同。牛之兄桓魋，有宠于宋景公，而为害于公，牛忧之，情见乎辞，兄弟怡怡，不以义伤恩也。而魋之不共，上则祸国，下致绝族，为之弟者，必须涕泣而道。徐遵民《公羊疏》申解《论语》云：‘言难言之事，必须讱而言之。’盖讱而言，正所以致其不忍之情，故夫子以为仁。”此又一说，盖深许司马牛之为仁，存之备参。

（四）司马牛问君子。子曰：“君子不忧不惧。”曰：“不忧不惧，斯谓之君子已乎？”子曰：“内省不疚[①]，夫何忧何惧？”

［注释］

①疚：忧虑，担心。

［译文］

司马牛问君子之道。孔子说：“君子不忧不惧。”司马牛说：“不忧不惧，这样就算君子了吗？”孔子说：“坦坦荡荡，问心无愧，有什么值得忧愁和恐惧的呢？”

［疏义］

《集解》：“牛兄桓魋将为乱，牛自宋来学，常忧惧，故孔子解之。”司马牛有兄弟桓魋、向巢、子颀、子车，四人皆在宋作乱，死亡无日，故司马牛常怀忧惧之心。

（五）司马牛忧曰：“人皆有兄弟，我独亡[①]。”子夏曰：“商闻之矣[②]：‘死生有命，富贵在天。’君子敬而无失，与人恭而有礼，四海之内皆兄弟也。君子何患乎无兄弟也？”

[注释]

①人皆有兄弟，我独亡：《集解》引郑氏："牛兄桓魋行恶，死亡无日。"《后案》："依旧说，是豫忧兄弟之不可依托，将有祸也。式三谓，《左传》哀公十四年载司马牛之适齐适吴，至鲁而卒，是总记其数年之事。司马牛言此，是魋、巢等或奔或死，而身栖于异国之时耳，观下子夏之言可知。"亡，同"无"。②闻之：闻古语。《集注》谓"盖闻之夫子"，未必然。

[译文]

司马牛忧愁地说："别人都有兄弟，唯独我没有。"子夏说："我闻古语有云：'死生有命，富贵在天。'君子如能敬忠职守，力求无过，谦恭待人，合乎礼节，四海之内都将是你的兄弟！君子何必担心没有兄弟呢？"

[疏义]

桓魋叛宋失败，奔逃卫、齐。司马牛受牵累，亦奔齐、吴诸国，终死于鲁。事见《左传》哀公十四年。黄氏《后案》："此盖当司马牛适齐、适吴之时，子夏以此告之也。桓魋祸及一家，必有无辜而死者。"

(六) 子张问明。子曰："浸润之谮，肤受之诉[①]，不行焉，可谓明也已矣。浸润之谮，肤受之诉，不行焉，可谓远也已矣[②]。"

[注释]

①浸润之谮(zèn)，肤受之诉：《集注》："浸润，如水之浸灌滋润，渐渍而不骤也。谮，毁人之行也。肤受，谓肌肤所受，利害切身。……诉，诉己之冤也。毁人者渐渍而不骤，则听者不觉其入，而信之深矣。诉冤者急迫而切身，则听者不及致详，而发之暴矣。"谮，诋毁他人。诉，诉告己冤。②远：所见深远。《集注》引杨氏曰："远则明之至也。《书》曰：'视远惟明。'"

[译文]

子张问如何才称得上"明"。孔子说："一点一滴长久浸润般的谗言，切肤般的急迫诉冤，在你这里行不通，可称得上'明'了。

一点一滴长久浸润般的谗言，切肤般的急迫诉冤，在你这里行不通，可称得上‘远’了。”

[疏义]

邢疏：“此章论人之明德。”

于省吾《论语新证》认为“肤受”当读作“覼缕”，啰唆多言之义，谓：“浸润就时间之积渐言之，覼缕就陈说之委曲言之。自古贤良，为谗贼中伤，谮之以积渐，诉之以委屈，邪枉得意，忠正含冤，非有贤圣明远之资，其孰能烛幽洞隐迸而弃之哉？”其说有理，存之备参。

（七）子贡问政。子曰：“足食，足兵①，民信之矣②。”子贡曰：“必不得已而去，于斯三者何先？”曰：“去兵。”子贡曰：“必不得已而去，于斯二者何先？”曰：“去食。自古皆有死，民无信不立。”

[注释]

①兵：兵器。这里指国防武备。②信：信义。

[译文]

子贡问为政之道。孔子说：“充足粮食，强大武备，百姓自然对国家充满信义。”子贡又问：“如果不得已要三者去一，先去掉哪一个？”孔子说：“去掉武备。”子贡又问：“如果不得已要在剩下二者中再去其一，去掉哪一个？”孔子说：“去掉粮食吧。[没了粮食，虽要饿死，但]自古以来谁都免不了一死，如果百姓丧失了信义，家国皆无以自立。”

[疏义]

邢疏：“此章贵信也。”

（八）棘子成曰①：“君子质而已矣②，何以文为③？”子贡曰：“惜乎夫子之说君子也④，驷不及舌⑤。文犹质也，质犹文也⑥。虎豹之鞟⑦，犹犬羊之鞟。”

［注释］

①棘子成：《集解》引郑氏：“旧说云，棘子成，卫大夫。”②质：本质，质朴。③以：用。文：文饰。为：语助词。④惜乎夫子之说君子也：孔子曾有文质彬彬之论，子成或闻之而有质疑，子贡叹惜夫子之言为他人所不解，故续有阐发。则此夫子当指孔子。此据程树德《论语集释》引陈天祥《四书辨疑》。一说指棘子成，意谓子成之论君子，其言有失。今从前说。⑤驷（sì）不及舌：或为古语。犹云“一言既出，驷马难追”。指孔子文质彬彬之论既出，虽他人不理解，也不可收回了。驷，四马驾一车。⑥文犹质也，质犹文也：意谓文、质不可截然分别。《论语集释》引《论语集注述要》云：“‘文犹质也’二语乃承上子成之语意而来。两‘犹’字非同等不可相无之意，乃不能分别之意，谓既去文存质，则质外无文，即质即文，是文与质无所分别。”⑦鞟（kuò）：去毛之皮革。

［译文］

棘子成说：“君子贵守本质，何须文饰？”子贡说：“可惜呀，我的老师讨论君子的话不被人理解。可是一言既出，也收不回来了。［我认为］文饰离不开本质，本质也离不开文饰。否则好比除尽毛的虎豹与犬羊，它们的皮几乎就没任何差别了。”

［疏义］

《集注》：“夫棘子成矫当时之弊，固失之过；而子贡矫子成之弊，又无本末轻重之差，胥失之矣。”

（九）哀公问于有若曰：“年饥①，用不足②，如之何？”有若对曰：“盍彻乎③？”曰：“二④，吾犹不足，如之何其彻也？”对曰：“百姓足，君孰与不足⑤？百姓不足，君孰与足？”

［注释］

①饥：谷物歉收。②用：国用。③盍：何不。彻：十取其一收税。《集解》引郑氏：“周法十分而税谓之彻。彻，通也，为天下之通法。”皇疏引

《孟子·滕文公上》："夏后氏五十而贡，殷人七十而助，周人百亩而彻。"黄氏《后案》云："综核郑君之注，当云畿内、邦国各兼贡、助二法以通之，而均之十一而税，是为彻也。……周之制，可画井者为助法，不可画井者用贡法。……贡者耕百亩，除十亩之税，而得九十亩之获。助者得百亩之获，而出合耕公田十二亩半之资力，凡耕田百十二亩有畸。"④二：《集解》引孔氏："谓十二而税。"《后案》："《春秋》宣公十五年：'初税亩。'杜注：'公田之法，十取其一。今又履其余亩，复十取其一。故哀公曰：'二，吾犹不足。'遂以为常，故曰'初'。杜氏彼注据《论语》此文，皇、邢二疏即本《左传》立说，皆是也。"刘氏《正义》亦同此说。今姑从之。⑤百姓足，君孰与不足：李炳南《论语讲要》引姚鼐《惜抱轩经说》云："与，犹谓也。周人语多如此。有若言百姓足，即当谓之君足，君用小乏，亦不害其可谓足也。"今从之。

［译文］

鲁哀公问有若："年成不佳，国用不足，该怎么办呢？"有若回答："为什么不实行十一而税之法？"哀公说："十分抽二，尚嫌不足，怎可十一而税呢？"有若回答："百姓富足了，谁会觉得您不富足？百姓如不富足，谁会觉得您富足呢？"

［疏义］

陈立《公羊义疏》宣公十五年引孔广森《公羊通义》云："《论语》言'二'者，是哀公用田赋以后耳。"按《左传》哀公十二年："春，用田赋。"谓以井为单位收取军赋。如此，则所谓"二"，当指田租与军赋。钱穆《论语新解》本此为释。

（十）子张问崇德、辨惑①。子曰："主忠信②，徙义③，崇德也。爱之欲其生，恶之欲其死。既欲其生，又欲其死，是惑也。'诚不以富，亦祇以异④。'"

［注释］

①崇德、辨惑：刘氏《正义》引吴嘉宾谓"崇德辨惑"为古成语。崇，

尊崇。惑，迷误。②主忠信：心主忠信之德。或解为亲近忠信之人，亦通。主，宗，崇尚。③徙义：改恶迁善。徙，迁徙。义，宜。④诚不以富，亦祇以异：见《诗经·小雅·我行其野》。今本《毛诗》“诚”作“成”，乃假借字。祇，原作“衹”，据阮元《论语注疏校勘记》改。《集解》引郑氏：“祇，适也。言此行诚不可以致富，适足以为异耳。取此《诗》之异义以非之。”

[译文]

子张问何谓崇德、辨惑。孔子说：“心主忠信，唯义是从，这就是崇德。喜爱一个人，便希望他长命；厌恶起来，又巴不得他死去。既欲其生，又欲其死，这便是一种‘惑’。《诗》篇说：‘这种行为对自已毫无帮助，恰仅为怪妄之道而已。’”

[疏义]

朱子以为此章有错简。《集注》引程子曰：“此错简，当在第十六篇‘齐景公有马千驷’之上。因此下文亦有‘齐景公’字而误也。”《后案》：“《诗》言此邦之人忍弃旧姻，以吝啬而失德，吝啬不能致富，适以怪异于人耳。经引《诗》以证生死之限于命，犹富、不富之限于命，而弊于情者为可怪异也。疏家谓引《诗》断章，不与本义相似，读者遂有‘错简’之疑。”则不以为有错简。

（十一）齐景公问政于孔子①。孔子对曰：“君君，臣臣，父父，子子。”公曰：“善哉！信如君不君，臣不臣，父不父，子不子，虽有粟，吾得而食诸②？”

[注释]

①齐景公：名杵臼。齐灵公之子，齐庄公之弟，在位五十八年。②诸：犹“之乎”。

[译文]

齐景公向孔子问为政之道。孔子回答：“君尽君道，臣尽臣道，父尽父道，子尽子道。”景公说：“说得真好！如果君不尽君道，臣不尽臣道，父不尽父道，子不尽子道，即使仓廪充足，我岂能安享？”

［疏义］

邢疏：“此章明治国之政也。”

《集注》：“是时景公失政，而大夫陈氏厚施于国。景公又多内嬖，而不立太子，其君臣父子之间皆失其道，故夫子告之以此。”

（十二）子曰：“片言可以折狱者①，其由也与②！”子路无宿诺③。

［注释］

①片言：单辞，片面之辞。《集解》引孔氏：“片犹偏也。”折：断，制。狱：诉讼。②与（yú）：同“欤”，句尾感叹词。③无宿诺：《集注》：“急于践言，不留其诺。”宿，留。

［译文］

孔子说：“据单方状辞仍可断案的，大概只有仲由了吧！”子路对人有所承诺，从不拖延。

［疏义］

“子路无宿诺”句，邢疏云：“或分此别为一章，今合之。”

黄氏《后案》：“子路能果断，虽偏听一辞而不偏信，故能折之，《书》所谓‘明清于单辞’也。”刘氏《正义》申《太平御览》引郑注“子路能取信”，谓：“言人既信子路，自不敢欺，故虽片言，必是直理，即可令依此断狱也。”两说皆通。

（十三）子曰：“听讼①，吾犹人也。必也使无讼乎！”

［注释］

①听讼：听状辞以断案。讼，狱讼。

［译文］

孔子说：“听讼断案，我和别人差不多。［不过］最好能让百姓不兴讼呀。”

[疏义]

欲使无讼，当如《为政》篇所谓“道之以德，齐之以礼”。《集解》引王氏：“化之在前。”

杨伯峻《论语译注》：“据《史记·孔子世家》，孔子在鲁定公时，曾为大司寇，司寇为治理刑事的官，孔子这话或许是刚作司寇时所说。”

（十四）子张问政。子曰：“居之无倦①，行之以忠②。”

[注释]

①居之：居位。倦：倦怠，松懈。②忠：忠信之道。

[译文]

子张问为政之道。孔子说：“身居其位，不可懈怠；推行政事，尽忠守信。”

[疏义]

刘氏《正义》引《大戴礼记·子张问入官》：“非忠信，则无可以取亲于百姓矣。”

（十五）子曰：“博学于文①，约之以礼②，亦可以弗畔矣夫③！”

[注释]

①文：《诗》《书》典籍。②约：节制。③弗畔：不违道义。

[译文]

孔子说：“博学《诗》《书》典籍，再折中以礼，也就不背大道了。”

[疏义]

《雍也》篇，子曰：“君子博学于文，约之以礼，亦可以弗畔矣夫。”与此文义重出。邢疏：“弟子各记所闻，故重载之。”

（十六）子曰：“君子成人之美①，不成人之恶。小人反是。”

［注释］

①成：《集注》："诱掖奖劝以成其事也。"

［译文］

孔子说："君子助成别人的美处，不促成别人的坏处。小人则与此相反。"

［疏义］

刘氏《正义》："《穀梁》隐元年传：'春秋成人之美，不成人之恶。'《大戴礼·曾子立事》篇：'君子己善，亦乐人之善也；己能，亦乐人之能也。……君子不说人之过，成人之美，存往者，在来者，朝有过夕改则与之，夕有过朝改则与之。'"

（十七）季康子问政于孔子[①]。孔子对曰："政者，正也[②]。子帅以正[③]，孰敢不正？"

［注释］

①季康子：鲁国大夫季孙氏，名肥，谥号康，鲁哀公时为正卿。②正：公正无私。③子：季康子。帅：通"率"，带头，率先。

［译文］

季康子向孔子问为政之道。孔子回答："政只是公正无私。你若带头公正，又有谁敢不公正呢？"

［疏义］

邢疏："此章言为政在乎修己。"

《后案》引《盐铁论·后刑》曰："民乱，反之政；政乱，反之身。身正而天下定。"

（十八）季康子患盗[①]，问于孔子。孔子对曰："苟子之不欲[②]，虽赏之不窃[③]。"

［注释］

①盗：劫掠窃取。《说文》："私利物也。"②欲：贪求。《后案》："欲窃。

季康子专权窃政，所欲在是。”斥其窃位，夫子恐未必如此显言。或谓贪求财物，亦恐拘泥。③窃：刘氏《正义》：“盗自中出曰‘窃’。上言‘盗’，此言‘窃’者，互相训。”

［译文］

季康子苦于鲁国盗贼太多，向孔子请教。孔子回答：“只要你不过分贪求，即使奖励百姓去盗窃，他们也不会去干。”

［疏义］

邢疏：“此章言民从上化也。”

《集注》引胡氏曰：“季氏窃柄，康子夺嫡，民之为盗，固其所也。盍亦反其本耶？孔子以不欲启之，其旨深矣。”按季孙夺嫡，事见《左传》哀公三年：“秋，季孙有疾，命正常曰：‘……南孺子之子，男也，则以告而立之；女也，则肥也可。’季孙卒，康子即位。既葬，康子在朝。南氏生男，正常载以如朝，告曰：‘夫子有遗言，命其圉臣曰：“南氏生男，则以告于君与大夫而立之。”今生矣，男也，敢告。’遂奔卫。康子请退。公使共刘视之，则或杀之矣。”

（十九）季康子问政于孔子曰：“如杀无道①，以就有道②，何如？”孔子对曰：“子为政③，焉用杀④？子欲善而民善矣！君子之德风，小人之德草，草上之风⑤，必偃⑥。”

［注释］

①无道：无道之人。②就：成就。③为政：为政者。④焉：何。⑤上：加。⑥偃：仆，倒。

［译文］

季康子向孔子问为政之道，说：“假如杀无道之人，以成全有道之人。怎么样？”孔子回答：“你主持一国之政，为何偏恃杀戮？你心向善，百姓自然向善。君子之德如风，百姓之德如草，风加草上，草必随风而倒。”

[疏义]

邢疏："此章言为政不须刑杀，但在上自正，则民化之也。"

（二十）子张问："士何如斯可谓之达矣①？"子曰："何哉，尔所谓达者？"子张对曰："在邦必闻②，在家必闻③。"子曰："是闻也，非达也。夫达也者，质直而好义④，察言而观色，虑以下人⑤；在邦必达，在家必达。夫闻也者，色取仁而行违⑥，居之不疑；在邦必闻，在家必闻。"

[注释]

①达：通达。《集注》："德孚于人而行无不得之谓。"②在邦：为官于诸侯国。闻：名誉著称。③在家：为官于卿大夫之邑。④质直：朴质而正直。⑤虑以下人：《集解》引马氏："其志虑常欲以下人。"刘氏《正义》引俞樾《群经平议》云："《广雅·释训》曰：'无虑，都凡也。'……'无虑'与'大氐'同……亦或止言'虑'……亦犹'大氐'也。"意即凡事皆不愿凌驾他人之意。刘氏以为马、俞二说皆通。今仍从旧注。⑥色取：做表面功夫。

[译文]

子张问："士如何方称得上'达'？"孔子说："你所说的'达'是什么意思呢？"子张回答："达者不论在邦国，还是在卿大夫家，都会有很高的声誉。"孔子说："这样叫'闻'，不叫'达'。怎样才是达者呢？质朴正直，心怀理义，懂得察言观色，从不愿凌驾他人。这样的人，不论在邦在家，必然事事通达。至于'闻'，[往往]只在外表装出仁厚之貌，实际行动却正好相反，内心竟也真以仁人自居而心安理得。这种人，不论在邦在家，经常也很有名望哩。"

[疏义]

邢疏："此章论士行。"

《集注》引程子曰："学者须是务实，不要近名。有意近名，大本已失，更学何事？为名而学，则是伪也。今之学者，大抵为名。为名与为利虽清浊不同，然其利心则一也。”

（二十一）樊迟从游于舞雩之下[①]，曰：“敢问崇德、修慝、辨惑[②]。”子曰：“善哉问！先事后得[③]，非崇德与？攻其恶[④]，无攻人之恶[⑤]，非修慝与？一朝之忿，忘其身以及其亲，非惑与？”

［注释］

①舞雩（yú）：祭天祷雨之处。《先进》篇：“风乎舞雩。”②修慝（tè）：修治内心，以去其恶。《集解》引孔氏：“慝，恶也。修，治也。”③先事后得：即《雍也》篇“仁者先难而后获”之义。皇疏：“先事，谓先为勤劳之事也。后得，谓后得禄位。”④攻其恶：批评、改正自己的缺点。⑤无：皇疏本作“毋”。

［译文］

樊迟陪孔子游于舞雩台下，说：“请问怎样崇德、修慝、辨惑呢？”孔子说：“问得好！先努力付出，再期待收获，不就是‘崇德’吗？批评自己的缺点，而不是专门攻击别人的缺点，不就是‘修慝’吗？因为偶然的忿怒，便不顾自身安危，置父母于脑后，这不是‘惑’吗？”

［疏义］

邢疏：“此章言修身之事也。”

黄氏《后案》云：“‘问崇德、修慝、辨惑’必系‘舞雩’之下者，雩求雨而祭之处也，天之雨旸，有德则时若，有慝则恒若，有时若非德，恒若非慝，而人遂惑之者。”德行与天象并非完全对应，君子须辨其疑似。《论衡·明雩》篇：“樊迟从游，感雩而问，刺鲁不能崇德而徒雩也。”即此意。

刘氏《正义》引戴望《论语注》云：“《春秋》昭廿五年：‘秋七月上辛，大雩。季辛，又雩。’《传》曰：‘又雩者，非雩也。聚众以逐季氏也。’樊迟从游，有感昭公孙齐之事，因以发问。事，勤也。先勤求贤者，任之以政，乃能得民。昭公不用子家羁，失民失政，以致出奔，是不能崇德也。子家驹曰：‘诸侯僭于天子，大夫僭于诸侯。’公曰：‘吾何僭乎哉?’是攻人之恶，不知攻其恶也。‘昭公不从其言，终弑之而败焉，走之齐。’是不忍一朝之忿，忘身以及宗庙，惑之甚也。时哀公亦欲去三家，故微其辞以危其事。”刘氏谓此说与《论衡》刺鲁之义极合。

（二十二）樊迟问仁。子曰：“爱人。”问知①。子曰：“知人。”樊迟未达②。子曰：“举直错诸枉③，能使枉者直。”樊迟退，见子夏，曰：“乡也吾见于夫子而问知④，子曰‘举直错诸枉，能使枉者直’，何谓也?”子夏曰：“富哉言乎！舜有天下，选于众，举皋陶⑤，不仁者远矣⑥。汤有天下⑦，选于众，举伊尹⑧，不仁者远矣。”

[注释]

①知：同“智”。②达：明白。③举直错诸枉：举用正直者置于邪曲者之上。错，同“措”，置。诸，之于，之乎。④乡：同“曏”。不久之前。《说文》：“曏，不久也。”皇疏本作“嚮”。阮元《论语注疏校勘记》云：“嚮，俗字。曏，正字。乡（鄉），假借字。”⑤皋陶（gāoyáo）：传说中大舜之臣，掌刑狱。⑥不仁者远：指改恶迁善。皇疏引蔡谟云：“不仁之人感化迁善，去邪枉，正直是与，故谓远也。”或谓罢退远去，今不从。⑦汤：商朝开国君主，名履，灭夏建商。⑧伊尹：商汤辅相。

[译文]

樊迟问仁。孔子说：“爱人。”又问智。孔子说：“知人。”樊迟还不明白。孔子说：“举用正直之士于邪曲之人之上，能使邪曲之人转向正直。”樊迟退下，找到子夏，说：“刚才我去见老师，向他问智，他说：‘举用正直之士于邪曲之人之上，能使邪曲之人转向正直。’这是什么意思?”子夏说：“这话意义多么丰富呀！舜治理天下，从众人中选出皋陶加以举用，恶人便不存在了。汤有了天下，在众人中选出伊尹加以举用，恶人也不存在了。”

[疏义]

黄氏《后案》："问政而商所去，问仁而穷所选，合之足见古人善疑善问。"

刘氏《正义》引宋翔凤《论语发微》云："《书》曰：'知人则哲，能官人。'自世卿专国，其君虽知人而不能官人。迟之未达，职此之由。"

（二十三）子贡问友。子曰："忠告而善道之①，不可则止②，毋自辱焉。"

[注释]

①忠告：忠心劝告。善道：善为引导。道，同"导"。②不可：不被听从或认可。止：不言。《后案》谓："不与之为友交，或泛交之，或绝交之。"备参。

[译文]

子贡问交友之道。孔子说："[朋友犯了错，]忠心劝告他，并善加引导，若他拒不接受，那就罢了，不要自取其辱。"

（二十四）曾子曰："君子以文会友①，以友辅仁②。"

[注释]

①文：《诗》、《书》、礼乐。②以友辅仁：《集解》引孔氏："友有相切磋之道，所以辅成己之仁也。"

[译文]

曾子说："君子以《诗》、《书》、礼乐结交友朋，并以友朋[之间的切磋]来培养仁德。"

子路第十三

共三十章

（一）子路问政。子曰：“先之[①]，劳之[②]。”请益[③]，曰：“无倦[④]。”

［注释］

①先：训导。之：百姓。②劳：劝勉。③益：继续申说。④倦：懈怠。

［译文］

子路问为政之道。孔子说：“教导百姓，劝勉百姓。”子路请老师继续申说。孔子又说：“一直这么做就行了。”

［疏义］

王引之《经义述闻·通说上》：“‘先之，劳之’，先之，导之也；劳之，勉之也。……《宪问》篇：‘爱之，能勿劳乎？忠焉，能勿诲乎？’劳亦勉也，谓爱之则当劝勉之也。勉与诲义相近，故劳与诲并称。……孔注于‘先之劳之’，以劳为使民；皇疏于‘爱之能无劳乎’，引李充说以劳为劳心，皆失之。”

（二）仲弓为季氏宰[①]，问政。子曰：“先有司[②]，赦小过[③]，举贤才。”曰：“焉知贤才而举之？”曰：“举尔所知。尔所不知，人其舍诸[④]？”

［注释］

①为季氏宰：皇疏：“仲弓将往费为季氏采邑之宰。”②先有司：《集

注》："宰兼众职，然事必先之于彼，而后考其成功。"有司，各部门负责人。③赦：宽恕。④诸：之乎。

［译文］

仲弓将担任季氏邑宰，向孔子问为政之道。孔子说："凡事先责成各部门负责人，但须不计小过，注意提拔贤才。"仲弓说："怎样能识别贤才加以提拔呢？"孔子说："提拔你所了解的。你一时不了解的，别人难道会埋没他们吗？"

［疏义］

邢疏："此章言政在举贤也。"

《后案》："古者荐举之法，只是举其所知，得其人则受进贤之赏，不得其人则被滥举之罚。黜陟之内，刑赏因之，国家所以得真才，而士之为知己报者亦激切也。"

（三）子路曰："卫君待子而为政①，子将奚先？"子曰："必也正名乎②！"子路曰："有是哉，子之迂也③！奚其正④？"子曰："野哉⑤，由也！君子于其所不知，盖阙如也⑥。名不正则言不顺⑦，言不顺则事不成，事不成则礼乐不兴，礼乐不兴则刑罚不中，刑罚不中则民无所错手足⑧。故君子名之必可言也，言之必可行也⑨。君子于其言，无所苟而已矣。"

［注释］

①卫君待子而为政：《史记·孔子世家》："卫君辄父不得立，在外，诸侯数以为让。而孔子弟子多仕于卫，卫君欲得孔子为政。"下即引《论语》此章。卫君指卫灵公嫡孙蒯辄。辄父蒯聩为灵公世子，因罪出奔。灵公卒，辄继位为君。后蒯聩归国夺位，辄出奔。事见《左传》。②正名：《集解》引马氏"正百事之名"，皇疏引郑注谓"正书字"，刘氏《正义》以为"正世子之名"盖本《集注》，今从之。③迂：迂阔。④奚：何从，哪里。表反诘语气。⑤野：鄙陋无知。⑥盖阙如：《后案》引《说文叙》段注云："盖阙，叠韵字。凡《论语》言'如'字，或单字，'孛如''躩如'是；或重字，'申申如'

‘夭夭如’是；或叠韵双声字，‘踧踖如’‘鞠躬如’‘盖阙如’是。”盖阙，阙疑不论。如，语末助词。⑦顺：合理。⑧错：同“措”，措置。⑨名之必可言，言之必可行：《集解》引王氏：“所名之事必可得而明言，所言之事必可得而遵行。”

［译文］

子路问孔子：“如果卫君期望您去主政，您准备从何着手？”孔子回答：“那一定从正名分开始吧！”子路说：“您怎会如此迂阔！这名分哪里还能正呢？”孔子说：“你怎可如此鄙陋，仲由！君子对于自己不懂的事，应阙疑不论［，不可妄说］。名分不正，言语便不合理；言语不合理，事情就做不成；事情做不成，礼乐之道更无从兴起；礼乐不兴，刑律轻重也难以完善；刑律无法完善，百姓将手足无措，不知如何是好。所以君子定立名义，必须可以坦荡陈说，可以坦荡陈说，也必可遵照而行。君子之于言语，没有一丝苟且含糊。”

［疏义］

本章可与《述而》篇“夫子为卫君”章合参。

（四）樊迟请学稼①。子曰：“吾不如老农。”请学为圃②。曰：“吾不如老圃。”樊迟出。子曰：“小人哉③，樊须也！上好礼，则民莫敢不敬；上好义，则民莫敢不服；上好信，则民莫敢不用情④。夫如是⑤，则四方之民襁负其子而至矣⑥，焉用稼？”

［注释］

①稼：种五谷。②为：种植。圃：种菜蔬。③小人：普通百姓。《集注》：“谓细民，孟子所谓‘小人之事’者也。”④情：《集注》：“情，诚实也。”⑤夫（fú）：句首发语词。⑥襁（qiǎng）负：用布兜将小儿束负于背上。襁，《集注》：“织缕为之，以约小儿于背者。”

［译文］

樊迟请教五谷种植。孔子说：“这方面我不如老庄稼汉。”又请教菜蔬培育。孔子说："这方面我不如老菜农。"樊迟退出后，孔子道："真是小民之态，这个樊迟！在位君子敦让好礼，百姓莫敢不存敬心；在位君子崇尚道义，百姓也莫敢不服道义；在上君子秉持诚信，百姓也莫敢不守诚信。能做到这几样，四方百姓都会背着孩子来投奔，[还愁无人耕稼吗?]哪里需要亲自种庄稼呀?"

[疏义]

邢疏："此章言礼义忠信为治民之要。"

（五）子曰："诵《诗》三百①，授之以政，不达②；使于四方，不能专对③；虽多，亦奚以为④?"

[注释]

①诵：读。三百：《诗经》今存三百零五篇，"三百"乃举其整数。②达：通达。③专对：独力应对。《公羊传》庄公十九年："聘礼，大夫受命不受辞，出竟，有可以安社稷、利国家者则专之可也。"④奚：何。以：用。为：疑问语气词。

[译文]

孔子说："读了三百首《诗》，授以日常政务，却办不好；出使四方，辞令也不足以独力应对。虽然读得多，又有什么用呢?"

[疏义]

《集注》："《诗》本人情，该物理，可以验风俗之盛衰，见政治之得失。其言温厚和平，长于风谕。故诵之者，必达于政而能言也。"《季氏》篇亦记孔子曰："不学诗，无以言。"

（六）子曰："其身正①，不令而行②；其身不正，虽令不从。"

[注释]

①其：在位者。②令：下令。

［译文］

孔子说："在位者身正，不须号令，行事也能顺利；在位者自身不正，即便三令五申，百姓也不会听从。"

［疏义］

《颜渊》篇孔子答季康子问政，曰："政者，正也。子帅以正，孰敢不正？"又下章，子曰："苟正其身矣，于从政乎何有？不能正其身，如正人何？"

（七）子曰："鲁、卫之政[①]，兄弟也。"

［注释］

①政：政教。

［译文］

孔子说："鲁、卫二国的政教，就像兄弟一样。"

［疏义］

按《左传》定公六年，卫公叔文子曰："大姒之子，唯周公、康叔为相睦也。"《集解》引包氏："鲁，周公之封。卫，康叔之封。周公、康叔既为兄弟，康叔睦于周公，其国之政亦如兄弟。"

《集注》则谓："是时衰乱，政亦相似，故夫子叹之。"《后案》："朱子注叹其衰，仓氏注思其盛。……皇《疏》卫瓘曰'言治乱略同'，又一说。"

（八）子谓卫公子荆[①]："善居室[②]。始有[③]，曰：'苟合矣[④]！'少有[⑤]，曰：'苟完矣[⑥]。'富有，曰：'苟美矣。'"

［注释］

①卫公子荆：卫献公庶子，字南楚，大夫爵。《左传》襄公二十九年："（季札）适卫，说蘧瑗、史狗、史鳅、公子荆、公叔发、公子朝，曰：'卫多君子，未有患也。'"②善：能，善于。居室：经营家业。③有：有财货币帛。④苟：《集注》："聊且粗略之意。"刘氏《正义》谓："苟者，诚也，信也。"今不从。合：足够。⑤少有：稍稍增加。⑥完：刘氏《正义》："器用

完备。”

［译文］

孔子谈到卫国的公子荆，说：“他善于治理家业。财货刚有了一些，便说：‘凑合够用了。’等到再有所增加，又说：‘算是很完备了。’等到积累非常多的时候，又说：‘简直称得上既富且美了。’”

［疏义］

《后案》引《墨子·亲士》曰：“非无安居也，我无安心也；非无足财也，我无足心也。”

（九）子适卫，冉有仆①。子曰：“庶矣哉②！”冉有曰：“既庶矣，又何加焉？”曰：“富之。”曰：“既富矣，又何加焉？”曰：“教之。”

［注释］

①仆：驾车。②庶：众多。

［译文］

孔子到卫国，冉有为他驾车。孔子说：“卫国人口真多呀！”冉有说：“人口多了，接着该如何呢？”孔子说：“让他们富足起来。”冉有说：“富足之后，又该怎样呢？”孔子说：“让他们得到教育。”

［疏义］

邢疏：“此章言治民之法也。”

刘氏《正义》引《荀子·大略》篇云：“不富无以养民情，不教无以理民性。故家五亩宅，百亩田，务其业而勿夺其时，所以富之也。立大学，设庠序，修六礼，明十教，所以道之也。《诗》曰：‘饮之食之，教之诲之。’王事具矣。”

（十）子曰：“苟有用我者，期月而已可也①，三年有成②。”

[注释]

①期（jī）月：一周年。《集注》："谓周一岁之月也。"可：皇疏："未足之辞也。"②成：成就，功绩。皇疏："大成也。"

[译文]

孔子说："如果用我主持国政，一年将初见效果，三年必有明显成绩。"

[疏义]

邢疏："此章孔子自言为政之道也。"

《史记·孔子世家》："（卫）灵公老，怠于政，不用孔子。孔子喟然叹曰：'苟有用我者，期月而已，三年有成。'孔子行。"

（十一）子曰："'善人为邦百年[1]，亦可以胜残去杀矣[2]。'诚哉是言也[3]！"

[注释]

①善人：这里指仁德之君。为：治理。②胜残去杀：古语。《集解》引王氏："胜残，胜残暴之人使不为恶也。去杀，不用刑杀也。"③诚：信，确实。

[译文]

孔子说："[古语有云，]仁德之君治理国政，须经一百年方可化去残暴、减除刑戮。这话说得真对呀！"

（十二）子曰："如有王者，必世而后仁[1]。"

[注释]

①世：《集解》引孔氏："三十年曰世。"

[译文]

孔子说："假如有圣王兴起，亦须等三十年方可使仁政大行。"

[疏义]

刘氏《正义》引包慎言《温故录》云："言'必世'者，量民力之所能，不迫切之也。"

（十三）子曰："苟正其身矣①，于从政乎何有②？不能正其身，如正人何？"

［注释］

①苟：皇疏："苟，诚也。"②从政：为官治政。

［译文］

孔子说："如果能端正自身，为官治政又有何难呢？不能端正自身，怎么去端正别人呢？"

（十四）冉子退朝①。子曰："何晏也②？"对曰："有政。"子曰："其事也③。如有政，虽不吾以④，吾其与闻之⑤。"

［注释］

①冉子：冉有，当时为季氏家宰。朝：《论语释文》："周生烈云君之朝，郑云季氏朝。"今从郑氏说。②晏：晚。也：同"邪"，表疑问。③事：《礼记·檀弓》正义引《论语注》："君之教令为政，臣之教令为事也。"《后案》《正义》皆以为郑注。竹添光鸿《论语会笺》云："冉子所议实是国政，不是家事，'有政'亦是实对，但季氏专鲁政，不议于公朝，而独与家臣谋于私室，则虽'政'亦'事'也。"④以：用。⑤与（yù）：参预。

［译文］

冉有从季氏私朝退下［，来见孔子］。孔子说："怎么结束得这么晚？"冉有回答："有国政讨论。"孔子说："那是季氏一家之事吧。如是国政，虽然我不见用，也会被告知的。"

［疏义］

刘氏《正义》引方观旭《偶记》："《礼·玉藻》云：'揖私朝，煇如也，登车则有光矣。'注：'揖其臣乃行。'《玉藻》又云：'朝，辨色始入。'案：先视私朝，然后朝君，犹当辨色之时，则家臣之退，自然宜蚤，此子所以问冉有退朝之晏。"

（十五）定公问："一言而可以兴邦[①]，有诸？"孔子对曰："言不可以若是其几也[②]。人之言曰：'为君难，为臣不易。'如知为君之难也，不几乎一言而兴邦乎！"曰："一言而丧邦，有诸？"孔子对曰："言不可以若是其几也。人之言曰：'予无乐乎为君，唯其言而莫予违也。'如其善而莫之违也，不亦善乎？如不善而莫之违也，不几乎一言而丧邦乎！"

[注释]

①一言而可以兴邦：古成语。②几：《集解》引王氏："几，近也。"《后案》云："几，'蟣'之借字。《尔雅》《说文》皆云：'蟣，汔也。'汔即终也。"据此，可以理解为"满""绝对"之义。

[译文]

鲁定公问："一句话就可以让国家兴盛，有这样的事吗？"孔子回答："话不可以说得这么绝对。有人说：'做君上很难，做臣子也不容易。'如果真的明白为君之难，那肯定可称一言兴邦了！"定公又问："一句话也会让国家丧亡，有这样的事吗？"孔子回答："话也不能说得这么绝对。有人说：'做国君没什么能让我快乐，除了说话没人敢违抗之外。'如果说得对，没有人反对，不是很好的事吗？如果说得不对，也没人敢违抗，那绝对就是一言丧邦了！"

[疏义]

邢疏："此章言为君之道也。"

（十六）叶公问政[①]。子曰："近者说[②]，远者来[③]。"

[注释]

①叶（shè）公：楚大夫沈诸梁，为叶地邑宰。叶，春秋时楚之重地，故城在今平顶山叶县附近。《后案》引阎若璩《四书释地》云："故城距今南阳府叶县治二十里，中有沈诸梁祠，有方城山。"②近者：境内国人。说：同"悦"。③远者：境外之人。

[译文]

叶公问为政之道。孔子说："境内之人使他们悦乐，远方之人让他们归附。"

[疏义]

刘氏《正义》引《墨子·耕柱》篇云："叶公子高问政于仲尼曰：'善为政者若之何?'仲尼对曰：'善为政者，远者近之，而旧者新之。'"

(十七) 子夏为莒父宰[1]，问政。子曰："无欲速[2]，无见小利。欲速则不达[3]，见小利则大事不成。"

[注释]

①莒父（fǔ）：鲁邑名。②无：通"毋"，不要。③速：急。

[译文]

子夏担任莒父邑宰，问为政之道。孔子说："不要急于求成，不要盯着小利。急于求成，反而达不到目的；贪图小利，则不能成大事。"

[疏义]

刘氏《正义》引《大戴礼·四代》篇："好见小利妨于政。"

(十八) 叶公语孔子曰："吾党有直躬者[1]，其父攘羊[2]，而子证之[3]。"孔子曰："吾党之直者异于是。父为子隐，子为父隐[4]，直在其中矣。"

[注释]

①直躬：行事正直的人。《集解》引孔氏："直身而行。"或说躬为人名。②攘：有物自来，顺手取之。《集解》引周氏："有因而盗曰攘。"《后案》："《书·微子》马注：'因来而取曰攘，往取曰窃。'《孟子》'攘鸡'，赵注云：'取自来之物也。'"③证：告发。《说文解字》云："证，告也。"④隐：掩藏，隐瞒。或说"隐"通"檃"，规正，纠正之义。今不取。

[译文]

叶公对孔子说："我们这里有个行事正直的人，他父亲顺手牵羊，他便去告了官。"孔子说："我们那儿正直之风与此不同。父亲会替儿子隐瞒，儿子也会替父亲隐瞒，正直之道就体现在当中。"

[疏义]

皇疏引范宁曰："夫子所谓直者，以不失其道也。若父子不相隐讳，则伤教破义，长不孝之风，焉以为直哉？故相隐乃可为直耳。今王法则许期亲以上得相为隐，不问其罪，盖合先王之典章。"

（十九）樊迟问仁。子曰："居处恭①，执事敬②，与人忠。虽之夷狄③，不可弃也④。"

[注释]

①居：闲居。处：自处。恭：容色端庄。②执事：工作。执，职守。③之：到。④弃：《尔雅·释言》："弃，忘也。"

[译文]

樊迟问如何行仁。孔子说："燕居不失威仪，公事恪尽职守，待人忠信不欺。即使到了蛮夷之地，也不能忘记。"

[疏义]

旧说有疑"仁"为"行"之讹者，并无确据。

（二十）子贡问曰："何如斯可谓之士矣？"子曰："行己有耻①，使于四方，不辱君命，可谓士矣。"曰："敢问其次。"曰："宗族称孝焉，乡党称弟焉②。"曰："敢问其次。"曰："言必信，行必果③，硁硁然小人哉④！抑亦可以为次矣。"曰："今之从政者何如⑤？"子曰："噫⑥！斗筲之人⑦，何足算也⑧！"

[注释]

①有耻：《集解》引孔氏："有所不为。"②弟（tì）：同"悌"，敬顺兄长之谓。这里指敬顺长辈。③果：果决。④硁硁（kēngkēng）：固执鄙陋之

貌。《集解》："小人之貌也。"皇疏："坚正难移之貌也。"⑤今：现代。《广韵·侵韵》："今，对古之称。"⑥噫（yī）：叹息之声。⑦斗筲（shāo）：比喻人器识浅狭。斗，量名。筲，竹器，《说文》作"籍"，云"受五升"。《集解》引郑氏："容斗二升。"二说不同。刘氏《正义》引宋翔凤《过庭录》："《论语》先言'斗'，后言'筲'，筲量宜更小于斗，则作五升为是。"其说可从。⑧算：《后案》："择而数之也。"

［译文］

子贡问："怎样才能称得上'士'？"孔子说："行事有所不为，出使外国，能不辱君命，可称作'士'了。"子贡说："请问次一等如何呢。"孔子说："宗族称他孝顺父母，乡里赞他恭敬长辈。"子贡又问："请问再次一等呢？"孔子说："出言信实，行事果决，这是很固执鄙陋的人呀！不过也可算再次一等的'士'了。"子贡又问："那现代的执政诸公怎么样呢？"孔子说："唉！这般器识浅狭之辈，何足挂齿！"

［疏义］

邢疏："此章明士行也。"

《后案》："《孟子》言：'大人者，言不必信，行不必果，惟义所在。'朱子注引尹氏曰：'主于义，则信、果在其中矣；主于信、果，未必合义。'"

（二十一）子曰："不得中行而与之①，必也狂、狷乎②！狂者进取，狷者有所不为也。"

［注释］

①行：道。与：亲近。②狂：《集解》引包氏："狂者进取于善道。"狷（juàn）：《集解》引包氏："狷者守节无为。"

［译文］

孔子说："如不得中道之士而交，那一定要得交狂、狷之辈呀！狂者积极进取，狷者能有所不为。"

［疏义］

《孟子·尽心下》孟子曰："'孔子：不得中道而与之，必也狂、狷乎！狂者进取，狷者有所不为也。'孔子岂不欲中道哉？不可必得，故思其次也。""敢问何如斯可谓'狂'矣？"曰："如琴张、曾皙、牧皮者，孔子之所谓'狂'矣。""何以谓之狂也？"曰："其志嘐嘐然，曰：'古之人！古之人！'夷考其行而不掩焉者也。狂者又不可得，欲得不屑不洁之士而与之，是'狷'也，是又其次也。"

（二十二）子曰："南人有言曰①：'人而无恒，不可以作巫医②。'善夫③！""不恒其德，或承之羞④。"子曰："不占而已矣。"

［注释］

①南人：南方之人。②人而无恒，不可以作巫医：南方古成语。《礼记·缁衣》："子曰：南人有言曰：'人而无恒，不可以为卜筮。'古之遗言与？龟筮犹不能知也，而况于人乎？《诗》云：'我龟既厌，不我告犹。'《兑命》曰：'……事烦则乱，事神则难。'《易》曰：'不恒其德，或承之羞。'"《集解》引郑氏："言巫医不能治无恒之人也。"皇疏引卫瓘云："言无恒之人乃不可以为巫医，巫医则疑误人矣。"今从卫说。恒，长久，稳定。巫医，卜人与医师。③夫（fú）：句尾感叹词。④不恒其德，或承之羞：《周易·恒卦》九三爻辞。意谓德行无常，意无所主，将导致羞辱。或，皇疏："或，常也。"承，《集注》："承，进也。"

［译文］

孔子说："南方人有句古语：'人无恒德，不可以当巫医。'这话很好呀！"《易》卦上说："其德不恒，羞辱随之。"孔子又说："这话意思是让无恒之人不必去占问罢了。"

（二十三）子曰："君子和而不同①，小人同而不和。"

［注释］

①和：《集注》："无乖戾之心。"同：《集注》："有阿比之意。"

[译文]

孔子说："君子以公义相调和，从不以私利相附；小人多以私利相附，却不能和之以义。"

[疏义]

《左传》昭公二十年载，晏子与齐景公论和、同之道，其文云："公曰：'唯据（按：景公宠臣梁邱据）与我和夫！'晏子对曰：'据亦同也，焉得为和？'公曰：'和与同异乎？'对曰：'异。和如羹焉，水、火、醯、醢、盐、梅，以烹鱼肉，燀之以薪，宰夫和之，齐之以味，济其不及，以泄其过。君子食之，以平其心。君臣亦然。君所谓可而有否焉，臣献其否以成其可；君所谓否而有可焉，臣献其可以去其否。是以政平而不干，民无争心。……先王之济五味、和五声也，以平其心，成其政也。声亦如味，一气，二体，三类，四物，五声，六律，七音，八风，九歌，以相成也。清浊、小大，短长、疾徐，哀乐、刚柔，迟速、高下，出入、周疏，以相济也。君子听之，以平其心，心平德和。……今据不然。君所谓可，据亦曰可；君所谓否，据亦曰否。若以水济水，谁能食之？若琴瑟之专壹，谁能听之？同之不可也如是。'"

（二十四）子贡问曰："乡人皆好之，何如？"子曰："未可也。""乡人皆恶之①，何如？"子曰："未可也。不如乡人之善者好之，其不善者恶之。"

[注释]

①恶（wù）：厌恶。

[译文]

子贡问孔子："如果一个人全乡都喜欢他，这人怎么样？"孔子说："不能据此确信其善。"子贡又问："如果全乡都厌恶他，这人怎么样？"孔子说："不能据此确信其恶。不如乡人之善者喜欢他，乡人之恶者厌恶他［，以此判定善恶，方为可靠］。"

[疏义]

邢疏："此章别好、恶。"

（二十五）子曰：“君子易事而难说也[①]。说之不以道，不说也。及其使人也，器之[②]。小人难事而易说也。说之虽不以道，说也。及其使人也，求备焉[③]。”

［注释］

①事：共事，事奉。说：同“悦”。取悦。②器之：随才任用。《集解》引孔氏：“度才而官之。”《集注》：“谓随其材器而使之也。”③求备：求全责备。

［译文］

孔子说：“君子易于共事，但很难被取悦。不以正道去争取，他不会赞赏。他用人之时，却会因材施用，使各展所能。小人不易共事，但容易被取悦。即使以不正之道去取悦他，他也会喜欢。等到他用人之时，总是求全责备。”

［疏义］

刘氏《正义》引《说苑·杂言》篇：“曾子曰：‘夫子见人之一善，而忘其百非，是夫子之易事也。’”

（二十六）子曰：“君子泰而不骄[①]，小人骄而不泰。”

［注释］

①泰：《集注》：“安舒而不矜肆。”骄：骄矜，傲慢。

［译文］

孔子说：“君子平和安舒，不盛气凌人；小人骄矜傲慢，无安泰之容。”

［疏义］

皇疏：“君子坦荡荡，心貌怡平，是泰而不为骄慢也。小人性好轻凌，而心恒戚戚，是骄而不泰也。”

（二十七）子曰：“刚、毅、木、讷近仁[①]。”

［注释］

①刚：《后案》："刚强而不屈挠。"毅：《后案》："果断而不游移。"木：质朴不伪饰。讷（nè）：慎于言语，不为浮辞妄说。

［译文］

孔子说："刚强不屈、果断不移、朴质诚悫、慎于言语，有这四种品德的人近于仁德。"

（二十八）子路问曰："何如斯可谓之士矣？"子曰："切切偲偲①，怡怡如也，可谓士矣。朋友切切偲偲，兄弟怡怡②。"

［注释］

①切切偲偲（sī）：皆劝勉、督责之义。②怡怡：和悦谦顺之貌。

［译文］

子路问："怎样才可称作'士'？"孔子说："既有严肃劝勉之志，又有和悦谦顺之德，可称为'士'了。对待朋友，有劝勉督责之义；对待兄弟，则秉谦顺和睦之道。"

［疏义］

刘氏《正义》云："'切切偲偲，怡怡如也，可谓士矣'，夫子语止此，当时皆习见语，故夫子总言之。记者恐人不明，故释之曰：'朋友切切偲偲，兄弟怡怡。'所谓'七十子之大义'也。"此说存参。

（二十九）子曰："善人教民七年①，亦可以即戎矣②。"

［注释］

①善人：仁德之君。教民：《集注》："教之以孝弟忠信之行，务农讲武之法。"七年：刘氏《正义》引吴嘉宾云："七年，谓其久也。……古人三载考绩，三考而后黜陟，皆中间一年而考，五年则再考，七年则三考，故三年为初，七年为终。"②亦：助词。即戎：《集解》引包氏："即，就也。戎，兵也。言以攻战。"

［译文］

孔子说："仁德之君教民七年，才可以让他们上战场。"

（三十）子曰："以不教民战①，是谓弃之。"

［注释］

①不教民：即"不教之民"。所教所习应不限于战阵之法，亦必兼孝、悌、礼、义、忠、信之德。

［译文］

孔子说："让没有受过训练、教育的百姓上战场，这等于抛弃他们。"

［疏义］

刘氏《正义》引《穀梁传》僖公二十三年云："宋公兹父卒，兹父之不葬，何也？失民也。其失民奈何，以其不教民战，则是弃其师也。为人君而弃其师，其民孰以为君哉？"又引《孟子·告子下》孟子曰："不教民而用之，谓之殃民。"

宪问第十四

共四十四章

（一）宪问耻①。子曰：“邦有道，穀②；邦无道，穀，耻也。”“克、伐、怨、欲不行焉③，可以为仁矣④？”子曰：“可以为难矣⑤，仁则吾不知也。”

［注释］

①宪：孔子弟子原宪，字子思，《雍也》篇“原思为之宰”，即此原宪。②穀：食禄。③克：好胜。伐：自夸。怨：忿恨。欲：贪欲。④矣：句末语气词，表疑问或反问。《史记·仲尼弟子列传》作“乎”。⑤难：难为之事。

［译文］

原宪问君子何事可耻。孔子说：“国家有道，可以出仕食禄；国家无道，仍出仕食禄，这就是可耻的。”［原宪又问:］“好胜、自夸、忿恨、贪欲，这四者都能克服，可称仁人了吗?”孔子说：“可谓难能可贵了。是否称得上‘仁’，我就不知道了。”

［疏义］

黄氏《后案》：“《史记·弟子列传》云：‘孔子卒，原宪亡在草泽中。’本经又云：‘原思为宰。’出处合乎圣人，能事斯语矣。”又《史记·游侠列传》：“季次、原宪，闾巷人也，读书怀独行君子之德，义不苟合当世，当世亦笑之。故季次、原宪终身空室蓬户，褐衣疏食不厌。死已四百余年，而弟子志之不倦。”则原子亦圣门一大宗也。

《泰伯》篇，子曰：“邦有道，贫且贱焉，耻也；邦无道，富且贵焉，耻也。”

《集注》自“克、伐、怨、欲”以下别为一章。

（二）子曰：“士而怀居①，不足以为士矣。”

[注释]

①而：如。怀居：系心居处之安。

[译文]

孔子说：“作为士人，却心怀安逸，那就够不上称作士了。”

[疏义]

邢疏：“此章言士当志于道，不求安居。”

刘氏《正义》引《左传》僖公二十三年齐姜语重耳：“行也！怀与安，实败名。”

（三）子曰：“邦有道，危言危行①。邦无道，危行言孙②。”

[注释]

①危：正。《广雅·释诂》：“危，正也。”此从《后案》据王念孙说。

②言孙（xùn）：《后案》：“不正说己意，顺人之义而婉道之也。”孙，同“逊”，《集解》引何氏：“孙，顺也。”

[译文]

孔子说：“国家有道，言语、行动皆当正直；国家无道，行为仍当正直，言语可稍委婉谦顺。”

[疏义]

刘氏《正义》引《荀子·臣道》篇：“迫胁于乱时，穷居于暴国，而无所避之，则崇其美，扬其善，违其恶，隐其败，言其所长，不称其所短，以为成俗。”

（四）子曰：“有德者必有言①，有言者不必有德。仁者必有勇，勇者不必有仁。”

［注释］

①言：善言。

［译文］

孔子说："有德之人定有善言，口出善言者未必有德。仁者必然有勇，但勇者未必具备仁德。"

（五）南宫适问于孔子曰①："羿善射②，奡荡舟③，俱不得其死；然禹、稷躬稼而有天下④。"夫子不答。南宫适出。子曰："君子哉若人！尚德哉若人⑤！"

［注释］

①南宫适：即《公冶长》篇里的南容。孔子弟子，名縚，又名适，字子容，谥敬叔，鲁国人，孟懿子之兄。②羿（yì）：古代擅射者，相传为夏代有穷国之国君。《左传》襄公四年所谓"有穷后羿"。③奡（ào）：又作"浇"，寒浞之子，后为夏后少康所诛。荡舟：《后案》："摇荡其舟而覆灭之。《竹书纪年》：'浇伐斟鄩，大战于潍，覆其舟，灭之。'……顾氏《日知录》亦据此亦经文'荡舟'之'荡'与古人以左右冲杀为荡陈（阵）义相同。"④然：转折词。《后案》："'俱不得其死'绝句，'然'字属下读。金氏《考证》曰：'十一篇言"由也"于未死之前，故云"不得其死然"，拟词也。此述二人于既死之后，故止曰"不得其死"，断词也。'"禹、稷躬稼：《集解》引马氏："禹尽力于沟洫，稷播百谷，故曰'躬稼'。"《后案》："禹言'躬稼'者，《书》曰'暨稷播奏庶艰食'是也。马注言'尽力沟洫'，沟洫亦稼穑事。"禹，夏朝开国君主，姒姓，名文命，鲧之子，以治水有功得舜之禅让。稷，周朝始祖，名弃，曾为舜之农官，播植五谷，有功于民。躬，亲自，亲身。⑤若：此。

［译文］

南宫适问孔子："羿擅射，奡能荡覆敌船，都不得好死。禹和稷躬亲陇亩稼穑之事，却得到了天下。［您怎么看呢？］"孔子没有回答。南宫适退了出来。孔子说："这个人真是一个君子！这个人多么崇尚道德！”

［疏义］

邢疏：“此章贱不义而贵有德也。”

《左传》襄公四年：“夏训有之曰：‘有穷后羿。’公曰：‘后羿何如？’对曰：‘昔有夏之方衰也，后羿自鉏迁于穷石，因夏民以代夏政。恃其射也，不修民事，……而用寒浞，……以为己相。浞行媚于内而施赂于外，愚弄其民而虞羿于田。树之诈慝，以取其国家，外内咸服。羿犹不悛，将归自田，家众杀而亨之。……浞因羿室，生浇及豷，恃其谗慝诈伪而不德于民。……少康灭浇于过，后杼灭豷于戈，有穷由是遂亡，失人故也。’”

《后案》引《荀子·荣辱》篇曰：“仁义德行，常安之术也，然而未必不危也。污僈突盗，常危之术也，然而未必不安也。故君子道其常，而小人道其怪。”

（六）子曰：“君子而不仁者有矣夫①，未有小人而仁者也。”

［注释］

①夫（fú）：句末语气词，表感叹。

［译文］

孔子说：“作为君子，言行或有不合仁德之处，这是有的；但绝没有小人却时时讲求仁德的。”

［疏义］

邢疏：“此章言仁道难备也。”

《后案》：“令尹子文、陈文子之忠、清，夫子不许其仁；臧文仲之贤，夫子言其不仁者三。”

（七）子曰：“爱之，能勿劳乎①？忠焉，能勿诲乎？”

［注释］

①劳：劝勉。参《子路》篇“先之劳之”。

［译文］

孔子说：“爱他，能不劝勉他吗？尽心尽力对他好，能不规诲他吗？”

［疏义］

《后案》以为此章言臣事君之道：“臣之于君，忠爱兼尽，慰劳纳诲互用也。《诗·隰桑》笺引经言爱之则‘勤思之’，《礼·表记》引《诗》为忠臣纳诲之道，亦指贤臣言也。”

（八）子曰：“为命①，裨谌草创之②，世叔讨论之③，行人子羽修饰之④，东里子产润色之⑤。”

［注释］

①为：造，作。命：外交文书。《后案》：“命，聘会之书，图于使者未行之前也。……礼，使者受命不受辞，此言随时应对，辞本无常，不可以受，而命则先时为之也。”②裨谌（bìchén）：郑国大夫，姓裨，名谌。草：粗略。创：制作。③世叔：郑国大夫，名游吉，《左传》称子大叔。讨：《集注》：“寻究。”论：《集注》：“讲议。”④行人：使者之官。子羽：郑国大夫公孙挥，字子羽。修：增。《后案》：“‘修短’之修训长，是‘修’有增义。”饰：损。《后案》：“古拂拭之字用‘饰’，《说文》刷、饰互训，是饰有损义，谓芟削其辞之繁冗也。”⑤东里子产：郑国大夫公孙侨，子子产，居于东里（在今河南新郑），故称。润色：赋予文采。

［译文］

孔子说：“郑国造一外交文书，先由裨谌起草，再经世叔辨析讲论，然后由行人子羽参酌损益，最后由子产润色修辞。”

［疏义］

邢疏：“此章述郑国大夫之善也。”

《左传》襄公三十一年云：“子产之从政也，择能而使之。冯简子能断大事；子大叔美秀而文；公孙挥能知四国之为，而辨于其大夫之族姓、班位、贵贱、能否，而又善为辞令；裨谌能谋，谋于野则获，谋于邑则否。郑国将有诸侯之事，子产乃问四国之为于子羽，且使多为辞令。与裨谌乘以适野，使谋可否。而告冯简子，使断之。事成，乃授子大叔使行之，以应对宾客。是以鲜有败事。”

（九）或问子产①。子曰：“惠人也②。”问子西③。曰：“彼哉！彼哉④！”问管仲。曰：“人也⑤，夺伯氏骈邑三百⑥，饭疏食⑦，没齿无怨言⑧。”

［注释］

①或：有人。②惠人：《集解》引孔氏：“惠，爱也。”《左传》昭公二十年载：“子产卒，仲尼闻之出涕，曰：‘古之遗爱也。’”③子西：《集解》引马氏以为“郑大夫”，即子产同宗兄弟公孙夏。《集注》《后案》以为楚昭王时公子申，字子西，任令尹，辅佐楚昭王，后死于白公之乱。或又以为楚成王时之鬬宜申，字子西，任司马，故称司马子西，穆王时谋乱被诛。前二说皆有理。今从《集解》之说。④彼哉！彼哉：古习语，无足称之意。⑤人也：这个人。《集解》：“犹《诗》言‘所谓伊人’。”皇疏以为“美管仲也”。⑥夺伯氏骈邑三百：皇疏：“时伯氏有罪，管仲相齐，削夺伯氏之地三百家也。”夺，削夺。伯氏，齐国大夫。皇疏：“伯氏，名偃。”骈邑，伯氏采邑。刘氏《正义》引《说文》“郱”字段玉裁注云：“《春秋》庄公元年：‘齐师迁纪郱、鄑、郚。’杜云：‘郱在东莞临朐县东南。’齐取其地。然则伯氏骈邑即此地。骈即郱字。今山东青州府临朐县东南有郱城，是也。”三百，税户三百家。⑦饭疏食：吃粗饭。⑧没齿：终身。齿，《集解》引孔氏：“年也。”

［译文］

有人向孔子问子产其人。孔子说：“他是慈惠爱民的人。”又问子西。孔子说：“他呀，他呀！”又问管仲。孔子说：“管仲这等人才！他削夺了伯氏骈邑三百家采地，使伯氏只能吃粗饭，却终身无怨言。”

［疏义］

邢疏：“此章历评子产、子西、管仲之为人也。”

《后案》以子西为公子申，又据宋本《广韵》引此经“彼”作“佊”（bǐ），谓当训“邪”，“孔子称楚昭王知天道而惜子西辅君之不义，以佊邪斥之矣”。刘氏《正义》认为：“‘彼，邪’之训，以论子西，不免太过，《广韵》所引未可据也。”存之备考。

《后案》谓夺骈氏邑“即《周礼》驭贫之法”。《正义》引焦循《论语补疏》云：“《天官·大宰》‘八柄’：‘六曰夺，以驭其贫。’注云：‘夺谓臣有大罪，没入家财者。’盖伯氏时有罪，管仲没其家财，故注云‘当理’。《广雅》：‘理，治也。’治狱之官名‘理’，当理谓治狱得当也。此管氏所以为法家之冠也。”

（十）子曰：“贫而无怨①，难；富而无骄，易。”

［注释］

①怨：怨天尤人。《说文》：“恚也。”

［译文］

孔子说：“贫穷而不怨恨，难；富贵而不骄纵，则相对容易。”

［疏义］

刘氏《正义》：“习凿齿《汉晋春秋》：‘昔管仲夺伯氏骈邑三百，没齿而无怨言，圣人以为难。’焦氏循《补疏》谓‘习氏所引，连下“贫而无怨”为一章。’若然，则无怨、无骄谓使之无怨无骄也。”存参。

（十一）子曰：“孟公绰为赵、魏老则优①，不可以为滕、薛大夫②。”

［注释］

①孟公绰：《集解》引孔氏：“鲁大夫。”赵、魏：晋国卿室。老：家臣中的长者。优：宽绰有余裕。②不可：没有能力，不能胜任。滕、薛：鲁国附近的两个小国。滕为姬姓，薛为任姓，故城皆在今山东滕州一带。

［译文］

孔子说：“孟公绰当晋卿赵、魏两家的家长老是绰绰有余的，但没有能力担任滕、薛两个小国的大夫。”

［疏义］

邢疏：“此章评鲁大夫孟公绰之才性也。”

《集注》：“大家势重而无诸侯之事，家老望尊而无官守之责。……滕、薛国小政烦，大夫位高责重。然则公绰盖廉静寡欲而短于才者也。”

（十二）子路问成人[①]。子曰：“若臧武仲之知[②]，公绰之不欲[③]，卞庄子之勇[④]，冉求之艺[⑤]，文之以礼乐[⑥]，亦可以为成人矣。”曰[⑦]：“今之成人者何必然？见利思义，见危授命[⑧]，久要不忘平生之言[⑨]，亦可以为成人矣。”

［注释］

①成人：德行完备之人。刘氏《正义》引《说苑·辨物》篇：“颜渊问于仲尼曰：‘成人之行何若？’子曰：‘成人之行，达乎情性之理，通乎物类之辨，知幽明之故，睹游气之源，若此而可谓成人。既知天道，行躬以仁义，饬躬以礼乐。夫仁义礼乐，成人之行也。穷神知化，德之盛也。’”②臧武仲：鲁国大夫臧孙纥（hé），谥“武”，臧文仲之孙。知：同“智”。③公绰：鲁国大夫孟公绰。《史记·仲尼弟子列传》列其为“孔子之所严事”者。④卞庄子：《集解》引周氏：“卞庄子，卞邑大夫也。”皇疏谓其能与虎格斗。⑤艺：多才多艺，富于才能。⑥文：增加，使更美善。⑦曰：皇疏、邢疏、《集注》皆以为夫子再语。《集注》引胡氏之说则以为子路之言。黄氏《后案》引王引之曰：“有非问答亦加‘曰’字以别之者，语更端也。上节言成人，君子律己之全功；下节言成人，季世取人之宽法。”仍以为夫子之言。其说是也。⑧见利思义，见危授命：皇疏谓即《曲礼》所云“临财勿苟得，临难无苟免”。见危授命，遇到国家危难，能够奋不顾身。⑨要：杨伯峻《论语译注》：“‘要’为‘约’的借字，‘约’，穷困之意。说见杨遇夫先生的《积微居小学述林》。”此说可从。平生：平日。言：诺言，志向。

［译文］

子路问孔子如何才算德行完备之人。孔子回答：“有臧武仲的智慧、孟公绰的廉洁、卞庄子的勇武、冉求的才能，再加以礼乐的陶冶，如此方算德行完备之人了。”孔子又说：“不过在今天，德行完备哪里要这样呢？利益在前能不苟且，国难当前能奋不顾身，久处贫贱而不忘平生之志，这样也算是德行完备之人了。”

[疏义]

邢疏：“此章论成人之行也。”《左传》襄公二十三年：“齐侯将为臧纥田。臧孙闻之，见齐侯。与之言伐晋，对曰：‘多则多矣，抑君似鼠。夫鼠，昼伏夜动，不穴于寝庙，畏人故也。今君闻晋之乱而后作焉，宁将事之，非鼠如何？’乃弗与田。”皇疏：“臧孙知齐侯将败，不欲受其邑，故以比鼠，欲使怒而止。”此为臧武仲之智。

（十三）子问公叔文子于公明贾曰①：“信乎，夫子不言、不笑、不取乎②？”公明贾对曰③：“以告者过也④。夫子时然后言，人不厌其言；乐然后笑，人不厌其笑；义然后取，人不厌其取。”子曰：“其然，岂其然乎⑤？”

[注释]

①公叔文子：卫国大夫公孙拔，谥“文”。《礼记·檀弓》“公叔文子升于瑕丘”，郑玄注以为乃卫献公之孙。②夫子：指公孙拔。③公明贾（jiǎ）：卫国人，姓公明，名贾。皇疏：“时公明贾仕公叔文子，故问之。”④以：因为，由于。过：皇疏：“过，误也。”⑤其然，岂其然乎：皇疏引袁氏云：“‘其然’，然之，此则善之者。恐其不能，故设疑辞。”

[译文]

孔子向公明贾问及公叔文子，说：“先生平常不言不笑，不取于人，是真的吗？”公明贾回答：“那是传话的人说得不准确。夫子适时而言，所以别人不厌恶他有所言；夫子高兴才笑，所以别人不厌恶他的笑；夫子合义方取，不义则不取，所以别人不厌恶他有所取。”孔子说：“确实是这样。难道真的能做到这样吗？”

[疏义]

邢疏：“此章言卫大夫公孙拔之德行也。”

（十四）子曰：“臧武仲以防求为后于鲁①，虽曰不要君②，吾不信也。”

[注释]

①防：臧武仲的封邑，在今山东费县东北。为后：为臧氏立后。②要（yāo）：要挟。《孝经·五刑章》子曰：“五刑之属三千，而罪莫大于不孝。要君者，无上；非圣人者，无法；非孝者，无亲，此大乱之道也。”

[译文]

孔子说：“臧武仲［逃往齐国之前］用封邑防城请求鲁君为他立后，纵使有人说他并非是有意要挟国君，我是不相信的。”

[疏义]

《集解》引孔氏：“鲁襄公二十三年，武仲为孟氏所谮，出奔邾。自邾如防，使为以大蔡纳请曰：‘纥非能害也，知不足也。非敢私请。苟守先祀，无废二勋，敢不辟邑！’乃立臧为。纥致防而奔齐。此所谓要君也。”详见《左传》襄公二十三年。

皇疏引袁氏云：“奔不越境，而据私邑求立先人之后，此正要君也。”

（十五）子曰：“晋文公谲而不正[①]，齐桓公正而不谲[②]。”

[注释]

①晋文公谲（jué）而不正：《集解》引郑氏谓晋文公召周天子而使诸侯朝见，如践土之盟（《春秋》僖公二十八年）实属以臣召君，为权诈之道，不合君臣之义。晋文公，晋献公之子，名重耳，因骊姬之乱，出奔流亡十九年，因秦穆公之力夺晋怀公之位。谲，诡诈。《集解》引郑氏：“谲，诈也。”②齐桓公正而不谲：齐桓公有伐楚之功，《春秋》僖公四年召陵之盟，以义服楚，挽救诸夏，成王者之业，故许其“正”。齐桓公，僖公之子、襄公幼弟，后与公子纠争位得国。

[译文]

孔子说：“晋文公诡诈，多失正道；齐桓公能行正道，少用诡诈。”

[疏义]

《后案》引《荀子·仲尼》篇云：“（五伯）以让饰争，依乎仁而蹈利。”

（十六）子路曰：“桓公杀公子纠[①]，召忽死之[②]，管仲不死[③]。”曰：“未仁乎？”子曰：“桓公九合诸侯[④]，不以兵车[⑤]，管仲之力也。如其仁，如其仁[⑥]！”

[注释]

①桓公杀公子纠：据《左传》庄公八年、九年所载，齐襄公无道，鲍叔牙预知有乱，奉公子小白出奔莒。后果乱作，襄公从弟公孙无知弑襄公，管仲、召忽奉公子纠奔鲁。齐人杀无知。鲁人纳子纠。小白从莒先入齐，是为桓公。桓公使鲁杀子纠而请管、召。召忽死之，管仲请囚。鲍叔牙请桓公以管仲为相，桓公从之。公子纠，僖公之子，桓公之兄。②召忽：齐人，襄公时大夫，公子纠师傅。③管仲：齐人，名夷吾，字仲，初事公子纠，后为齐桓公之相。④九：《集注》据《左传》（僖公二十六年）“桓公是以纠合诸侯”文，谓九、纠古字假借，督也。一说九为虚数，多次。今从后说。⑤以：用。⑥如：《后案》：“如，犹乃也。”说本王引之《经传释词》。

[译文]

子路说：“齐桓公杀其兄公子纠，召忽为此自杀，管仲却没死。”接着又说：“管仲算不上仁吧？”孔子说：“桓公多次会盟诸侯，停止兵祸，这都是管仲的功劳呀。这就是他的仁了，这就是他的仁了！”

[疏义]

邢疏：“此章论齐大夫管仲之行也。”《后案》：“不用兵车者，谓兵戎祸患，不专指会合时言也。祸莫大于兵，管仲辑睦中夏，息其兵祸，正本仁心以行之也。”

（十七）子贡曰：“管仲非仁者与？桓公杀公子纠，不能死，又相之[①]。”子曰：“管仲相桓公，霸诸侯，一匡天下[②]，民到于今受其赐[③]。微管仲，吾其被发左衽矣[④]。岂若匹夫匹妇之为谅也[⑤]，自经于沟渎而莫之知也[⑥]？”

[注释]

①相：辅相。②匡：正，匡正。③赐：恩惠。④微管仲，吾其被（pī）发左衽（rèn）：若非管仲之力，华夏将沦为夷狄之俗。微，无。被发左衽，头发披散不束，衣襟向左掩。⑤匹夫匹妇：泛指抱持一己执念的人。刘氏《正义》引宋翔凤《论语发微》："《子罕》篇云：'匹夫不可夺志。'则匹夫者，所谓独行之士，惜一己之节，不顾天下者也，非以匹夫为贱而非之。"或说此匹夫即召忽。谅：守小信。《说文》："谅，信也。"⑥经（jǐng）：以刀割颈。《后案》云："'刭'之借字，谓断颈也。"沟渎：河沟。《孟子·滕文公下》有"志士不忘在沟壑"，此"沟壑"与沟渎义近。《后案》谓："鲁地名，亦名句渎，亦名穀。"

[译文]

子贡说："管仲不算一位仁者吧？桓公杀了公子纠，管仲非但不为子纠死，还去辅佐桓公。"孔子说："管仲辅相桓公，称霸诸侯，匡正天下，大家到现在还受着他的恩惠。如果没有管仲，我们都已成为散发左衽的夷狄了。管仲岂像匹夫匹妇那般死抱着小节小信，自杀于沟壑之中而声名磨灭？"

[疏义]

邢疏："此章亦论管仲之行。"

《后案》："齐桓公之时，淮夷病杞矣，狄亡邢灭卫，而温亦灭矣。楚灭汉阳诸国，而北伐至郑矣。山戎病燕矣，王子带以扬、拒、泉、皋、伊、雒之戎同伐京师，入王城，焚东门矣。非管仲何以制之？"

（十八）公叔文子之臣大夫僎与文子同升诸公①。子闻之曰："可以为文矣②。"

[注释]

①臣大夫：《集解》引孔曰："大夫僎本文子家臣，荐之使与己并为大夫，同升在公朝。"《后案》引阎若璩则谓："春秋时陪臣亦称大夫。'大夫僎'者，家臣之称也。"与孔注不同。臣，家臣。僎（zhuàn），家臣之名。诸：

于。公：公朝。②可以为文：刘氏《正义》引钱坫《论语后录》云："案《周书·谥法》文有六等，称'经天纬地'，'道德博厚'，'学勤好问'，'慈惠爱民'，'愍民惠礼'，'锡民爵位'，并无'修制''交邻''不辱社稷'等例。《檀弓》：'公叔文子卒，其子戍请谥于君。君曰："夫子听卫国之政，修其班制，以与四邻交，卫国之社稷不辱，不亦文乎？"'灵公之论，不本典制，故夫子举同升佚事以合之，意深矣。"译文即本钱解。

[译文]

公叔文子的家臣僎［经文子的推荐，］与文子同列于公朝为官。孔子听闻此事，说："这样的行为也堪当'文'的谥号了。"

(十九) 子言卫灵公之无道也①，康子曰："夫如是②，奚而不丧③？"孔子曰："仲叔圉治宾客④，祝鮀治宗庙⑤，王孙贾治军旅⑥。夫如是，奚其丧？"

[注释]

①卫灵公：献公之孙，襄公之子，名元，在位四十二年。夫人南子淫于大夫，灵公不能制，国政遂乱。②夫（fú）：句首发语词。③奚而：杨逢彬《论语新注新译》："俞樾《群经平议·论语平议》：'奚而，犹奚为也。'……其实不确。'奚'可译为'为何'，与'而'无关。……'而'在此仍为连词，用以加强反诘语气。"今从之。下"奚其"之"其"，亦为强调作用。丧：《集注》："丧，失位也。"④仲叔圉（yǔ）：卫国大夫孔圉，谥为"文"，故又称孔文子。宾客：接待、应对外宾。⑤祝鮀：卫灵公大夫，字子鱼。宗庙：宗庙祭祀。⑥王孙贾：卫国大夫。

[译文]

孔子谈及卫灵公的无道之行。季康子问："既然如此，为何却能不失君位？"孔子说："他有仲叔圉接待应对宾客，祝鮀掌理宗庙祭祀，又有王孙贾负责军旅战阵之事。像这样，哪里会失位呢？"

(二十) 子曰："其言之不怍①，则为之也难！"

［注释］

①言之不怍（zuò）：犹云“大言不惭”。朱子《集注》：“大言不惭，则无必为之志，而不自度其能否矣。”

［译文］

孔子说：“凡大言不惭者，做起来很难像说得那么好。”

［疏义］

何晏《集解》引马氏：“内有其实，则言之不惭。积其实者，为之难也。”意谓言之能无愧，乃是因为自己内心有深厚的积累，此为难能。皇疏引王弼云：“情动于中而外形于言，情正实而后言之不怍。”此汉魏旧说，存之备参。

（二十一）陈成子弑简公①。孔子沐浴而朝②，告于哀公曰：“陈恒弑其君，请讨之③。”公曰：“告夫三子④！”孔子曰：“以吾从大夫之后⑤，不敢不告也。君曰‘告夫三子’者。”之三子告，不可。孔子曰：“以吾从大夫之后，不敢不告也。”

［注释］

①陈成子：《集解》引马氏：“成子，齐大夫陈恒也。”成子是其谥号。简公：齐悼公之子，名壬，鲁哀公十四年（前481）被弑于舒州。②孔子沐浴而朝：《集解》：“将告君，故先斋。斋必沐浴也。”《集注》：“是时孔子致仕居鲁，沐浴齐戒以告君，重其事而不敢忽也。”③请讨之：《春秋》之义，弑君者人人得而讨之。讨，讨伐。《公羊传》隐公四年何休注：“讨者，除也。”④三子：指仲孙、叔孙、季孙三家。唐石经、皇疏本“三子”作“二三子”，下句同。⑤之：往。

［译文］

齐国陈成子弑杀了国君简公。孔子斋戒沐浴而后朝见，向鲁哀公禀告：“陈恒弑君，请您发兵讨伐。”哀公说：“去禀告季孙、仲孙、孟孙三人吧！”孔子退下，说：“因为我曾忝列大夫之位，此等大事不敢不告。吾君却说去禀告那三位！”孔子往三家，一一禀告了，三家不同意出兵讨伐。孔子退下，说："因为我曾忝列大夫之位，不敢不告呀！"

［疏义］

《左传》哀公十四年："齐陈恒弑其君壬于舒州。孔丘三日齐，而请伐齐三。公曰：'鲁为齐弱久矣，子之伐之，将若之何？'对曰：'陈恒弑其君，民之不与者半。以鲁之众加齐之半，可克也。'公曰：'子告季孙。'孔子辞，退而告人曰：'吾以从大夫之后也，故不敢不言。'"

刘氏《正义》："鲁自四分公室，兵众皆在三家，诚使哀公奋发有为，许夫子之请讨，则奉辞伐罪，夫子必能得之三子，而大服齐人，则一举而两国之权奸皆有所顾忌，斯亦乱世之一治也，而惜乎哀公之终不能用孔子也。"

《正义》又引吴嘉宾谓："《春秋》绝笔于获麟，即以是年夏有陈恒执君弑君之事，当时无一人敢正其罪，故弗忍更书之。"

（二十二）子路问事君。子曰："勿欺也①，而犯之②。"

［注释］

①欺：欺罔。②而：同"能"。俞越《群经平议》："'能'与'而'古通用。"犯：犯颜谏争。

［译文］

子路问事君之道。孔子说："不要曲意欺瞒，须能犯颜直谏。"

［疏义］

《礼记·檀弓上》："事君有犯而无隐。"郑玄注："既谏，人有问其国政者，可以语其得失，若齐晏子为晋叔向言之。"孔疏："既谏得言君之过，若其未谏而言君过，则不可。"犯颜直谏，可谓臣尽其责，不徒为具臣。注疏更谓既谏之后，与他人言君之得失则不为过。

（二十三）子曰："君子上达①，小人下达②。"

［注释］

①上达：皇疏："达于仁义。"达，晓，知。②下达：皇疏："达于

欲利。”

［译文］

孔子说：“君子日进于仁义之道，小人渐沦于欲利之途。”

［疏义］

《集解》：“本为上，末为下。”刘氏《正义》引《大学》“德者本也，财者末也”为证。

（二十四）子曰：“古之学者为己[①]，今之学者为人。”

［注释］

①为（wèi）：助益。

［译文］

孔子说：“古时候讲论经典的人，皆贵反求诸己；现在讲论经典的人，颇多稗耳贩目之学。”

［疏义］

《集解》引孔氏：“为己，履而行之；为人，徒能言之。”

《后案》：“依孔注，‘学’谓讲论经典，以所讲论者身体而力行之则益与己，不能躬行则所讲论者徒益助于人也。……《荀子·劝学》篇：‘君子之学也，入乎耳，箸乎心，布乎四体，形乎动静。……小人之学也，入乎耳，出乎口。……古之学者为己，今之学者为人。君子之学也，以美其身；小人之学也，以为禽犊。’荀子引此经而上下文皆申此经之义。其云‘以为禽犊’者，禽犊者，馈献之物，谓所讲论者徒馈献于人，而无益于己也。是荀子亦以‘学’指讲论经典也。扬子《法言·学行》篇曰：‘学，行之，上也；言之，次也；……咸无焉，为众人。’经斥为人而称以‘学’者，讥其次也。儒者读书辗转归己乃有实获，经旨如此。”

（二十五）蘧伯玉使人于孔子[①]。孔子与之坐而问焉[②]，曰：“夫子何为[③]？”对曰：“夫子欲寡其过而未能也。”使者出。子曰：“使乎！使乎[④]！”

[注释]

①蘧（qú）伯玉：卫国大夫蘧瑗（yuàn），伯玉是字。《集解》："孔子居卫，尝主于其家。"使：派遣。②与之坐：《集注》："敬其主，以及其使。"③夫子：蘧伯玉。④使乎！使乎：《集解》引陈氏："再言使乎者，善之也。言使得其人。"

[译文]

蘧伯玉派使者探访孔子。孔子和他坐下，问道："最近先生做些什么呀?"使者回答："先生只想减少过错，但总是自觉做不到。"使者辞出后，孔子说："好一位使者！好一位使者！"

[疏义]

邢疏："此章论卫大夫蘧瑗之德。"

《卫灵公》篇子曰："君子哉，蘧伯玉！邦有道则仕，邦无道则可卷而怀之。"又《庄子·则阳》云："蘧伯玉行年六十而六十化，未尝不始于是之而卒诎之以非也，未知今之所谓是之非五十九非也。"《淮南子·原道》云："蘧伯玉年五十，而有四十九年非。"

《后案》："'而未能'之'而'，犹'如'也，谓伯玉恐其未能也。……考《左传》，襄公十四年伯玉始见《传》，至鲁哀公十一年，孔子自卫反鲁，前后相距七十六年。此时欲寡过，与卫武年九十五作《抑戒》正同，因此知学无止境。"

（二十六）子曰："不在其位①，不谋其政②。"曾子曰："君子思不出其位③。"

[注释]

①位：职位。②谋：谋议。政：政事。③君子思不出其位：《周易·艮卦》象辞云："君子以思不出其位。"刘氏《正义》引毛奇龄云："夫子既言位分之严，故曾子引夫子赞《易》之词以为证。此与牢曰'子云"吾不试故艺"'正同。"

[译文]

孔子说："不居其职，便不谋议其事。"曾子说："君子所用思，不越其本职。”

[疏义]

《中庸》子曰：“君子素其位而行，不愿乎其外。素富贵，行乎富贵；素贫贱，行乎贫贱；素夷狄，行乎夷狄；素患难，行乎患难。君子无入而不自得焉。在上位不陵下，在下位不援上，正己而不求于人，则无怨。上不怨天，下不尤人。”可与此章互参。

《集注》“曾子曰”以下别为一章。

（二十七）子曰：“君子耻其言而过其行①。”

[注释]

①君子耻其言而过其行：皇疏本作“君子耻其言之过其行也”。而，助词，相当于“之”。

[译文]

孔子说：“嘴上说的超过实际所做，君子以此为耻。”

[疏义]

邢疏：“此章勉人使言行相副也。”

刘氏《正义》：“此与《里仁》篇‘古者言之不出，耻躬之不逮’，语意正同。《礼·杂记》云：‘有其言而无其行，君子耻之。’《表记》云：‘君子耻有其辞而无其德，有其德而无其行。’亦此意。”

（二十八）子曰：“君子道者三①，我无能焉②：仁者不忧，知者不惑，勇者不惧。”子贡曰：“夫子自道也③。”

[注释]

①君子道者三：皇疏：“君子所行之道有三。”②我：孔子自称。无能：做不到。③自道：自述，自言。《集注》：“犹云谦辞。”

[译文]

孔子说：“君子力行之道有三：仁者不忧，智者不惑，勇者不惧。我一样也没能做到。”子贡说：“这是夫子自谦之词。”

（二十九）子贡方人[1]。子曰："赐也贤乎哉？夫我则不暇[2]。"

［注释］

①方人：《经典释文》谓郑玄本"方"作"谤"，"谓言人之过恶"。据郑义，方、谤音近假借。《集解》引孔氏："比方人也。"意谓评价人之优劣长短。《集注》亦同。②夫（fú）我则不暇：《后案》："夫，彼也。我，犹己也，犹'吾往''吾止'之例。彼己则不暇，言当急己而宽人也。"译文从之。暇，闲。一说，夫子自言无暇如子贡之所为。此说亦通。

［译文］

子贡喜欢品评他人。孔子说："赐难道已经相当贤能了吗？能把那心思用在自己身上，就没闲工夫管别人了。"

［疏义］

《史记·仲尼弟子列传》称子贡"喜扬人之美，不能匿人之过"。

"赐也贤乎哉？夫我则不暇"，皇疏本作"赐也贤乎我夫哉？我则不暇"。刘氏《正义》谓皇本经文有误。

（三十）子曰："不患人之不己知[1]，患其不能也[2]。"

［注释］

①不己知：即"不知己"。②患其不能也：皇疏本作"患己无能"。不能，即不能行圣人之道。

［译文］

孔子说："我不担心别人不懂自己，我只忧虑不能践行圣人之道。"

［疏义］

《卫灵公》篇，子曰："君子病无能焉，不病人之不己知也。"

（三十一）子曰："不逆诈[1]，不亿不信[2]，抑亦先觉者[3]，是贤乎？”

[注释]

①逆：事先揣测。②亿：通“意”，料想，猜测。③抑：转折连词。

[译文]

孔子说：“不要用小人之心揣度他人，也不要无端怀疑他人不诚信；哪怕你提前察觉到了，这样就算贤人了吗？”

[疏义]

《集解》引孔氏曰：“先觉人情者，是宁能为贤乎？”刘氏《正义》引《大戴礼记·曾子立事》：“君子不先人以德，不疑人以不信。”

朱子《集注》：“言虽不逆不亿，而于人之情伪，自然先觉，乃为贤也。”今不从。

（三十二）微生亩谓孔子曰[①]：“丘何为是栖栖者与[②]？无乃为佞乎[③]？”孔子曰：“非敢为佞也，疾固也[④]。”

[注释]

①微生亩：微生其姓，亩是其名。②是：如此。栖栖：犹“栖栖遑遑”，栖止无定、不得安居之状。③佞（nìng）：能言巧辩。④疾：痛惜。固：固陋，无礼。

[译文]

微生亩对孔子说：“你为何如此栖栖遑遑？莫不是又要四处逞其巧辩？”孔子说：“我不是要妄逞口才，只是痛惜当世之固陋无礼。”

[疏义]

《集解》引包氏：“病世固陋，欲行道以化之。”

（三十三）子曰：“骥不称其力[①]，称其德也[②]。”

[注释]

①骥：《说文》：“骥，千里马也。”称：称许，称道。②德：这里指驯

顺，服从训练。《集解》引郑氏："德者，调良之谓。"

[译文]

孔子说："称千里马叫骥，并不是称许它的气力，而是称许他驯顺之德。"

[疏义]

刘氏《正义》："《太平御览》四百三引郑注：'骥，古之善马。德者，谓有五御之威仪。'……《周官》保氏职'五驭'，郑司农云：'五驭，鸣和鸾，逐水曲，过君表，舞交衢，逐禽左。'此谓驭者之容。"

(三十四) 或曰："以德报怨①，何如?"子曰："何以报德?以直报怨②，以德报德。"

[注释]

①以德报怨：古成语。德，《集解》："德，恩惠之德也。"报，复，酬答。②直：公平正直。

[译文]

有人问孔子："以恩德回报怨恨，怎么样?"孔子说："那用什么回报恩德呢？不如以直道回报怨恨，用恩德来回报恩德。"

[疏义]

《老子》第六十三章："大小多少，报怨以德。"

《礼记·表记》："子曰：'以德报德，则民有所劝；以怨报怨，则民有所惩。'……子曰：'以德报怨，则宽身之仁也；以怨报德，则刑戮之民也。'"

(三十五) 子曰："莫我知也夫!"子贡曰："何为其莫知子也?"子曰："不怨天，不尤人①，下学而上达②。知我者其天乎!"

[注释]

①尤：怨恨，归咎。②下学而上达：修习《诗》《书》六艺，以上达圣人之道。皇疏："下学，学人事。上达，达天命。"《后案》："下学，删订赞修

之事；上达，所学通于天也。”

［译文］

孔子说：“没有人了解我了呀！”子贡说：“怎么就没有人了解您了呢？”孔子说：“上不怨天，下不尤人，从切近处学习，以此效法圣人之道。明白我的，大概只有老天了吧！”

［疏义］

邢疏：“此章孔子自明其志也。”

《史记·孔子世家》：“鲁哀公十四年春，狩大野。叔孙氏车子钼获兽，以为不祥。仲尼视之，曰：‘麟也。’取之。曰：‘河不出图，洛不出书，吾已矣夫！’颜渊死，孔子曰：‘天丧予！’及西狩见麟，曰：‘吾道穷矣！’喟然叹曰：‘莫知我夫！’子贡曰：‘何为莫知子？’子曰：‘不怨天，不尤人，下学而上达，知我者其天乎！’”《世家》引此章夫子之言在获麟后，作《春秋》前。

（三十六）公伯寮诉子路于季孙①。子服景伯以告②，曰：“夫子固有惑志③，于公伯寮吾力犹能肆诸市朝④。”子曰：“道之将行也与？命也。道之将废也与？命也。公伯寮其如命何！”

［注释］

①公伯寮：姓公伯，名寮，鲁国人。《史记·仲尼弟子列传》作“公伯僚”，云“字子周”。诉，这里指以某事毁谤。《集解》引马氏：“诉，谮也。”②子服景伯：鲁国大夫。姓子服，名何，景是谥号，伯乃其字。刘氏《正义》谓景伯是孟孙之族。此人亦见《子张》篇。告：告孔子。③夫子：季孙。固：固然，纵使。惑志：疑心。④吾力犹能肆诸市朝：《集解》引郑氏：“吾势力犹能辨子路之无罪于季孙，使之诛伯寮而肆之。有罪既刑，陈其尸曰‘肆’也。”刘氏《正义》：“周制杀人有陈尸三日之法。……《乡士》疏引《论语注》云：‘大夫于朝，士于市。’”肆，处死刑后陈尸示众。诸，之于，之乎。市，市场。朝，官府、公朝。

［译文］

公伯寮向季孙毁谤子路。子服景伯告知孔子，并说：“夫子对子路纵使有疑心，但对于公伯寮，我还有能力使他被正法示众。”孔子说：“大道能行于世吗？听天命吧；大道快完了吗？也听天命吧。区区公伯寮岂能影响天命！”

［疏义］

刘氏《正义》：“子路以忠信见知于人，不知寮何所得诉，而季孙且信之。朱子《或问》以为在隳三都、出藏甲之时，说颇近理。当时必谓子路此举是强公室，弱私家，将不利于季氏，故季孙有惑志。夫子言道‘将行’‘将废’者，子路隳都，是夫子使之，今子路被诉，是道之将废，而己亦不能安于鲁矣。”录之备参。

（三十七）子曰：“贤者辟世①，其次辟地②，其次辟色③，其次辟言④。”子曰：“作者七人矣⑤。”

［注释］

①贤者辟世：皇疏：“若天地闭塞，则贤人便隐，高蹈尘外，枕石漱流。天子不得而臣，诸侯不得而友，此谓避世之士也。”《集注》：“天下无道而隐，若伯夷、太公是也。”辟，同“避”，避去。②其次辟地：《集解》引马氏：“去乱国，适治邦。”皇疏：“谓中贤也。未能高栖绝世，但择地处，去乱就治，此是避世之士也。”③其次辟色：皇疏：“此次中之贤也。不能预择治乱，但临时观君之颜色，颜色恶则去，此谓避色之士也。”《集注》：“礼貌衰而去。”④其次辟言：皇疏：“此又次避色之贤者。不能观色斯举矣，唯但听君言之是非，闻恶言则去，此谓避言之士也。”⑤作者七人：《集解》引包氏：“作，为也。为之者，凡七人，谓长沮，桀溺，丈人，石门，荷蒉，仪封人，楚狂接舆。”

［译文］

孔子说：“贤哲之人于天下大乱之际每多避世隐居，次一等的犹知择地而处，再次一等的视君无尊贤之色即去，再次一等的闻君之恶言乃去。”孔子又说：“像这样做的人已经有七位了。”

［疏义］

作者七人，旧注纷纭。皇疏引王弼云：“七人：伯夷，叔齐，虞仲，夷逸，朱张，柳下惠，少连也。”此与下《微子》篇“逸民”七人同。皇疏又引郑玄云：“伯夷，叔齐，虞仲，避世者；荷蓧，长沮，桀溺，避地者；柳下惠，少连，避色者；荷蒉，楚狂接舆，避言者也。‘七’，当为‘十’字之误也。”朱子《集注》引李氏曰：“不可知其谁何。必求其人以实之，则凿矣。”

“子曰作者七人矣”，《集注》别为一章。

（三十八）子路宿于石门①。晨门曰②：“奚自③？”子路曰：“自孔氏。”曰：“是知其不可而为之者与？”

［注释］

①宿：过夜。石门：据《后案》，《后汉书·蔡邕传》《张皓王龚传论》注皆引郑玄《论语注》云：“石门，鲁城外门也。”皇疏亦本郑注为说。②晨门：守门者，司晨夜石门之开闭。③奚：何。

［译文］

子路在石门外过了一夜。［待到进城，］守门者问：“你是从哪儿来的？”子路说：“从孔氏那里来。”守门者说：“是明知自己的道不可行却定要努力推行的那个人吗？”

（三十九）子击磬于卫①。有荷蒉而过孔氏之门者②，曰：“有心哉，击磬乎！”既而曰③：“鄙哉，硁硁乎④！莫己知也，斯己而已矣⑤。‘深则厉，浅则揭⑥。’”子曰：“果哉⑦，末之难矣⑧！”

［注释］

①磬：玉石类乐器，形如曲尺，悬于架上，击之而鸣。②荷（hè）：担负。蒉（kuì）：草器，以盛土。③既：已，结束。④硁硁（kēngkēng）：石声，这里指胶固执着。《集注》：“亦专确义。”⑤斯己而已：只关注自己。⑥深则厉，浅则揭（qì）：《诗经·邶风·匏有苦叶》中的句子。王先谦《诗三家义集疏》以荷蒉所引为此诗古义，乃“明当随时仕已之义”，“水深浅随时，故厉、揭无定，喻涉世浅深，各有时宜也”。厉，《说文》“砅”下云：“履石渡

水也。从水、石。《诗》曰：‘深则砅。’”“濿”下云：“砅或从厉。”《后案》：“许氏意盖谓深水中有大石可以履而渡者，是谓之砅，今借用厉耳。”揭，《说文》：“高举也。”谓以手搴裳。⑦果：果决，这里可以理解为武断。《集解》：“未知己志而便讥之，所以为果。”⑧末：无。难（nàn）：诘难。

［译文］

孔子在卫国，某日正击磬。有个人挑着草筐正好从门前走过，便说：“磬声中有深意呀！”待磬声结束，又说：“磬声硁硁，真是狭隘固执呀！好像在说没有人懂自己，只有自己坚信自己而已。‘水深，履石而渡；水浅，揭裳而过。’［何必固执呢？］”孔子说：“太武断了！这就没法和他讲道理了呀！”

［疏义］

《后案》：“《史记·世家》系此事于三至卫，是时灵公老，怠于政，不用孔子。荷蒉云‘莫己知’，情事亦合。”

按《尔雅·释水》：“济有深涉。深则厉，浅则揭。揭者，揭衣也；以衣涉水为厉。繇膝以下为揭，繇膝以上为涉，繇带以上为厉。”郝懿行《尔雅义疏》云：“必以繇膝、繇带言者，盖为空言深浅恐无准限，故特举此为言，明过此以往则不可渡也。然亦略举大槩而言，实则繇带以下亦通名厉。”《后案》则谓《说文》《尔雅》诸解皆可通。

（四十）子张曰：“《书》云：‘高宗谅阴，三年不言①’，何谓也？”子曰：“何必高宗？古之人皆然②。君薨，百官总己，以听于冢宰三年③。”

［注释］

①高宗谅阴，三年不言：见《尚书·无逸》篇：“其在高宗，时旧劳于外，爰暨小人，作其即位，乃或亮阴，三年不言。”谓高宗服父丧，三年不亲自发布政令。高宗，武丁，为商朝中兴之君。谅阴，《集解》引孔氏：“谅，信也。阴犹默也。”皮锡瑞《今文尚书考证》认为《尚书》本义当从伏生《尚书大传》作“梁暗”，“倚庐而柱楣者也”，即服丧所居草庐。不言，《后案》：

"不自出令。"②古之人皆然：《后案》："夫子言'古之人皆然'，以当时不能然也。"夫子此语乃着意推行服丧三年之制，故以武丁事发挥其说。③君薨（hōng），百官总己，以听于冢宰三年：国君死，新君三年不亲政，百官总摄己职听命于冢宰。薨，亡。冢宰，亦称太宰，治官之长。

[译文]

子张问："《尚书》里说：'高宗谅阴，三年不言。'这是什么意思呢？"孔子说："不仅殷高宗，古时人君都是如此。先君薨殁，新君三年不亲理政务，百官总摄己职听命于宰相。"

[疏义]

此章与"三年无改于父之道"义理相通。

(四十一) 子曰："上好礼[①]，则民易使也。"

[注释]

①好（hào）礼：依礼而行。

[译文]

孔子说："在上位者事事遵礼，老百姓才会听差遣。"

[疏义]

《后案》引任钓台曰："内外、上下、大小，无一物不得其分，斯谓之好礼。今人浅言礼以仪文度数当之，而求深者以心言之，其不识礼则均也。"

(四十二) 子路问君子[①]。子曰："修己以敬。"曰："如斯而已乎？"曰："修己以安人[②]。"曰："如斯而已乎？"曰："修己以安百姓。修己以安百姓，尧、舜其犹病诸[③]！"

[注释]

①君子：这里指君王。②人：大臣，官员。③病：孔注："病，犹难也。"诸：之乎。

[译文]

子路问君王之道。孔子说："以敬自修。"子路说："这样就够了吗？”孔子说：“修己身以使各级官员安心。”子路说：“这样就够了吗？”孔子说：“修己身以使百姓安心。修己身以使百姓安心，尧、舜或许还难以完全做到呢！”

［疏义］

杨伯峻《论语译注》：“《雍也》篇说：‘博施于民……尧舜其犹病诸。’这里说：‘修己以安百姓，尧舜其犹病诸。’可见这里的‘修己以安百姓’就是‘博施于民’。”

（四十三）原壤夷俟[①]。子曰：“幼而不孙弟[②]，长而无述焉[③]，老而不死，是为贼[④]！”以杖叩其胫[⑤]。

［注释］

①原壤：鲁人。《礼记·檀弓上》称其为孔子之故人。夷俟：蹲踞以待。尊客来，当出迎或立待，蹲踞非礼容也。夷，《集解》引马氏：“夷，踞。”刘氏《正义》引段玉裁说：“古人跪与坐皆膝著于席，而跪耸其体，坐下其脽。若蹲，则足底著地，而下其脽，耸其膝曰蹲。其字亦作‘竣’。原壤夷俟，谓蹲踞而待，不出迎也。”俟，待。②孙（xùn）：同“逊”，顺。弟：同“悌”。③述：称述。④贼：《集解》：“贼谓贼害。”⑤叩：击。胫：皇疏：“脚胫也，膝上曰股，膝下曰胫。”

［译文］

原壤蹲踞以待孔子。孔子说：“你小时候不守逊悌，年长了德行无可称述，老了还赖活着，真是个害人的老东西。”一边说着，一边还用拐杖敲他的胫骨。

［疏义］

《檀弓上》载原壤母死，夫子助之沐椁，原壤登木而歌。夫子装作没听见。从者问夫子“未可以已（断绝交往）乎”，夫子答以“故者毋失其为故也”。

刘氏《正义》引《大戴礼·曾子立事》：“少称不弟焉，耻也；壮称无德焉，辱也；老称无礼焉，罪也。”

（四十四）阙党童子将命①。或问之曰："益者与②？"子曰："吾见其居于位也③，见其与先生并行也④。非求益者也，欲速成者也⑤。"

［注释］

①阙（què）党：杨伯峻《论语译注》引顾炎武《日知录》："《史记·鲁世家》'炀公筑茅阙门'，盖阙门之下，其里即名'阙里'，夫子之宅在焉，亦谓之'阙党'。"童子：未冠者之称。将命：传达宾主辞命。《集解》引马氏："传宾主之语出入也。"②益：希望进步。与（yú）：同"欤"，疑问语气词。③居于位：与成人并位而坐。皇疏谓童子不当与成人并位，但就席角而坐。④先生：前辈长者。《后案》："谓先己之生也，非谓师也。"并行：《集解》："不差在后，违礼。"刘氏《正义》："《曲礼》记云：'五年以长，则肩随之。'注云：'肩随者，与之并行差退。'《王制》：'父之齿随行，兄之齿雁行。'并言成人之礼。'肩随'即雁行也。"⑤欲速成：《后案》："欲速成人，即指居位并行言，非谓学问欲速成也。"

［译文］

阙党有一童子，为宾主传辞。有人问孔子："这个童子很求上进吧？"孔子说："我看他安坐成人之席位，又见他同长者并肩而行［，皆于礼不合］。看来他不是单纯求上进的人，只是想快点长成大人罢了。"

卫灵公第十五

共四十二章

（一）卫灵公问陈于孔子[①]。孔子对曰：“俎豆之事[②]，则尝闻之矣；军旅之事[③]，未之学也。”明日遂行。

[注释]

①陈（zhèn）：排兵布阵。《集解》引孔氏：“君阵行列之法。”②俎（zǔ）豆：礼器。刘氏《正义》：“朝聘礼所用也。”这里代指礼乐。俎，木制漆饰，如几，有四足，以盛牲体。豆，亦木制，高足圆口，或有盖，以盛菹醢等有汁的食物。③军旅之事：军伍战争之事。《集解》引郑氏：“万二千五百人为军，五百人为旅。”

[译文]

卫灵公向孔子请教战阵之法。孔子回答：“礼乐之事，我过去学过；战阵之事，从来没学过。”第二天便离开了卫国。

[疏义]

此章言夫子贱兵而重礼。

刘氏《正义》引《左传》哀公十一年：“孔文子之将攻大叔也，访于仲尼。仲尼曰：‘胡簋之事，则尝学之矣；军旅之事，未之闻也。’退，命驾而行。”

（二）在陈绝粮，从者病[①]，莫能兴[②]。子路愠见曰[③]：“君子亦有穷乎？”子曰：“君子固穷[④]，小人穷斯滥矣[⑤]。”

[注释]

①从者：孔子弟子。②兴：起。③愠：怨怒不平。④固穷：安于穷困。⑤滥：无所不为。

[译文]

孔子在陈国断了粮食，从行弟子饿得起不来。子路心中怨怒不平，见到孔子问：“君子竟也会如此穷愁潦倒吗？”孔子说：“君子即使穷愁，也能安于此境地；小人一旦穷愁，则无所不为了。”

[疏义]

黄氏《后案》：“据《史记·孔子世家》《陈杞世家》与《十二诸侯年表》考之：孔子仕鲁司寇，去适卫，有公养之仕。去卫，将适陈，过匡，为匡人所止。出匡，过蒲至陈，月余即反卫，有见南子事。去卫，过曹，适宋，有桓魋之难。适郑，自郑如陈，会晋楚争强，更伐陈，吴王夫差伐陈，取陈三邑，时在陈湣公八年，鲁之哀公元年也。于是去陈过蒲，为蒲人所止，出复适卫，时有将适晋、至河而返之事。复居卫，卫灵公问阵，孔子行，复如陈，是年卫灵公卒，则鲁之哀公二年也。哀公三年在陈，有问桓、僖庙灾事。季桓子卒，遗言召孔子，不果召。四年，自陈如蔡。五年，自蔡如叶，去叶返蔡。六年，吴伐陈，楚救陈，军于城父。孔子在陈、蔡之间，楚使人聘之，陈、蔡合谋围之，有绝粮事，时在陈湣公十三年也。”

（三）子曰：“赐也，女以予为多学而识之者与[①]？”对曰：“然，非与[②]？”曰：“非也，予一以贯之[③]。”

[注释]

①识：志，记。②与：同“欤”。③一以贯之：《里仁》篇孔子亦谓“吾道一以贯之”。一，统合。贯，贯通。

[译文]

孔子问：“赐呀，你以为我是博学而善记吗？”子贡回答：“对呀，难道不是这样吗？”孔子说：“并非如此，我是有所统贯的。”

[疏义]

《集注》：“夫子之于子贡，屡有以发之，而他人不与焉。则颜、曾以下诸子所学之浅深又可见矣。”

（四）子曰：“由，知德者鲜矣[①]！”

[注释]

①鲜（xiǎn）：少。

[译文]

孔子说：“由，知德之人太少啦。”

[疏义]

《集解》《集注》皆谓此章因上章“子路愠见”而发。

《后案》：“《史记·孔子世家》引经‘多识’章，《弟子列传》引经‘问行’章，皆指为陈、蔡难中之言。”

（五）子曰：“无为而治者[①]，其舜也与[②]！夫何为哉[③]？恭己正南面而已矣[④]。”

[注释]

①无为而治：不亲劳于政事而天下大治。《集解》：“言任官得其人。”《尚书·舜典》载舜命禹作司空，平水土；命弃为后稷，播百谷；命契作司徒，布五教；命皋陶作士，掌刑律，等等，皆能知人善任。②其：大概。表揣度语气。与：同“欤”。③夫（fú）：句首发语词。④恭己正南面：恭敬端正地南面而坐（朝见群臣）。

[译文]

孔子说：“无为而治的，应该是舜了吧！他做了些什么呢？只是恭敬端正地南面而坐［以临群臣］罢了。”

[疏义]

《后案》引《荀子·王霸》篇云：“论德使能而官施之，圣王之道也。……传曰：‘……士大夫分职而听，建国诸侯分土而守，三公总方而议，则天子共己而已。’”又引《新序》云：“舜举众贤在位，垂衣裳恭己无为而天下治。”

（六）子张问行[1]。子曰："言忠信，行笃敬，虽蛮貊之邦[2]，行矣。言不忠信，行不笃敬，虽州里[3]，行乎哉？立则见其参于前也[4]，在舆则见其倚于衡也[5]，夫然后行。"子张书诸绅[6]。

［注释］

①行：达，通达。②蛮貊（mò）：泛指外邦野人。《集注》："蛮，南蛮。貊，北狄。"③州里：乡里。周礼，五家为邻，五邻为里，二千五百家为州。④其：指"言忠信""行笃敬"，下同。参：皇疏"参"下多一"然"字，云"参犹森也"，森然在前之义。《后案》从之。朱子《集注》云："读如'毋往参焉'之'参'，言与我相参也。"王引之《经义述闻》引王念孙说谓"参"训直，"相直于前也"。刘氏《正义》谓《集注》《述闻》之说较长。今从《述闻》说。⑤舆（yú）：车厢。衡：车辕上的横木。⑥绅：束腰之大带，一端垂下。

［译文］

子张问如何方能通达。孔子说："言语忠诚信实，行为敦厚恭敬，即便到了蛮貊之邦，也无往不通。如果言不忠信，行不笃敬，［别说异邦了，就算］在乡里难道能行得通吗？站立之际，好像忠信、笃敬之训树在眼前；乘车之时，如见忠信、笃敬之训紧靠车衡。能如此，方能处处通达。"子张把孔子的话书写在衣带上。

（七）子曰："直哉[1]，史鱼[2]！邦有道，如矢[3]；邦无道，如矢。君子哉，蘧伯玉！邦有道，则仕；邦无道，则可卷而怀之[4]。"

［注释］

①直：正直。②史鱼：《集解》："史，官名。鱼，卫大夫，名鳝（qiū）。"《集注》："史鱼自以不能进贤退不肖，既死犹以尸谏，故夫子称其直。"史鱼尸谏，《大戴礼记》《韩诗外传》《新序》等皆有载。③矢：箭。

《集解》尹孔曰："言不曲也。"④卷而怀之：《集解》引包氏："谓不与时政，柔顺不忤于人。"卷，收。怀，藏。

[译文]

孔子说："史鱼可谓正直了。国家有道，正直如箭；国家无道，同样正直如箭。蘧伯玉可谓君子了。国家有道，就出仕；国家无道，则明哲保身。"

[疏义]

邢疏："此章美卫大夫史鰌、蘧瑗之行也。"

《大戴礼记·保傅》："卫灵公之时，蘧伯玉贤而不用，迷子瑕不肖而任事，史鰌患之，数言蘧伯玉贤而不听。病且死，谓其子曰：'我即死，治丧于北堂。吾生不能进蘧伯玉而退迷子瑕，是不能正君者，死不当成礼。而置尸于北堂，于我足矣。'灵公往吊，问其故，其子以父言闻，灵公造然失容曰：'吾失矣。'立召蘧伯玉而贵之，召迷子瑕而退，徙丧于堂，成礼而后去。卫国以治，史鰌之力也。夫生进贤而退不肖，死且未止，又以尸谏，可谓忠不衰矣。"

（八）子曰："可与言而不与之言①，失人；不可与言而与之言，失言。知者不失人②，亦不失言。"

[注释]

①言：交流，探讨。②知：同"智"。

[译文]

孔子说："对值得交流的人却错失机会，这叫作失人；对不值得交流的人，却浪费口舌和他谈论，这叫做失言。智者有知人之明，既不失人，也不失言。"

（九）子曰："志士仁人①，无求生以害仁，有杀身以成仁。"

[注释]

①志士：《后案》："志于仁之士。"刘氏《正义》引俞樾《群经平议》

谓“志士”即知士，与“仁人”为“知”“仁”并举。今不从。仁人：《集注》：“成德之人。”《后案》：“全仁之人也。”

[译文]

孔子说：“立志行仁之士，不会贪生怕死而损害仁德，只会牺牲生命来证成仁德。”

(十) 子贡问为仁①。子曰：“工欲善其事，必先利其器②。居是邦也，事其大夫之贤者，友其士之仁者。”

[注释]

①为仁：行仁。②利：磨砺使锋利。器：皇疏：“斧斤之属也。”

[译文]

子贡问如何行仁。孔子说：“工匠要做好工作，必要先磨砺其工具。居此邦国，须侍奉国中的贤大夫，结交国中仁德之士［，以受教益切磋之助］。”

[疏义]

皇疏：“大夫言贤，士云仁，互言之也。”《后案》：“大夫之贤，是仁之施诸政者；士之仁，是仁之蕴诸己者。事之、友之，所以辅仁者在此。”

(十一) 颜渊问为邦①。子曰：“行夏之时②，乘殷之辂③，服周之冕④，乐则《韶》舞⑤。放郑声⑥，远佞人⑦。郑声淫，佞人殆⑧。”

[注释]

①为邦：治国之道。②行夏之时：采用夏朝的历法。夏正建寅，殷以建丑，周正建子。寅月为孟春之月，主万物初生，以此为岁首，便于百姓依天时而施农功。③乘殷之辂（lù）：乘车要用殷辂。殷辂以木为之，其制俭朴。《集解》引马氏：“殷车曰大辂。《左传》曰：‘大辂越席，昭其俭也。’”邢疏：“越席，结蒲为席，置于辂中以茵藉，示其俭也。”《集注》：“辂，亦作‘路’。商辂，木辂也。辂者，大车之名。古者以木为车而已，至商而有辂之

名，盖始异其制也。周人饰以金玉，则过侈而易败，不若商辂之朴素浑坚而等威已辨，为质而得其中也。”④服周之冕：戴周代的礼帽。此言周人礼文美备，且尊卑有序。《后案》：“周之冕服所以别尊卑也。”刘氏《正义》引《宋书·礼志》：“周监二代，典制详密。弁师掌六冕，司服掌六服，设拟等差，各有其序。周之祭冕，缫采备饰，故夫子曰‘服周之冕’，以‘尽美’称之。”⑤则：取法。《韶》舞：舜之乐舞，孔子称其尽善尽美。又刘氏《正义》引俞樾《群经平议》说，以为“舞”读为“武”，兼虞、周二代乐舞而言。其说亦通。⑥放：舍弃，禁止。郑声：郑地音乐，儒家认为其烦滥无节，有失中和。《乐记》子夏对魏文侯曰：“郑音好滥淫志。”淫，即烦滥过多之意。⑦佞人：《集注》：“卑谄辩给之人。”⑧殆：危。

[译文]

颜渊问治国之道。孔子说：“使用夏代的历法，乘坐殷朝的车子，戴周人的礼帽，乐舞取法于《韶》。并且舍弃郑音，屏除佞人；因为郑音烦滥无节，佞人巧辩多害。”

（十二）子曰：“人无远虑①，必有近忧②。”

[注释]

①远虑：长远的考虑。②近忧：随时可能发生的忧患。

[译文]

孔子说：“人若无长久之计，则必有朝夕之忧。”

[疏义]

《周易·既济》象辞曰：“君子以思患而豫防之。”《周易·系辞下》子曰：“君子安而不忘危，存而不忘亡，治而不忘乱，是以身安而国家可保也。”

（十三）子曰：“已矣乎①！吾未见好德如好色者也。”

[注释]

①已矣：完了，罢了。乎：句末感叹词。

[译文]

孔子说：“完了呀！我没见过好德能像好色一样的人。”

［疏义］

邢疏："此章疾时人好色而不好德也。"

《子罕》篇重出此章，无"已矣乎"三字。

（十四）子曰："臧文仲其窃位者与①！知柳下惠之贤而不与立也②。"

［注释］

①臧文仲：鲁国大夫臧孙辰，谥为"文"。窃位：《集解》引孔氏："知其贤而不举，是为窃位。"刘氏《正义》云："窃，如盗窃之窃。言窃居其位，不让进贤能也。"与：同"欤"。②柳下惠：鲁国贤人，姓展，名获，字禽，柳下为其采邑（一说居处），私谥为"惠"。《微子》篇载柳下惠曾担任鲁国的士师（掌狱讼刑罚）。立：立于朝堂。杨伯峻《译注》："同'位'，说详俞樾《群经平议》。"意为获得禄位，亦通。

［译文］

孔子说："臧文仲大概是个尸位素餐的人吧！明知道柳下惠的贤能，却不举荐，让他和自己并立于朝堂之上。"

［疏义］

邢疏："此章勉人举贤也。"

《宪问》篇："公叔文子之臣大夫僎与文子同升诸公。子闻之曰：'可以为文矣。'"言公叔文子推荐家臣并升公朝，孔子称许之。

刘氏《正义》引李惇《群经识小》："臧氏世为司寇，文仲当已为之，或为司空而兼司寇也。柳下惠为士师，正其属官，无容不知。此与文子同升事正作一反照。"

（十五）子曰："躬自厚而薄责于人①，则远怨矣②。"

［注释］

①躬自厚：程树德《论语集释》引王引之《经义述闻》说："'躬自厚'者，躬自责也，因下'薄责于人'而省'责'字。"躬，自身。②远：摆脱，

平息。此据《后案》引严铁桥之说，“言心自寡怨憾”。

[译文]

孔子说：“能切实地反躬自省，且对他人宽容，可逐渐摆脱内心的忿怨。”

[疏义]

此章言自律。

《后案》：“过未能无诸己而以非诸人，德未能有诸己而以求诸人，取怨之由也。不以己之所知者愧人，不以己之所能者强人，远怨之道也。”虽侧重不遭怨为解，而语自深切。

（十六）子曰：“不曰‘如之何，如之何①’者，吾末如之何也已矣②。”

[注释]

①如之何，如之何：犹云“怎么办，怎么办”，深思熟虑之意。《集注》：“熟思而审处之辞也。”②末如之何：无如之何。无可奈何之义。

[译文]

孔子说：“对从不深思熟虑之人，我也不知道拿他怎么办了。”

[疏义]

另有一解，刘氏《正义》：“陆贾《新语·辨惑篇》：‘故孔子遭君暗臣乱，众邪在位，政道隔于王家，仁义闭于公门，故作公陵之歌，伤无权力于世。大化绝而不通，道德私而不用，故曰“无如之何者也，吾末如之何也已矣”。夫言道因权而立，德因势而行。不在其位者，则无以齐其政；不操其柄者，则无以制其刚。’此《论语》家旧说，指世乱言之。”则以此章为孔子感伤时势之语。

（十七）子曰：“群居终日，言不及义①，好行小慧②，难矣哉！”

[注释]

①义：合宜之正道。②小慧：《集解》引郑氏：“小慧，谓小小之才知。”

皇侃《义疏》作“小惠”，盖据《鲁论》，二字假借通用。

[译文]

孔子说：“整日成群聚谈，却不切磋善道，只喜欢自以为是地耍弄小聪明，这样下去恐怕难有所成呀。”

[疏义]

刘氏《正义》：“此章是夫子家塾之戒。”

黄氏《后案》：“‘言不及义’者，不审是非可否之实而颠倒言之也。‘好行小慧’者，徒自矜自私用智之谋而刚愎行之也。行小慧正由义不明也。”

（十八）子曰：“君子义以为质①，礼以行之②，孙以出之③，信以成之④。君子哉！”

[注释]

①义：合宜之谓。质：本质，主体。朱熹、程颐均释为“质干”。②礼以行之：指遵礼以行义。下二“之”字亦指“义”。刘氏《正义》：“凡礼皆以行义也；礼尚辞让，去争夺，故‘孙以出之’；信者申也，言以相申束，使不相违背，故‘信以成之’。”③孙：同“逊”，谦和。出：出言。④信以成之：黄氏《后案》：“信所以成义也。”

[译文]

孔子说：“君子立身行事，以合乎道义为本，处处依礼，出言谦和，诚实守信。这样才无愧于君子呀！”

[疏义]

邢疏：“此章论君子之行也。”

（十九）子曰：“君子病无能焉①，不病人之不己知也。”

[注释]

①病：患，操心。能：行圣人之道、仁义之德。

[译文]

孔子说：“君子只忧虑自己不能坚守圣人之道，不担心他人不了解自己。”

［疏义］

邢疏：“此章戒人修己也。”

《宪问》篇载，子曰：“君子道者三，我无能焉：仁者不忧，知者不惑，勇者不惧。”子贡曰：“夫子自道也。”又，子曰：“不患人之不己知，患其不能也。”所云“无能”“不能”，与此章可以互证。

（二十）子曰：“君子疾没世而名不称焉①。”

［注释］

①疾：忧虑。没世：没身，下世，即死亡。名不称：美名不彰。称，称扬。

［译文］

孔子说：“君子终其一生［立德修业］，以不得美名传世为憾。”

［疏义］

《集注》引范氏曰：“君子学以为己，不求人知。然没世而名不称焉，则无为善之实可知矣。”《后案》：“凡经中重言‘名’者，皆谓令名。令名足以征实德矣。……身亡而名存，益征实德矣；实不至而没世，遂不称，君子所疾。见人宜及时进修矣。”

（二十一）子曰：“君子求诸己①，小人求诸人。”

［注释］

①求：责求。

［译文］

孔子说：“君子内省以正己，小人则多苛求他人。”

［疏义］

《后案》：“责诸己者，上章‘躬自厚’‘病无能’，下章‘矜而不争’，皆是也。”

（二十二）子曰：“君子矜而不争①，群而不党②。”

［注释］

①矜：《后案》：“持己方正也。”争：《后案》：“与人竞辨也。”②群：《后案》：“虚己取善也。”党：《后案》：“助人匿非也。”

［译文］

孔子说：“君子庄敬自持而不轻起争执，虚心乐群而不乱结朋党。”

［疏义］

刘氏《正义》引刘宗周《论语学案》：“矜者，斩斩自得；不争，则非绝物矣。群者，油油与人；不党，则非徇物矣。此君子持世之准也。”

（二十三）子曰：“君子不以言举人①，不以人废言。”

［注释］

①君子：从政之士大夫。

［译文］

孔子说：“君子不会因为某人有善言就马上荐举他，也不会因某人德行有缺就连带废弃他的善言。”

［疏义］

此章言为政举荐人才、察纳言论之道。

（二十四）子贡问曰：“有一言而可以终身行之者乎①？”子曰：“其恕乎②！己所不欲，勿施于人。”

［注释］

①一言：这里指“一个字”。②恕：推己及人。《后案》谓即《大学》之“絜矩之道”。

［译文］

子贡问：“有没有一个字值得终身奉行呢？”孔子回答：“大概

是‘恕’吧！［所谓‘恕’道，］就是自己不愿意的事情，不要施加在别人身上。”

［疏义］

《公冶长》篇，子贡曰：“我不欲人之加诸我也，吾亦欲无加诸人。”子曰：“赐也，非尔所及也。”朱熹《集注》引程子曰：“我不欲人之加诸我，吾亦欲无加诸人，仁也；施诸己而不愿，亦勿施于人，恕也。恕则子贡或能勉之，仁则非所及矣。”其义可与此章互证。

（二十五）子曰：“吾之于人也①，谁毁谁誉②？如有所誉者，其有所试矣。斯民也③，三代之所以直道而行也④。”

［注释］

①人：《集注》：“今此之人也。”②毁：非议，诋毁。《集注》：“称人之恶而损其真。”誉：称颂。《集注》：“扬人之善而过其实。”③斯民：《集注》：“今此之人。”④三代：夏、商、周。直道：《集注》：“无私曲。”

［译文］

孔子说：“我评价当今之人，不会过分非议或称誉。如果有所称誉，一定会经过验证。现在的百姓［和夏、商、周的百姓没有什么不同，］仍是三代奉行公理、公义进行教化的对象。”

［疏义］

此章“斯民也，三代之所以直道而行也”句，有学者认为当别为一章。今仍据旧本作一章释之。

刘宝楠《论语正义》引《论衡·率性篇》：“传曰：‘尧舜之民，可比屋而封；桀纣之民，可比屋而诛。’‘斯民也，三代所以直道而行也。’圣主之民如彼，恶主之民如此，竟在化不在性也。”谓尧、舜以德化民，即是直道而行。孔子强调古今不应有别，当以尚公无私之教以改善民俗。《里仁》篇子曰：“唯仁者能好人，能恶人。”仁者奉公心，不私于物，好恶皆秉于公理，即三代圣王之遗教。

唐文治《论语大义》卷十五：“此章即夫子作《春秋》之志，《春秋》辨是非，善善恶恶，无非直笔，乃所谓直道之书，存三代之公义者也，而夫子属望斯民之意隐然溢于言外矣。”

（二十六）子曰：“吾犹及史之阙文也①，有马者借人乘之②。今亡矣夫③！”

[注释]

①及：及时见到。史之阙文：史官记录中阙疑的文字。史，史官。阙，缺。②有马者借人乘之：邢昺疏：“此举喻也。”有马之人，自己无力调驯，会借助善调驯者乘习之。借，藉，凭借，借助。③亡（wú），同“无”。夫（fú）：句末语气词，表感叹。

[译文]

孔子说：“我过去还曾见过史官撰录史书时阙疑的文字，［就好比］有马之人［自己不善调驯，］会虚心请别人调驯，今天没有这样的事情了！”

[疏义]

邢疏：“此章疾时人多穿凿也。”

皇疏：“当孔子末年时，史不识字，辄擅而不阙，有马不调，则耻云其不能，必自乘之，以致倾覆。故云‘今亡也矣夫’。”

刘宝楠《正义》引宋翔凤《论语发微》云：“《周礼·保氏》‘教之六艺’，‘四曰五驭，五曰六书’。御与书同在六艺，皆国子之所当教。故孔子言‘执御’，又言‘正名’，言‘雅言’，所以教门弟子者，与天子诸侯之设官无以异也。”

（二十七）子曰：“巧言乱德，小不忍则乱大计①。”

[注释]

①小不忍：《后案》：“忍者，决绝之道。小不忍者，不决绝于所爱。小，有慈怜也。《汉书·外戚传》曰：‘夫小不忍，乱大谋，恩之所不能已者，义之所割也。’”

[译文]

孔子说："［佞幸者］花言巧语，颠倒是非，足以败坏君子之德；不能清醒认识并决绝于私昵之情，极易扰乱大计。"

[疏义]

刘氏《正义》引吴嘉宾《论语说》："先王有不忍人之政，然非小不忍之谓也。故曰'惟仁者能爱人，能恶人'。苟不忍于恶一人，则将有乱大谋者矣。圣人之所恶，常在于似之而非者。巧言乱德，所谓恶佞足以乱义也，小不忍则乱仁。或曰'必有忍，其乃有济'，若后世所谓能有所忍以就大事者。不知此狙诈之术，虽于圣人之辞若可通，窃以为非也。"所说甚精。

（二十八）子曰："众恶之，必察焉[①]；众好之，必察焉。"

[注释]

①察：考察。

[译文]

孔子说："众人都厌恶某人，必须仔细考察再作判断；众人都喜欢某人，也必须细心审视再下结论。"

[疏义]

《子路》篇，子贡问曰："乡人皆好之，何如？"子曰："未可也。""乡人皆恶之，何如？"子曰："未可也。不如乡人之善者好之，其不善者恶之。"

《里仁》篇，子曰："唯仁者能好人，能恶人。"

（二十九）子曰："人能弘道[①]，非道弘人。"

[注释]

①弘：《集注》："廓而大之也。"即发扬光大之义。

[译文]

孔子说："人要去证验、发扬内心的'道'，而不是简单找一个'道'的概念去改造自己。"

［疏义］

《后案》："旧注'宏'训'大'者，'闳'之借；以义言之，当为'纮'之借。……《广雅》云'纮，束也'，引申为凡维束之称。人能自维束于道，非道能维束乎人。言此者，明人之守道在自尽其能。苟其不然，虽有父兄师友欲以道维束之而不能也。"其说亦可参。

（三十）子曰："过而不改①，是谓过矣。"

［注释］

①过：犯了过错。

［译文］

孔子说："犯了错却不改正，这才真是错了。"

（三十一）子曰："吾尝终日不食①，终夜不寝，以思，无益，不如学也。"

［注释］

①尝：曾经。

［译文］

孔子说："我曾经整天不吃，整夜不睡，沉浸于思考，总觉无益，不如踏踏实实地去学。"

［疏义］

《为政》篇，子曰："学而不思则罔，思而不学则殆。"

（三十二）子曰："君子谋道不谋食①。耕也，馁在其中矣②；学也，禄在其中矣。君子忧道不忧贫。"

［注释］

①君子：有德之人。谋：谋求。②馁（něi）：饥饿。

［译文］

孔子说："君子一心向道，没有多余心思去计较饱暖。耕田也常会有饿的时候，学道也常有俸禄之获。[所以，] 君子只担忧道之不明，不汲汲于财货之多寡。”

[疏义]

《集解》引郑氏：“此劝人学。”

(三十三) 子曰：“知及之①，仁不能守之，虽得之，必失之。知及之，仁能守之，不庄以莅之②，则民不敬。知及之，仁能守之，庄以莅之，动之不以礼，未善也。”

[注释]

①及：得到。之：民，百姓。刘氏《正义》：“此章十一‘之’字，包注指位言，但于‘动之’句不可通。毛氏奇龄《賸言补》指民言。”刘引毛氏说可从。②莅：临，面对。

[译文]

孔子说：“[居上位者，] 如果聪明才虑堪能得民，而其心之慈厚仁爱却不足维系，那么即使暂时得民，最后一定会失去。如果聪明才虑堪能得民，其心之慈厚仁爱也足维系，却不能以庄敬之意待之，民众也会怠慢轻心。如果聪明才虑堪能得民，其心之慈厚仁爱足以维系，也能以庄敬之意待之，而动员、役使民众却违礼失节，仍然不能算好。”

[疏义]

邢疏：“此章论居官临民之法也。”

毛氏《论语稽求篇》引卢东元说：“此为有天下国家者言。《易》曰：‘何以守位曰仁。’《孟子》曰：‘天子不仁，不保四海；诸侯不仁，不保社稷。’皆此意也。下文‘莅之不庄，动之不以礼’，皆有位者之事，文理接贯，不可移易。”(据程树德《论语集释》)

黄氏《后案》：“动不以礼，失先王之品节制度，未见其能中正也。以汉文帝之知之仁之庄，而贾子《治安策》极言其礼教未兴之弊可以睹矣。”

（三十四）子曰："君子不可小知①，而可大受也②；小人不可大受，而可小知也。"

［注释］

①知：理解，认识。②受：容纳，这里指被委任。

［译文］

孔子说："君子不可用小事去考验，他是堪当大任的；小人不堪大任，但往往在某些小事中表现出能力。"

［疏义］

《论语集释》引《朱子文集·答张敬夫》："一事之能否不足以尽君子之蕴，故不可小知。任天下于重而不惧，故可大受。小人一才之长亦可器而使，但不可以任大事尔。"

（三十五）子曰："民之于仁也，甚于水火①。水火，吾见蹈而死者矣，未见蹈仁而死者也②。"

［注释］

①水火：皆百姓日用不可离者。②蹈：践行。

［译文］

孔子说："百姓亟需仁道，超过水火等寻常日用者。我见过不幸死于水火的，［却］从未见到为了践行仁道而死的。"

［疏义］

《后案》："《礼》：'君子曰终，小人曰死。'又曰：'死而不吊者三，畏，厌，溺。'此死谓夭折也。民非水火不生活，利其生活而夭折其中者不少，圣人悯之。仁者，乾元生生之道，心所赖以生者。蹈仁而死，如伯夷、比干，能择正命之处，虽死犹生，圣人荣之。此圣人望死身者不死其心，求见之切而叹之也。哀莫大于心死，而身死次之，语见《庄子·田子方》篇，可以援证。"

（三十六）子曰："当仁不让于师①。"

[注释]

①当：任。让：谦让，退让。师：师长，老师。或解为众，今不从。

[译文]

孔子说："以仁自任，即便对师长也不必谦让。"

[疏义]

《集解》引孔氏："当行仁之事，不复让于师，行仁急也。"邢疏："此章言行仁之急也。"

（三十七）子曰："君子贞而不谅①。"

[注释]

①贞：《集解》引孔氏："贞，正也。"谅：《集解》引孔氏："谅，信也。"

[译文]

孔子说："君子行事贵在坚守正道，不必拘执小信。"

[疏义]

刘氏《正义》："上篇夫子答子贡曰：'言必信，行必果，硁硁然小人哉。'《孟子·离娄下》：'大人者，言不必信，行不必果，唯义所在。''言必信'，即此注所云'小信'也，亦即'谅'也。"

（三十八）子曰："事君，敬其事而后其食①。"

[注释]

①敬其事而后其食：《集解》引孔曰："先尽力，然后食禄也。"敬，谨敬。其事，职守。食，食禄。

[译文]

孔子说："事君之道，首当敬于职事，食禄放在后面。"

[疏义]

朱子《集注》："后，与'后获'之'后'同。"黄氏《后案》："后食，犹后获也。"刘氏《正义》、俞樾《群经平议》俱引《礼记·儒行》"先劳而后禄”以证此章。

（三十九）子曰：“有教无类[1]。”

［注释］

①类：伦类，类别。

［译文］

孔子说：“人都应接受教育，［在这个意义上，大家］不存在区别。”

［疏义］

《集解》引马氏曰：“言人所在见教，无有种类。”皇疏云：“人乃有贵贱，同宜资教。”

钱穆《论语新解》：“人有差别，如贵贱、智愚、善恶之类。惟就教育言，则当因地因材，掖而进之，感而化之，作而成之，不复有类。孔门富如冉有、子贡，贫如颜渊、原思，孟懿子为鲁之贵族，子路为卞之野人，曾参之鲁，高柴之愚，皆为高第弟子，故东郭惠子有‘夫子之门何其杂’之疑。”

（四十）子曰：“道不同[1]，不相为谋[2]。”

［注释］

①道：志向，道路。②谋：谋事。

［译文］

孔子说：“［人的］志向、道路各有选择，不必为彼此谋划。”

［疏义］

刘氏《正义》引吴嘉宾说：“道者，志之所趋舍，如出处语默之类。虽同于为善，而有不同，其是非得失，皆自知之，不能相为谋也。”并称：“老子之学与儒不同，未可厚非也。……不相谋者，道之本能；相为谋者，圣人之用。”存之备参。

（四十一）子曰：“辞[1]，达而已矣[2]。”

［注释］

①辞：言语，辞令。②达：达意。已：《后案》：“足也，止也。”

［译文］

孔子说：“言语辞令，能明白达意足矣。”

［疏义］

刘氏《正义》引《仪礼·聘礼·记》：“辞无常，孙而说，辞多则史，少则不达。辞苟足以达，义之至也。”此章或指使臣之外交辞命，抑或兼日常言语文辞，皆可。

按《周礼·春官·大祝》曰：“作六辞以通上下、亲疏、远近。一曰辞，二曰命，三曰诰，四曰会，五曰祷，六曰诔。”戴望注《论语》此章，谓“辞”即此《周礼》之“六辞”。

（四十二）师冕见[1]，及阶，子曰：“阶也。”及席，子曰：“席也。”皆坐，子告之曰：“某在斯[2]，某在斯。”师冕出。子张问曰：“与师言之道与[3]？”子曰：“然。固相师之道也[4]。”

［注释］

①师冕：鲁国乐师。《集解》引孔氏：“师，乐人盲者，名冕。”②某在斯：某某在某处。《集解》引孔氏：“历告以坐中人姓字及所在处也。”③与（yú）：同“欤”。④相：导引，辅助。

［译文］

师冕来见孔子，走近阶，孔子说：“到阶沿了。”走近坐席，孔子说：“到坐席了。”待大家坐定，孔子告知师冕：“某人坐在某处，某人坐在某处。”事毕，师冕告辞出去。子张问：“刚刚就是和瞽师沟通的方式吗？”孔子回答：“是的，这本就是相导瞽师的方式。”

［疏义］

邢疏：“此章论相师之礼也。”

刘氏《正义》："师冕来见，必亦有扶工者，入门之后，当立堂下。故此及阶、及席，夫子若为扶工者，一一诏告之。又告以某某在斯者，令师冕知之，得与为礼也。"

季氏第十六

共十四章

（一）季氏将伐颛臾[①]。冉有、季路见于孔子曰[②]："季氏将有事于颛臾[③]。"

孔子曰："求[④]！无乃尔是过与[⑤]？夫颛臾[⑥]，昔者先王以为东蒙主[⑦]，且在邦域之中矣[⑧]，是社稷之臣也[⑨]。何以伐为？"

冉有曰："夫子欲之[⑩]，吾二臣者皆不欲也。"

孔子曰："求！周任有言曰[⑪]：'陈力就列[⑫]，不能者止[⑬]。'危而不持[⑭]，颠而不扶[⑮]，则将焉用彼相矣[⑯]？且尔言过矣[⑰]。虎兕出于柙[⑱]，龟玉毁于椟中[⑲]，是谁之过与？"

冉有曰："今夫颛臾，固而近于费[⑳]。今不取，后世必为子孙忧[㉑]。"

子曰："求！君子疾夫舍曰欲之而必为之辞[㉒]。丘也闻有国有家者[㉓]，不患寡而患不均，不患贫而患不安[㉔]。盖均无贫，和无寡，安无倾。夫如是，故远人不服，则修文德以来之。既来之，则安之。今由与求也[㉕]，相夫子，远人不服[㉖]，而不能来也；邦分崩离析[㉗]，而不能守也，而谋动干戈于邦内[㉘]。吾恐季孙之忧不在颛臾[㉙]，而在萧墙之内也[㉚]。"

［注释］

①季氏：刘氏《正义》以为乃季康子。伐：攻伐。颛臾（zhuānyú）：鲁

之附庸小国，其地在今山东费县西北。《集解》引孔曰：“宓牺之后，风姓之国，本鲁之附庸，当时臣属鲁。季氏贪其地，欲灭而有之。”②冉有、季路：二人同为季氏之臣。③有事：这里指用兵。④求：冉有名求，时任季氏宰，为之聚敛，故孔子独责之。⑤无乃尔是过与：难道不应该责备你吗？无乃，表反问语气。过，责备。⑥夫（fú）：指示代词，那。⑦先王：指周天子。东蒙：即蒙山，在鲁之东，故称东蒙。鲁使颛臾主其祭。刘氏《正义》引胡渭《禹贡锥指》：“蒙山在今蒙阴县南四十里，西南接费县界。”⑧邦域之中：颛臾为鲁之附庸，在鲁封土之内。《经典释文》：“邦，或作封。”刘氏《正义》谓二字音同义通。⑨社稷之臣：《集注》：“社稷，犹云公家。是时四分鲁国，季氏取其二，孟孙、叔孙各有其一。独附庸之国尚为公臣，季氏又欲取以自益，故孔子言颛臾乃先王封国，则不可伐；在邦域之中，则不必伐；是社稷之臣，则非季氏所当伐也。”⑩夫子欲之：《集解》：“归咎于季氏。”⑪周任：《集解》引马曰：“周任，古之良史。”或谓古之贤人。⑫陈：布，施展。列：次，官位。⑬止：停止，退下。刘氏《正义》：“谓去位也。”⑭危：不正。⑮颠：坠，倒。⑯相（xiàng）：辅佐之人。《集注》：“相，瞽者之相也。”矣（yé）：刘氏《正义》：“与‘邪’同。王氏《经传释词》谓此‘矣’字与‘乎’同义，是也。”⑰且：况且。⑱兕（sì）：兽名，状如野牛而青。柙（xiá）：槛笼。⑲龟：守龟，即天子诸侯占卜所用龟甲。玉：命圭，即天子所授诸侯之玉圭。椟：匣。⑳固：《集注》：“城郭完固。”费：季氏私邑，在今山东费县西南。㉑子孙：皇疏：“季氏之子孙也。”㉒舍：《皇疏》：“犹除也。”㉓丘也闻：《后案》：“自‘有国有家’至‘既来之，则安之’，皆古语也。”有国有家者：指诸侯与卿大夫。㉔不患寡而患不均，不患贫而患不安：《春秋繁露·度制篇》引孔子曰：“不患贫而患不均。”结合下文“均无贫”“和无寡”，或以为《论语》此文当订正为“不患贫而患不均，不患寡而患不安”（见《论语集释》引俞樾《群经平议》）。其说有理。刘氏《正义》则谓：“盖贫由于不均，故下文言‘均无贫’。《论语》本错综其文，而《繁露》则依义引之，故不同也。‘和无寡’者，言既均平，则上下和协，民皆思归也。”今姑仍旧，不改原文。《集注》：“季氏之欲取颛臾，患寡与贫耳。然是时季氏据国，而鲁公无民，则不均矣。君弱臣强，互生嫌隙，则不安矣。均则不患于贫而和，和则不患于寡而安，安则不相疑忌，而无倾覆之患。”㉕今由与求也：《集注》：“子路虽不与谋，而素不能辅之以义，亦不得为无罪，故并责之。”㉖远人：《集注》：“谓颛臾。”㉗分崩离析：《集注》：“谓四分公室，家臣屡叛。”㉘干戈：即兵革征伐。《集注》：“干，楯也。戈，戟也。”㉙恐：怀疑，猜测，表思量、推测语气。㉚祸在萧墙之内：《集解》引郑曰：“后季氏家臣阳虎果囚季桓子。”皇疏：“谓季氏之臣必作乱也。”萧墙，为国君之屏风，臣朝君，至屏而起肃敬，故称萧（肃）墙。季氏僭滥，亦设萧墙，故即以代称季氏。皇疏：“天子外屏，诸侯内屏，大夫以帘，士以帷。季氏是大夫，应无屏，而云‘萧墙’者，季氏皆僭为之也。”或以“萧墙之内”当指人君，即鲁哀公，今不从。详下。

［译文］

季氏将兴兵攻伐颛臾。冉有、季路二人谒见孔子，说：“季氏将对颛臾用兵了。”

孔子说：“冉求，这难道不应该责备你吗？那颛臾，从前是周天子所封，负责主持东蒙山的祭祀，而且在鲁国的封域之内，是鲁侯的社稷之臣，为何要兴兵攻伐呢？”

冉有说：“是季孙夫子要如此，我们两人都不同意。”

孔子说：“冉求啊！从前周任曾讲过：‘［为人辅相者，应］尽力而为于所任官守，实在做不到再退下。’好比见瞽人歪斜而不能抱持，跌倒却不扶助，那还要相瞽者干嘛呢？况且你说的话本来就是错的。猛虎兕牛从槛笼里逃出，龟甲瑞玉在匣盒中损毁，［不是看守者的错，］究竟是谁的错呢？”

冉有说：“目前那颛臾，城郭坚牢，且距季氏的费邑不远；现在如不攻取，将来必定是季氏子孙的患害。”

孔子说：“冉求！君子很厌恶那种隐匿私欲却另找借口的态度。我曾听说，不论诸侯或卿大夫，不用愁［暂时的］财富贫乏和人口稀少，［最应］担心的是财富不均和上下不相安；财富均衡则都能致富，境内和睦便不觉人少，上下相安则国家稳定；做到这样，远方之人还不归服，只努力再修文德以招其来归；来了，就使其安心。现在仲由、冉求二位辅相季孙，远人不服，也不能修文德以招之；一国人心搞到分崩离析，也不能尽力斡旋保全，却还谋划着在国内大动干戈。我琢磨季孙的忧患不在颛臾，而正在他自己的萧墙之内呀。”

[疏义]

皇疏：“此章明季氏专征滥伐之恶也。”

刘氏《正义》引方观旭《论语偶记》云：“斯时哀公欲去三桓，季氏实为隐忧。又以出甲堕都之后，虽有费邑，难为臧纥之防，孙林父之戚，可借以逆命。君臣既已有隙，一旦难作，即效意如之谲，请囚于费而无可逞。又畏颛臾世为鲁臣，与鲁犄角以逼己，惟有谋伐颛臾，克之，则如武子之取卞以为己有而益其强，不克，则鲁师实已劳惫于外，势不能使有司讨己以干戈。忧在内者攻强，乃田常伐吴之故智。此后所为正不可知，所谓内变将作者也。然则萧墙之内何人？鲁哀公耳。不敢斥君，故婉言之。若曰季孙非忧颛臾而伐颛臾，实忧鲁君疑己而将为不臣，所以伐颛臾耳。此夫子诛奸人之心，而抑其邪逆之谋也。”此说似过求深曲。夫子之意，谓季氏之专征滥伐，适为自毁、自败之兆。阳虎之囚季桓子，见《左传》定公五年；阳虎之欲去三桓，杀季氏，见《左传》定公八年。

（二）孔子曰：“天下有道，则礼乐征伐自天子出①；天下无道，则礼乐征伐自诸侯出。自诸侯出，盖十世希不失矣②；自大夫出，五世希不失矣③；陪臣执国命，三世希不失矣④。天下有道，则政不在大夫⑤。天下有道，则庶人不议⑥。”

[注释]

①礼乐征伐自天子出：刘氏《正义》：“《礼记·中庸》云：‘非天子不议礼，不制度，虽有其德，苟无其位，不敢作礼乐焉。’《孟子·尽心下》云：‘征者，上伐下也，敌国不相征也。’则礼乐征伐，皆宜自天子出。……诸侯自有之礼乐，及寻常刑赏，施之国中，亦由天子制定为法。……诸侯虽

有征伐，亦须天子之命。”②自诸侯出，盖十世希不失矣：刘氏《正义》引刘逢禄《论语述何》：“齐自僖公小霸，桓公合诸侯，历孝、昭、懿、惠、顷、灵、庄、景，凡十世，而陈氏专国。晋自献公启疆，历惠、怀、文而代齐霸，襄、灵、成、景、厉、悼、平、昭、顷，而公族复为强臣所灭，凡十世。鲁自隐公僭礼乐，灭极，至昭公出奔，凡十世。”盖，大略，表推测。刘氏《正义》：“下‘五世’‘三世’不言‘盖’，统上而省文也。”世，代。希，少。③自大夫出，五世希不失矣：鲁国季氏自季友专政，历文子、武子、平子、桓子，为家臣阳虎所囚。④陪臣执国命，三世希不失矣：《后案》据冯景曰：“不狃及身而出奔。南蒯者，南遗之子，二世而出奔。阳氏为季氏家臣，至虎三世而出奔，其弟阳越死于乱。”《正义》引《论语述何》则谓：“南蒯、公山弗扰、阳虎，皆及身失之，……计其同恶相连，故称三世也。”《正义》又云：“十世、五世、三世，皆约略言之。故有及世而未失者，亦有未及世而失者，运有迟速，终于失之，匪惟人事，抑天道矣。”陪臣：家臣。⑤政不在大夫：大夫不得专政。⑥议：非议，私议。刘氏《正义》：“谋论政事为议。”

［译文］

孔子说：“天下有道之时，礼乐征伐之事都决定于天子；天下无道之时，礼乐征伐之事往往决定于诸侯。［国家典礼政令，］如果决定于诸侯，这诸侯国大概传十代就会亡灭，很少能维持的；如果决定于下面的大夫，那他大概传五代就会失政，很少能保得住；如果国政决定于下面的家臣，那他大概传三代就要失政，很少能不失的。天下有道，大夫不可能把持国政。天下有道，老百姓也不会讽议国政。”

［疏义］

朱熹《集注》：“此章通论天下之势。”

《后案》：“上有私议，则下兴公议；上无正议，则下恣横议。”

（三）孔子曰：“禄之去公室五世矣①，政逮于大夫四世矣[②]，故夫三桓之子孙微矣[③]。”

[注释]

①禄之去公室五世矣：爵禄封赏之权不由鲁君决定，已经五代了。《集解》引郑氏：“言此之时，鲁定公之初。鲁自东门襄仲杀文公之子赤而立宣公，于是政在大夫，爵禄不从君出，至定公为五世矣。”禄，爵位和俸禄，这里亦兼指政事。五世，鲁文公之后的宣、成、襄、昭、定五世。②政逮于大夫四世矣：国政下决于大夫（季氏），已经四代了。逮，及。四世，旧注指季文子、武子、悼子、平子四代。《正义》引江永《群经补义》说：“当以文子、武子、平子、桓子为四世。”《正义》引方观旭《论语偶记》：“孟与叔已五世柄政，此经论三桓之子孙而统云‘四世’者，盖惟就季氏之世为言。季氏，孟、叔二家所宗也，……二家视季氏为盛衰，举季氏之世，而三桓可知矣。”③夫（fú）：指示代词。三桓：鲁国仲孙（后改称孟孙）、叔孙、季孙三卿，皆出于鲁桓公，故曰“三桓”，至鲁哀公时三家皆衰。微：衰微。

[译文]

孔子说：“爵禄封赏不由鲁君决定，已经五代了。国家政事下决于卿大夫，已经四代了。照这势头，那三桓子孙也会越发走向衰微。”

[疏义]

朱熹《集注》：“此章专论鲁事，疑与前章皆定公时语。”

（四）孔子曰：“益者三友，损者三友。友直[①]，友谅[②]，友多闻[③]，益矣；友便辟[④]，友善柔[⑤]，友便佞[⑥]，损矣。”

[注释]

①友直：和正直的人交朋友。友，这里作动词，交友。②谅：诚信。一说为宽恕，今不取。③多闻：闻见广博。④便辟（piánpì）：外饰容仪，以为卑逊之态。⑤善柔：以令色作媚悦之态。《集解》引马氏：“面柔也。”⑥便（pián）佞：巧言多辩。《集解》引郑氏：“便，辩也。谓佞而辩。”

[译文]

孔子说：“有益的朋友有三类，有害的朋友也有三类。交正直的朋友，交诚信的朋友，交博学多闻的朋友，都有益处；交虚伪恭顺的朋友，交故作谄媚的朋友，交巧言多辩的朋友，便有害了。”

［疏义］

《集注》：“友直则闻其过，友谅则进于诚，友多闻则进于明。”黄氏《后案》：“便辟者，习惯其般旋退避之容，一于卑逊，是‘足恭’也。善柔，……是‘令色’也。便佞，……是‘巧言’也。”刘氏《正义》说同。按，巧言、令色、足恭，见《公冶长》篇。

（五）孔子曰：“益者三乐①，损者三乐②。乐节礼乐③，乐道人之善④，乐多贤友⑤，益矣；乐骄乐⑥，乐佚游⑦，乐宴乐⑧，损矣。”

［注释］

①益者三乐：有益的乐事有三种。乐，喜好，以……为乐。②损者三乐：有害的乐事有三种。③节礼乐：以礼乐调节身心。④道人之善：称扬他人之善。一说，道同“导”，导人向善。今不从。⑤多贤友：多交结贤士为友。⑥骄乐：骄肆纵乐。⑦佚游：游荡无节。⑧宴乐：酒食宴饮。《集解》：“宴乐，沉荒淫渎也。”

［译文］

孔子说：“对人有益的快乐有三种，对人有害的快乐也有三种。喜欢以礼乐的中和来节制身心，喜欢称扬他人的优点，喜欢交结贤士为友，这就有益了；以骄肆放纵为乐，以游荡无节为乐，以酒食宴饮为乐，便有害了。”

［疏义］

《集注》：“骄乐则侈肆而不知节，佚游则惰慢而恶闻善，宴乐则淫溺而狎小人。”

（六）孔子曰：“侍于君子有三愆①：言未及之而言，谓之躁②；言及之而不言，谓之隐③；未见颜色而言④，谓之瞽⑤。”

[注释]

①君子：《集注》："君子，有德位者之通称。"愆（qiān）：过失。②躁：喧躁无礼。《集解》引郑氏："躁，不安静也。"③隐：隐匿。《集解》引氏："隐，匿不尽情实也。"④颜色：脸色。⑤瞽（gǔ）：盲，这里指缺乏观察力。

[译文]

孔子说："侍奉君子，容易犯三种过失。没轮到他，却先开口，叫作急躁；轮到他说话，却有意不说，叫作隐瞒；不看君子的脸色便开口，叫作盲瞽。"

[疏义]

刘氏《正义》引《荀子·劝学》："未可与言而言谓之傲，可与言而不言谓之隐，不观颜色而言谓之瞽。君子不傲，不隐，不瞽，谨顺其身。"

（七）孔子曰："君子有三戒①：少之时，血气未定，戒之在色；及其壮也，血气方刚，戒之在斗；及其老也，血气既衰，戒之在得②。"

[注释]

①戒：警惕，戒备。色：女色。②得：贪求。

[译文]

孔子说："君子有三事应当警惕：少年时，血气未定，要警戒于好色；壮年时，血气刚强，要警戒于好斗；等到年老，血气渐衰，要警戒贪得无厌。"

[疏义]

朱子《集注》："随时知戒，以理胜之，则不为血气所使也。"并引范氏曰："君子养其志气，故不为血气所动。"

（八）孔子曰："君子有三畏①：畏天命②，畏大人③，畏圣人之言④。小人不知天命而不畏也，狎大人⑤，侮圣人之言⑥。"

［注释］

①畏：敬畏。《集注》："严惮之意也。"《后案》引《曲礼》注："心服为畏。"②天命：何晏《集解》："顺吉逆凶，天之命也。"《集注》："天所赋之正理也。"③大人：皇疏："居位为君者。"刘氏《正义》引郑注："大人，谓天子诸侯为政教者。"④圣人之言：《集解》："圣人之言，谓五经典籍，圣人遗文也。"⑤狎：轻视。⑥侮：戏侮。

［译文］

孔子说："君子有三事长久敬畏：敬畏天命，敬畏君上，敬畏圣人之言。小人不觉得有天命故无所忌惮，轻视君上，嘲戏圣人之言。"

［疏义］

《后案》："天有扬善遏恶之道，立命者不敢懈；天有穷通得失之数，安命者不敢违；天有仁礼义信智之性，承命者不敢弃。"

（九）孔子曰："生而知之者，上也；学而知之者，次也；困而学之①，又其次也。困而不学②，民斯为下矣③。"

［注释］

①困：《集解》引孔氏："困，谓有所不通。"②困而不学：或自暴自弃，或自恃其能。③民：老百姓。

［译文］

孔子说："生来就明白一些事理的，是上贤；学习而认识事理的，是次一等的中才；遇到困惑、困境而学习，则是更次一等的人。那种遇到困惑、困境却又不肯求学的，就是那种下愚之民。"

［疏义］

皇疏："此章劝学也。"

（十）孔子曰："君子有九思①：视思明，听思聪②，色思温③，貌思恭④，言思忠，事思敬⑤，疑思问，忿思难⑥，见得思义⑦。”

［注释］

①思：深通，明达。②聪：通，达。③色：脸色。④貌：容仪。⑤敬：敬慎，不简慢。⑥忿（fèn）：怨怒。难：患难。⑦得：功名利禄。

［译文］

孔子说：“君子深察明通以下九个方面。目之所视，须能明察；耳之所闻，当无壅塞；与人相接，脸色要温和；周旋揖让，容仪应庄敬；口之出言，不得虚伪；身之行事，不可傲慢；心存所疑，当请教有识者；怒气欲发，要考虑到日后之患；名位禄利不妄取，必须合乎道义。”

［疏义］

《礼记·玉藻》记君子之九容，云：“足容重，手容恭，目容端，口容止，声容静，头容直，气容肃，立容德，色容庄。”

（十一）孔子曰：“见善如不及①，见不善如探汤②。吾见其人矣，吾闻其语矣③。隐居以求其志④，行义以达其道⑤。吾闻其语矣，未见其人也。”

［注释］

①见善如不及：即见贤思齐之义。及，赶上。②见不善如探汤：见不善之事情如手触热水，迅速逃避。汤，热水。③语：《集注》：“盖古语也。”④求其志：守其毕生之志趣。⑤达其道：行其所持守之道。

［译文］

孔子说：“见到善人善事，［竭力追求，］唯恐落后；见到不善之人、不善之事，如手探热水［，迅速远避］。我见过这样做的人，也听过这样的古话。能退隐避世以求保全一己之志，也能进取行义以发挥大道。我听说过这样的古话，但没见过这么做的人。”

［疏义］

“隐居以求其志，行义以达其道”，即《泰伯》篇“天下有道则见，无道则隐”之义。

（十二）齐景公有马千驷[①]，死之日，民无德而称焉。伯夷、叔齐饿于首阳之下[②]，民到于今称之。其斯之谓与[③]？

［注释］

①千驷（sì）：四千匹马。②伯夷、叔齐：商末孤竹君二子，伯夷为长，叔齐为幼。父将死，欲立叔齐。父卒后，叔齐让位伯夷。伯夷逃去，叔齐亦逃去。国人于是立孤竹君之中子。其后，武王伐纣，二人扣马而谏。商亡，二人耻食周粟，终饿死于首阳山。首阳：山名。其所在多有异说。《集解》引马氏：“首阳山在河东蒲坂县华山之北，河曲之中也。”刘氏《正义》谓此即雷首山。或谓在洛阳东北，或谓在陇西，或谓在辽西，今姑存疑。饿：指不食周禄，采薇而食。③其斯之谓与：《集解》引王氏曰：“此所谓以德为称者也。”《集注》引胡氏认为此上应有“诚不以富，亦祇以异”八字，为《颜渊》篇第十章错简在此。今不从。

［译文］

齐景公有马四千匹，死的时候，百姓想不出他有什么善行值得称述。古时伯夷、叔齐兄弟二人，饿于首阳山下，百姓到今天还称赞他们。这就是名以德立的道理吧？

［疏义］

此章首无“孔子曰”，或疑非孔子语。刘氏《正义》谓“此章亦孔子语”。钱穆《论语新解》：“《论语》文例，举古事古礼，章首皆无‘子曰’字，至下断语始著‘子曰’。若序而不论，则通章可不著‘子曰’字，非阙文。”此说可从。

宋人蔡节《论语集说》以为此章应连上章并为一章，“见善如不及，见不善如探汤”指齐景公见善人犹如未见，见不善仍欲尝试。刘氏《正义》斥为穿凿。

（十三）陈亢问于伯鱼曰[①]：“子亦有异闻乎[②]？”对曰：“未

也。尝独立[3]，鲤趋而过庭[4]。曰：‘学《诗》乎？’对曰：‘未也。’‘不学《诗》，无以言[5]。’鲤退而学《诗》。

他日[6]，又独立，鲤趋而过庭。曰：‘学礼乎？’对曰：‘未也。’‘不学礼，无以立[7]。’鲤退而学礼。闻斯二者[8]。”陈亢退而喜曰：“问一得三，闻《诗》[9]，闻礼，又闻君子之远其子也[10]。”

［注释］

①陈亢（gāng）：字子禽，孔子弟子。伯鱼：名鲤，孔子之子。②子：陈亢称呼伯鱼。异闻：指孔子对儿子的私教。③独立：孔子独立于堂，左右无人。④鲤：刘氏《正义》：“称‘鲤’者，将述对父之语，若当父前，子自称名也。”趋：快走。刘氏《正义》：“臣行过君前，子行过父前，皆当徐趋，所以为敬也。”庭：堂前为庭。⑤不学《诗》，无以言：皇疏：“言《诗》有比兴、答对、酬酢，人若不学《诗》，则无以与人言语也。”朱子《集注》：“事理通达而心气和平，故能言。”⑥他日：另一天。⑦不学礼，无以立：皇疏：“礼是恭俭庄敬，立身之本，人有礼则安，无礼则危。”朱子《集注》：“品节详明而德性坚定，故能立。”⑧闻斯二者：《集注》：“尝独立之时，所闻不过如此，其无异闻可知。”⑨闻：知道。⑩君子：指孔子。远：无所私厚。非疏远之义。

［译文］

陈亢问伯鱼：“您在老师处得到过特别的传授吗。”伯鱼回答：“未曾有过。记得他曾有一次独立在堂，我恭敬地快步走过庭中。他问我：‘你学《诗》没有？’我回答：‘没有。’他便说：‘不学诗，便不懂得言语之道。’于是我退下来就去学《诗》。

又有一天，他独立在堂，我仍快步过庭。他问我：‘学礼没有？’我回答：‘没有。’他说：‘不学礼，便不知如何立身。’我听了，退下来就去学礼。我私下里只听过学《诗》、学礼这两件事。”陈亢回去后高兴地说：“我问一事而收获三事：明白了学《诗》、学礼的重要，又知道君子［教儿子与学生一视同仁，］对儿子无所私厚。”

［疏义］

君子垂教，无分别之心，亦无所谓不传之秘。

（十四）邦君之妻①，君称之曰夫人，夫人自称曰小童②；邦人称之曰君夫人③，称诸异邦曰寡小君④；异邦人称之亦曰君夫人。

［注释］

①邦君：国君。②小童：未成人之称，自谦之词。③邦人：国人。④称诸异邦：刘氏《正义》据孙奇逢引郝敬说：“称诸异邦，如大夫士出使他邦致辞之类，非夫人自称也。”寡：《集注》：“寡，寡德，谦辞。”

［译文］

国君之妻，国君称她为“夫人”，她对国君自称“小童”；国人称她为“君夫人”，对外国人则称她“寡小君”；外国人对国人也称她为“君夫人”。

［疏义］

此章亦可见夫子之重正名。

《集解》引孔氏：“当此之时，诸侯嫡、妾不正，称号不审，故孔子正言其礼也。”

黄氏《后案》引《礼记·大传》：“名者，人治之大者也。”

阳货第十七

共二十四章

（一）阳货欲见孔子[①]，孔子不见，归孔子豚[②]。孔子时其亡也[③]，而往拜之。遇诸涂[④]。谓孔子曰：“来！予与尔言。”曰：“怀其宝而迷其邦[⑤]，可谓仁乎？”曰：“不可[⑥]。好从事而亟失时[⑦]，可谓知乎？”曰：“不可。日月逝矣[⑧]，岁不我与。”孔子曰：“诺。吾将仕矣。”

［注释］

①阳货：季氏家臣，名虎，曾囚季桓子而专鲁国之政，后奔晋。②归(kuì)：通“馈”，赠送。豚：小猪。③时：视，伺。亡：不在家。④诸：之于。涂：同“途”，路上。⑤怀：藏。宝：皇疏：“宝犹道也。”一说，身也。亦通。迷：使……惑乱。⑥曰不可：与下“曰不可”皆阳货自问自答语。此据《正义》所引明人郝敬之说。⑦亟（qì）：屡次，多次。失时：失掉机会。⑧逝：流逝。

［译文］

阳货想见孔子，孔子不愿意见。阳货就派人赠送孔子一只蒸熟的小猪。孔子［不得不回拜，］就趁阳货不在家时去回拜。不料回来时，在路上遇见了阳货。阳货对孔子说：“来，我有话和你说。”阳货说：“你空怀大道却［不肯出仕，］任由国家迷失方向，可以称得上仁吗？”阳货［不待孔子回答，］接着说：“不可以。——你希望从事政务却屡次丢掉机会，可以称得上智吗？”阳货又接着说：

“不可以。——时间一天天流逝，不会回来等我们了。”孔子曰：“好，我会出仕的。”

[疏义]

刘氏《正义》引《孟子·滕文公》云：“大夫有赐于士，不得受于其家，则往拜其门。”赵岐注：“阳货，鲁大夫也。孔子，士也。”

黄氏《后案》：“夫子之不绝阳货，与见南子同。往拜之，逊答之，而在己无干求之心。”

（二）子曰：“性相近也，习相远也①。”子曰：“唯上知与下愚不移②。”

[注释]

①习：后天的熏习。②上知与下愚：黄氏《后案》引《汉书·古今人表》：“可与为善，不可与为恶，是谓上知。可与为恶，不可与为善，是谓下愚。可与为善，可与为恶，是谓中人。”

[译文]

孔子说：“人性相近，因为后世习染不同，便有区别。”孔子又说：“只有上等的智者和下等的愚人是改变不了的。”

[疏义]

或谓后“子曰”二字为衍文。

朱子《集注》分为两章。

（三）子之武城①，闻弦歌之声②。夫子莞尔而笑曰③：“割鸡焉用牛刀④？”子游对曰：“昔者偃也闻诸夫子曰⑤：‘君子学道则爱人，小人学道则易使也⑥。’”子曰：“二三子⑦！偃之言是也。前言戏之耳⑧。”

[注释]

①之：适，到。武城：鲁之下邑，属费。《集解》引孔氏：“子游为武城宰也。”②弦歌：鼓琴瑟以和咏歌。③莞（wǎn）尔：微笑之貌。④割鸡焉用

牛刀：子游大才，以礼乐大道治武城小邑，或有材大用小之憾。此句有惜意，更有嘉美之情。⑤偃：子游自称。⑥道：礼乐之道。⑦二三子：孔子随行弟子。⑧前言戏之耳：《集解》："戏以治小而用大道也。"

[译文]

孔子来到武城，听见弦歌之音。孔子微笑着说："杀鸡何必用宰牛之刀？"子游说："过去我曾听夫子说过：'君子学礼乐之道，则能爱民；百姓学礼乐之道，更易使令。'"孔子对随行诸弟子说："二三子，言偃的话是对的，我前面说的是在开玩笑呢。"

[疏义]

刘氏《正义》："《毛诗·子衿》传：'古人教以诗乐，诵之歌之，弦之舞之。'夫子于武城得闻之者，《乐记》云：'古之教者，家有塾，党有庠。'春秋时，庠序之教废，故礼乐崩坏，《雅》《颂》之音不作。子游为武城宰，乃始复庠塾之教，于时受学者众，故夫子得闻弦歌之声也。"

（四）公山弗扰以费畔[①]，召，子欲往。子路不说[②]，曰："末之也已[③]，何必公山氏之之也[④]？"子曰："夫召我者[⑤]，而岂徒哉[⑥]？如有用我者，吾其为东周乎[⑦]！"

[注释]

①公山弗扰：季氏费邑之宰，曾与阳虎共执季桓子。畔：通"叛"，谋反。②说（yuè）：同"悦"。③末之也已：朱子《集注》："末，无也。言道既不行，无所往矣。"已，叹词。《集解》云："无可之则止耳。"则以"已"为实词，今不从。④之：适，往。⑤夫（fú）：发语词。⑥徒：空。⑦吾其为东周乎：《集解》："兴周道于东方，故曰东周。"

[译文]

公山弗扰据费邑谋叛季氏，派人来召孔子，孔子欲往。子路不高兴，说："无处可去了！但何必要去公山氏那里呀？"孔子说："来召我的，难道是徒然空召吗？如真有人用我，我定可以复兴西周之政于东方！"

［疏义］

黄式三《论语后案》："弗扰召孔子者，时孔子未仕，故得相召，依《左传》事当在定公八年。……且弗扰之 畔季氏，以张公室为名。其召夫子也，必以为三桓归政、己亦归邑，以此相召，其词为顺。当时阳虎作乱，三桓之子孙微，弗扰之叛，亦在虎奔失援之时。夫子望其各有悔过之机而欲往，往而谋果行，一归政，一归邑，去大都耦国之强，挽政逮大夫之失，纲纪已肃，盛治可次第举矣。夫子仕鲁，以堕都出甲为先，亦此道耳。惜乎此事在三桓固不易行，而弗扰亦究未能行，故卒不往也。于此不往，而后祸未绝，殆其仕鲁，堕都出甲，为之极难矣。"

（五）子张问仁于孔子①。孔子曰："能行五者于天下，为仁矣。"请问之。曰："恭、宽、信、敏、惠②。恭则不侮③，宽则得众④，信则人任焉⑤，敏则有功，惠则足以使人。"

［注释］

①子张问仁于孔子：此直称"孔子"，与上《季氏》篇同例，与前十五篇记者不同。翟灏《四书考异》以本章问仁横隔于公山、佛肸连类并载之间，颇觉不伦，疑此章原为《古论》《子张》篇之首，与今本末篇"子张问政"文势划一，录自一手。②恭：庄敬。敏：敏捷。刘氏《正义》引焦循《论语补疏》："敏之义为审。"亦通。惠：慈惠。③侮：受到侮慢。④众：民众之拥戴。⑤任：信赖。

［译文］

子张问仁道于孔子。孔子说："能行五事于天下，便是仁人了。"子张请问是哪五事。孔子说："庄敬、宽厚、诚信、勤敏、慈惠。庄敬能远耻辱，宽厚能得拥戴，诚实可得信赖，勤敏易获成功，慈惠则能使民。"

［疏义］

此章"宽则得众""信则人任焉""敏则有功"亦见《子张》篇。

（六）佛肸召①，子欲往。子路曰："昔者由也闻诸夫子曰：'亲于其身为不善者②，君子不入也③。'佛肸以中牟畔④，子之往也，如之何？"子曰："然，有是言也。不曰坚乎，磨而不磷⑤。不曰白乎，涅而不缁⑥。吾岂匏瓜也哉⑦？焉能系而不食⑧？"

［注释］

①佛肸（bìxī）：《集解》引孔氏以为乃晋大夫赵简子之邑宰。《史记·孔子世家》云："佛肸为中牟宰，赵简子攻范、中行，伐中牟。佛肸畔，使人召孔子。"或据此以为佛肸是范氏、中行氏之臣，其说可从。②亲：自。③不入：不入其国。④佛肸以中牟畔：佛肸以中牟距赵氏之伐，于晋为叛。当时晋国六卿各擅私权，互相攻伐。《左传》哀公五年："夏，赵鞅伐卫，范氏之故也，遂围中牟。"刘氏《正义》以为佛肸之召孔子，当在此年。中牟，故址在今河北邯郸附近。⑤磷（lìn）：薄。⑥涅（niè）：以黑色染物。缁：黑色。⑦匏（páo）瓜：亦称"瓠瓜"，其果实不堪食用。一说为天上星名。⑧系而不食：匏瓜不堪食用，长系于树，故称。一说，可系在腰，供人渡水。一说匏瓜星悬系于天，无所施用。

［译文］

佛肸来召孔子，孔子考虑去。子路说："过去我曾听老师说过：'亲身为恶者，君子不入其国。'现在佛肸盘踞中牟作乱，您却要去，这让人怎么说呢？"孔子说："是，我说过这话。［但是，］不是还有最坚硬的东西吗，磨也磨不薄；还有最洁白的东西，染也染不黑。我难道是匏瓜吗？岂能白白挂着而不堪食用呢？"

［疏义］

黄氏《后案》："弗扰畔季氏，佛肸畔赵氏，皆以张公室为名。夫子之往，皆欲平其乱而安公室耳。"

（七）子曰："由也，女闻六言六蔽矣乎①？"对曰："未也。""居②，吾语女③。好仁不好学，其蔽也愚④；好知不好学[5]，其蔽也荡[6]；好信不好学，其蔽也贼[7]；好直不好学，其蔽也绞[8]；好勇不好学，其蔽也乱；好刚不好学，其蔽也狂[9]。”

[注释]

①六言六蔽：亦是古成语。六言，即下文仁、知、信、直、勇、刚六德。蔽，遮蔽，障蔽，也指不明义理带来的弊端。《后案》：“蔽、弊通。”②居：坐。古礼，双膝著席，臀部放于脚踝上为坐。皇疏本“居”上有“曰”字。③语（yù）：告诉。女：汝。④愚：愚蠢。⑤知：同“智”。⑥荡：《集解》：“无所适守。”《集注》：“穷高极广而无所止。”⑦贼：《集注》：“伤害于物。”⑧绞：急切而不近人情。⑨狂：狂妄暴躁。《集解》：“妄抵触人也。”《集注》：“躁率。”

[译文]

孔子说：“仲由，你听过六种德行对应六种障蔽的说法吗？”子路回答：“没有。”孔子说：“你坐下，我告诉你。心好仁德却不好学，其弊为愚蠢；追求智慧却不好学，其弊则流荡而无所归；讲求诚信却不好学，其弊也害己害物；喜欢直率却不好学，其弊在急切而不近人情；心好勇敢却不好学，其弊易至犯上作乱；心好刚强却不好学，其弊易于狂妄暴躁。”

[疏义]

《泰伯》篇，子曰：“直而无礼则绞。”

《集注》：“六言皆美德，然徒好之而不学以明其理，则各有所蔽。”

（八）子曰：“小子[1]！何莫学夫《诗》[2]？《诗》，可以兴[3]，可以观[4]，可以群[5]，可以怨[6]。迩之事父，远之事君[7]，多识于鸟兽草木之名[8]。”子谓伯鱼曰：“女为《周南》《召南》矣乎[9]？人而不为《周南》《召南》，其犹正墙面而立也与[10]？”

[注释]

①小子：孔子称呼弟子。②何莫：何不。夫（fú）：指示代词。③兴（xīng）：由外物感发志意。《集解》引孔氏曰：“兴，引譬连类。”《集注》：

"感发志意。"二义兼之乃备。《周礼·春官》太师教六诗，有风、赋、比、兴、雅、颂六名。赋为直陈，叙物以言情。比是譬喻，索物以托情。兴亦兼比，触物以起情。④观：《集解》引郑氏曰："观风俗之盛衰。"《集注》："考见得失。"皆是。⑤群：《集解》引孔氏曰："群居相切磋。"⑥怨：《集解》引孔氏曰："怨刺上政。"《集注》："怨而不怒。"⑦迩（ěr）之事父，远之事君：《集注》："人伦之道，《诗》无不备。二者举重而言。"迩，近。⑧识：认识。⑨女：同"汝"。为：习。《周南》《召南》：《集解》引马氏曰："《周南》《召南》，国风之始，'乐得淑女以配君子'，三纲之首，王教之端。"《集注》："《周南》《召南》，《诗》首篇名。所言皆修身齐家之事。"旧说周是周公，召为召公，二南乃周、召二公之采邑，传文王之风化于南国。《周南》《召南》，多言人伦，其乐用于乡人、亦用于邦国，所关甚大。⑩正：黄氏《后案》："值也，当也。"墙面：即"面墙"。面，《后案》："面，向也。"

[译文]

孔子说："同学诸君，何不一起学《诗》呀？学《诗》，可以兴发志意，可以观风俗之兴衰，可以相互切磋，可以领会婉而多讽的修辞。近可以之承侍父母，远可以之奉侍君上，[小言之]也可借以多辨识鸟兽草木之名。"孔子对伯鱼说："你学过《周南》《召南》了吗？一个人如果不学习《周南》《召南》，那就像面对墙壁站着[，无法进于高远]呀！"

[疏义]

《后案》："当墙而向之立，跛于下不得升高，阻于近不能行远也。《诗序》曰：'《周南》《召南》，正始之道，王化之基。'《正义》曰：'远以近为始，高以下为基。'"

钱穆《论语新解》："孔子教人多识于鸟兽草木之名者，乃所以广大其心，导达其仁。诗教本于性情，不徒务于多识。"

（九）子曰："礼云礼云，玉帛云乎哉[1]？乐云乐云，钟鼓云乎哉？"

［注释］

①玉帛：《集解》引郑氏曰："玉，圭璋之属。帛，束帛之属。"帛二丈为一端，两端谓之匹，十端为一束。

［译文］

孔子说："礼呀礼呀，难道仅是指玉帛等礼物而言吗？乐呀乐呀，难道仅是指钟鼓等乐器而言吗？"

［疏义］

皇侃《论语义疏》引王弼云："于时所谓礼乐者，厚贽币而所简于敬，盛钟鼓而不合《雅》《颂》，故正言其义也。"又引缪播曰："玉帛，礼之用，非礼之本。钟鼓者，乐之器，非乐之主。"

《集解》引郑氏曰："言礼非但崇此玉、帛而已，所贵者，乃贵其安上治民也。"又引马氏曰："乐之所贵者，移风易俗也，非谓钟、鼓而已也。"《后案》："行礼、乐者，不'敬'、不'和'无以淑身，即无以'安上治民''移风易俗'。……《孝经》孔子曰：'移风易俗，莫善于乐；安上治民，莫善于礼。礼者，敬而已矣。'董子《繁露·玉杯篇》：'志敬而节具，君子予之知礼；志和而音雅，君子予之知乐。'此诸注所本。"

（十）子曰："色厉而内荏[①]，譬诸小人[②]，其犹穿窬之盗也与[③]？"

［注释］

①荏（rěn）：《集解》引孔氏曰："荏，柔也。"②譬诸小人：用小人作比喻。③穿：穿过。窬（yú）：门旁小洞。或作动词用，同"逾"，今不从。

［译文］

孔子说："外表严正，内心怯弱，［这样的人，］如果用坏人作比喻，就像是钻洞入窃的盗贼吧！"

［疏义］

刘氏《正义》引刘宝树《经义说略》："此'穿窬'犹言穿户，与'逾墙'之'逾'不同。"

（十一）子曰："乡原①，德之贼也②！"

［注释］

①乡：乡里。原（yuàn）：同"愿"，谨慤良善之貌。②贼：害。

［译文］

孔子说："乡原这种是非不明的老好人是败坏道德之辈。"

［疏义］

《孟子·尽心下》篇记万章问曰："一乡皆称原人焉，无所往而不为原人，孔子以为德之贼，何哉？"孟子曰："非之无举也，刺之无刺也，同乎流俗，合乎污世，居之似忠信，行之似廉洁，众皆悦之，自以为是，而不可与入尧舜之道，故曰'德之贼'也。"乡原不狂不狷，有似中道，而实非也，其所为惑人甚深，故孔子言其害德。

（十二）子曰："道听而涂说①，德之弃也。"

［注释］

①道：道路。涂：同"途"，路途。

［译文］

孔子说："道路上有所闻见，便马上转述传扬，非有德者所为。"

［疏义］

皇侃《论语义疏》云："记问之学，不足以为人师，人师必当温故而知新，研精久习，然后乃可为人传说耳。若听之于道路，道路仍即为人传说，必多谬妄，所以为有德者所弃也，亦自弃其德也。"

（十三）子曰："鄙夫可与事君也与哉①？其未得之也，患得之②；既得之，患失之。苟患失之③，无所不至矣。"

［注释］

①鄙夫：无德之人。《集注》："庸恶陋劣之称。"可与：可以。刘氏《正义》

引王引之《经传释词》云："'与'犹'以'也。下文'患得''患失'，皆言鄙夫所以不可事君之故，非谓不可与鄙夫事君也。"②患得之：《集解》引孔氏曰："'患得之'者，谓患不能得之。"刘氏《正义》引臧琳《经义杂记》云："古人之言，多气急而文简，如《论语》'其未得之也，患得之'，以得为不得，犹《尚书》以可为不可。"又引焦循《论语补疏》云："古人文法有缓急。'不显'，显也，此缓读也。《公羊传》：'如勿与而已矣。'何休注云：'如，即不如也。齐人语也。'此急读也。以得为不得，犹以如为不如。"说皆是。③苟：假如。

［译文］

孔子说："鄙夫可以事君吗？［这种人心逐名利，］他没得到时，唯恐得不到；终于得到了，又生怕失掉。如果生怕失掉，他会无所不用其极的。"

［疏义］

黄氏《后案》云："此言鄙夫当朝不可同仕也。"今不取。

（十四）子曰："古者民有三疾①，今也或是之亡也②。古之狂也肆③，今之狂也荡④；古之矜也廉⑤，今之矜也忿戾⑥；古之愚也直，今之愚也诈而已矣。"

［注释］

①疾：毛病，缺点。《集注》："气失其平则为疾，故气之偏者亦谓之疾。"②是：此，指代"三疾"。《后案》以为"古民"，似非。亡：同"无"。③肆：《集解》引包氏曰："肆，极意敢言。"《集注》："谓不拘小节。"④荡：《集解》引孔氏曰："荡，无所据。"⑤廉：《集解》引马氏曰："廉，有廉隅。"指人行为方正。⑥忿戾：刚愎好怒。

［译文］

孔子说："古人常见有三种毛病，今人或许连这些毛病也够不上了。古代的狂士放言直肆，现在的狂士便显得胸无所守了；古代矜持之人行为方正有节，现在的矜持之人却刚愎而好怒；古代的愚者性情直率，现在的愚者简直是变诈百出了。"

[疏义]

朱子《集注》："伤俗之益衰也。……范氏曰：'末世滋伪。岂惟贤者不如古哉？民性之蔽，亦与古人异矣。'"

《后案》："古之教化淳，贤者少疾，凡民多疾，犹本于质之自然。后世民之疾，医家所谓证与脉不对者，习俗传染之尤恶者也。"

（十五）子曰："巧言令色[①]，鲜矣仁[②]。"

[注释]

①令：善。②鲜（xiǎn）：少。

[译文]

孔子说："花言巧语，装好脸色，这种人身上缺少仁德呀。"

[疏义]

《集解》引王氏曰："巧言无实，令色无质。"邢昺《论语注疏》："此章与《学而》篇同。弟子各记所闻，故重出之。"

（十六）子曰："恶紫之夺朱也[①]，恶郑声之乱雅乐也[②]，恶利口之覆邦家者[③]。"

[注释]

①紫：以黑加赤为紫。朱：赤色。②郑声：《集解》引包氏曰："郑声，淫声之哀者。"③利口：巧言善辩者。覆：倾覆。

[译文]

孔子说："我厌恶紫色夺走朱色的地位，厌恶郑声淆乱雅乐，厌恶巧言善辩者覆乱家国。"

[疏义]

《乡党》篇"红紫不以为亵服"，皇疏《论语义疏》："五方正色，青、赤、白、黑、黄。五方间色，绿为青之间，红为赤之间，碧为白之间，紫为黑之间，缁为黄之间也。故不用红紫，言是间色也。"

刘氏《正义》则云："《困学纪闻》：'周衰，诸侯服紫。《玉藻》云：

"玄冠紫緌。自鲁桓公始。"《管子》云："齐桓公好服紫衣，齐人尚之，五素易一紫。"皆周衰之制也。'江氏永《乡党图考》又引'浑良夫紫衣，僭君服'，是当时好服紫矣。夫子以紫夺朱，恶之，非谓其间色也，若他间色红绿碧缁之类，皆得用之。"刘说可以。

（十七）子曰："予欲无言。"子贡曰："子如不言，则小子何述焉[①]？"子曰："天何言哉？四时行焉，百物生焉，天何言哉？"

[注释]

①述：遵行。

[译文]

孔子说："我不想再多所言说了。"子贡说："夫子如果不多言说，那我们如何遵行呢？"孔子回答："老天说了什么呢？四季正常运行，百物兴藏生息。老天说了什么呢？"

[疏义]

皇侃《论语义疏》引王弼曰："子欲无言，盖欲明本。举本统末，而示物于极者也。夫立言垂教，将以通性，而弊至于湮；寄旨传辞，将以正邪，而势至于繁。既求道中，不可胜御。是以修本废言，则天而行化，以淳而观，则天地之心见于不言，寒暑代序，则不言之令行乎四时。天岂谆谆者哉！"

朱子《集注》："此与前篇'无隐'之意相发，学者详之。"

刘氏《正义》："夫子本以身教，恐弟子徒以言求之，故欲无言，以发弟子之悟也。……其教人也，亦以身作则，故有威可畏，有仪可象，亦如天道之自然循行，望之而可知，仪之而可得，固不必谆谆然有话言矣。"

（十八）孺悲欲见孔子[①]，孔子辞以疾[②]。将命者出户[③]，取瑟而歌，使之闻之[④]。

[注释]

①孺悲：《集注》："孺悲，鲁人，尝学士丧礼于孔子。"按《礼记·杂记

下》："恤由之丧，哀公使孺悲之孔子学士丧礼，士丧礼于是乎书。"②辞以疾：托病推辞不见。③将命者：传辞者。刘氏《正义》："此指主人之介，传主人之辞者也。"④之：指将命者。闻：使……闻知。之：指孺悲。

［译文］

孺悲求见孔子，孔子托病推辞不见。等传命者出门，孔子即取瑟而弹，并依声以歌，故意使传命者听到并告知孺悲。

［疏义］

黄氏《后案》："弟子有罪，礼可面斥，辞疾闻歌，非弟子也。《仪礼·士相见礼》疏云：'孺悲欲见孔子，不由绍介，故辞以疾。'或然也。吕伯恭谓使之闻之，是孺悲犹在可教之列。孺悲归自克责，后日进德，夫子以士丧礼传之。士丧礼之传，孺悲预有功，亦当时不屑教诲之力。"

朱子《集注》："此孟子所谓'不屑之教诲'，所以深教之也。"按《孟子·告子下》："教亦多术矣。予不屑之教诲也者，是亦教诲之而已矣。"

（十九）宰我问："三年之丧①，期已久矣②。君子三年不为礼，礼必坏；三年不为乐，乐必崩③。旧谷既没④，新谷既升⑤，钻燧改火⑥，期可已矣⑦。"子曰："食夫稻⑧，衣夫锦⑨，于女安乎？"曰："安。""女安⑩，则为之。夫君子之居丧，食旨不甘，闻乐不乐，居处不安⑪，故不为也。今女安，则为之！"宰我出。子曰："予之不仁也！子生三年，然后免于父母之怀⑫。夫三年之丧，天下之通丧也⑬。予也有三年之爱于其父母乎！"

［注释］

①三年之丧：旧说一般据郑玄之解，认为丧期二十七月。《仪礼·士虞礼》："朞而小祥……又朞而大祥……中月而禫。是月也，吉祭，犹未配。"郑玄注："中犹间也……与大祥间一月，自丧至此凡二十七月。"即十三月行小祥之祭，二十五月行大祥之祭，二十七月行禫祭。王肃则以为丧期为二十五月，或是据《礼记·三年问》之文。②期（qī）：时间。③三年不为礼，礼必坏；三年不为乐，乐必崩：刘氏《正义》："此亦古成语。谓人久不为礼乐，则致崩坏，

非为居丧者言。而当时短丧者或据为口实，故宰我亦直述其语，不为讳隐也。”坏，废弃。崩，崩塌，消解。④没：尽。⑤升：登。⑥钻燧改火：《集解》引马氏曰：“《周书·月令》有更火之文，春取榆柳之火，夏取枣杏之火，季夏取桑柘之火，秋取柞楢之火，冬取槐檀之火。一年之中，钻火各异木，故曰改火也。”燧，取火之木。钻燧之法，刘氏《正义》引周柄中《四书典故辨正》云：“钻燧之法，书传不载。揭子宣《璇玑遗述》云：‘如榆刚取心一段为钻，柳刚取心方尺为盘，中凿眼，钻头大，旁开寸许，用绳力牵如车，钻则火星飞爆出窦，薄煤成火矣。此即庄子所谓“木与木相摩则燃”者，古人钻燧之法，意亦如此。’今案揭说颇近理。若然，则‘春取榆柳’者，正用两木，一为钻，一为燧也。其枣杏桑柘，意亦然矣。”改火之理，刘氏《正义》：“《周官·司爟》云：‘四时变国火，以救时疾。’《管子·禁藏篇》：‘钻燧易火，所以去兹毒也。’盖四时之火，各有所宜，若春用榆柳，至夏仍用榆柳便有毒，人易以生疾，故须改火以去兹毒，即以是救毒也。”⑦期（jī）：同“朞”，周年。⑧夫（fú）：指示代词。稻：皇侃《论语义疏》：“北人重稻，稻为嘉食，唯盛膳乃食之耳。平常所食，食黍稷之属也。”⑨衣（yì）：穿。锦：锦衣，丝织品，有文采。⑩女：同“汝”。⑪君子之居丧，食旨不甘，闻乐不乐，居处不安：《孝经·丧亲章》子曰：“孝子之丧亲也，哭不偯，礼无容，言不文，服美不安，闻乐不乐，食旨不甘，此哀戚之情也。”食旨不甘，吃到美味也不觉得可口，因为心中悲哀，所以根本不会去吃。《礼记·间传》云：“父母之丧，既殡食粥。……既虞卒哭，疏食水饮，不食菜果。期而小祥，食菜果。又期而大祥，有醯酱。中月而禫，禫而饮醴酒。”闻乐不乐，听到音乐也不开心，因为心中悲哀，所以根本不会去听。刘氏《正义》：“自大祥之前，不与于乐。”居处不安，居住舒适也不觉得安泰，因为内心哀伤，因此不会讲究舒适。《礼记·间传》云：“父母之丧，居倚庐，寝苫枕块，不说绖带。……既虞卒哭，柱楣翦屏，苄翦不纳。期而小祥，居垩室，寝有席。又期而大祥，居复寝。中月而禫，禫而床。’”⑫怀：怀抱。⑬通丧：不论尊卑，天下通行的丧礼。

［译文］

宰我问：“［父母去世，］居丧三年，为时也太久了吧。君子三年不习礼，礼必有所废弃；三年不习乐，乐必有所失传。旧谷吃完，新谷已收，取火用的燧木也改换了一轮。居丧满一年，应该可以了吧。”孔子问：“［一年之后，就］吃白米，穿锦缎，你能心安吗？”宰我回答：“心安。”孔子说：“你既然心安，就去做吧。君子居丧守孝，哀思不绝，吃了美味也不觉得甘美，听了音乐也不开心，居住舒适也不觉安泰，所以他根本无心享受。如今你既然觉得心安，就那样去做好了。”宰我退了出去。孔子［对弟子们］说：“宰予真是不仁呀！［须知］儿女出生后，三年才能完全脱离父母的怀抱。为父母守孝三年，［不论尊卑，］是天下通行的丧礼。宰予从他父母那儿真有过三年怀抱之爱吗？”

［疏义］

黄氏《后案》：“《礼·三年问》篇：‘至亲以期断，是何也？曰：天地则已易矣，四时则已变矣，其在天地之中者莫不更始焉，以是象之也。然则何以三年也？曰：加隆焉尔也，焉使倍之，故再期也。’据礼说，则三年之丧以期年进之而加隆也。……宰我此时或亦牵于歧论，而惑于生寄死归之说，欲去加隆之数焉。”

刘氏《正义》引梁玉绳《瞥记》：“闵二年：‘吉禘于庄公。’《传》云：‘讥始不三年也。’文二年：‘公子遂如齐纳币。’《传》云：‘讥丧娶也。’盖周衰礼废，三年之丧久已不行。《论语》宰我问三年丧，……疏引缪协谓宰我思启愤于夫子以戒将来，义在屈己明道。此解极确。与齐宣王欲短丧不同。”

（二十）子曰：“饱食终日，无所用心，难矣哉[①]！不有博弈者乎[②]？为之，犹贤乎已[③]。”

［注释］

①难：刘氏《正义》：“难以成德也。”②博：《说文》作“簙”，“局戏也，六箸十二棋也。”皇疏：“十二棋对而掷采者也。”即掷采（骰子）行棋以争胜负之戏。弈，围棋。③贤：胜。已：止，指饱食无事。

［译文］

孔子说：“整天吃饱饭，却无所用心，难以成德呀！不是还有掷采博戏和下围棋吗？玩玩这个，也比无所用心地闲着好呀。”

[疏义]

朱子《集注》引李氏曰：“圣人非教人博弈也，所以甚言无所用心之不可尔。”

刘氏《正义》：“《孟子·告子篇》：‘今夫奕之为数，小数也，不专心致志，则不得也。’是博弈皆用心也。”

（二十一）子路曰：“君子尚勇乎①？”子曰：“君子义以为上②。君子有勇而无义为乱，小人有勇而无义为盗③。”

[注释]

①君子：邢疏：“君子指在位者。”尚：崇尚。勇：勇武。②义：邢疏：“合宜为义。”上：尚，崇尚。③小人：小民，普通百姓。

[译文]

子路问：“在位君子也崇尚勇武吗？”孔子说：“君子以义为尊。君子有勇无义，很容易作乱；小民有勇无义，往往行盗窃之事。”

[疏义]

黄氏《后案》引《礼记·聘义》：“所贵于勇敢者，贵其能以立义也。”

（二十二）子贡曰：“君子亦有恶乎①？”子曰：“有恶，恶称人之恶者，恶居下流而讪上者②，恶勇而无礼者，恶果敢而窒者③。”曰④：“赐也亦有恶乎？”“恶徼以为知者⑤，恶不孙以为勇者⑥，恶讦以为直者⑦。”

[注释]

①君子：皇疏引江熙曰：“君子即夫子也。”恶（wù）：憎恶。②下流：下位。旧本或无“流”字。讪：毁谤。③窒：《集解》引马氏曰：“窒，窒塞也。”④曰：孔子曰。⑤徼（jiāo）：《集解》引孔氏曰：“徼，抄也。抄人之意以为己有。”知：同“智”。⑥孙：同“逊”，谦让。⑦讦（jié）：《集解》引包曰：“攻发人之阴私。”

［译文］

子贡问："夫子您也有所厌恶吗？"孔子说："有的。我厌恶喜欢称说别人坏处的人，厌恶居下位却毁谤上级的人，厌恶勇敢却无礼的人，厌恶果敢专断却冥顽不灵的人。"孔子接着问："赐呀，你也有所厌恶吗？"子贡回答："我厌恶抄袭他人言论而自诩聪明的人，厌恶不知逊让却自诩勇敢的人，厌恶当面揭发别人阴私却自诩直率的人。"

（二十三）子曰："唯女子与小人为难养也①，近之则不孙②，远之则怨。"

［注释］

①女子：妾侍。小人：朱子《集注》："亦谓仆隶下人也。"刘氏《正义》："即此篇上章所指'乡原''鄙夫'之属。"养：待。②孙：同"逊"，谦顺。

［译文］

孔子说："只有妾侍与仆隶最难相处。亲近他们，便不知逊让；疏远他们，又易生怨恨。"

［疏义］

朱子《集注》："君子之于臣妾，庄以莅之，慈以畜之，则无二者之患矣。"

刘氏《正义》："此为有家国者戒也。"

（二十四）子曰："年四十而见恶焉①，其终也已②。"

［注释］

①恶（wù）：被厌恶。②其：表揣测语气。终：最终。已：停止不进。

［译文］

孔子说："［一个人］如到四十岁还被大家所厌恶，恐怕最后也无法再改善了。"

［疏义］

朱子《集注》："四十，成德之时。见恶于人，则止于此而已。勉人及时迁善改过也。"

微子第十八

共十一章

（一）微子去之①，箕子为之奴②，比干谏而死③。孔子曰："殷有三仁焉④。"

[注释]

①微子：纣王同母庶兄，为王朝卿士，名启。微是王畿内封地，子为爵名。武王灭纣后，复微子之位，后又改封国于宋，为宋公。《尚书·微子之命》孔颖达疏引《吕氏春秋·仲冬纪》："纣之母生微子启与仲衍，尚为妾，已而为妻，后生纣。纣父欲立启为太子，太史据法而争之曰：'有妻之子，不可立妾之子。'故纣为后。"去之：离开纣王。②箕子：纣王叔父，亦为王朝卿士，名胥余。箕为王畿内封地，子为爵名。武王灭纣后，封箕子于朝鲜。奴：《后案》："罪隶之奴也。"箕子有爵，不得为奴，于是被发佯狂，方入为奴。③比干：纣王叔父。谏而死：纣王无道，比干直谏，纣王杀之，剖其心。④焉：于是，在那时。

[译文]

[纣王无道,] 微子离开了他，箕子被贬为奴隶，比干因劝谏而被杀。孔子说："殷商当年有三位仁人。"

[疏义]

黄氏《后案》："此篇记叙隐遁之事，而先之以此，见殷之亡由于不用贤也。"

刘氏《正义》引朱彬《经传考证》："此章止叙比干之谏，一似微、箕两贤初无一言之悟主者，不知非也。微、箕之谏，已贯于比干之谏之中，特文势蝉联而下，使人不觉耳。《宋世家》曰：‘纣既立，不明，淫乱于政，微子数谏，纣不听。’……又曰：‘纣为淫泆，箕子谏，不听。’……微、箕非不谏也，特比干被祸尤烈耳。”

刘氏《正义》：“同姓之臣无去理。然微子实处不得不去之势。……微子之去，在箕、比事后，彼见二子及己谏已不行，故听太师、少师之劝，然后去也。……夫子之次三子，或如胡炳文《四书通》谓‘先易者，后难者’也。”

（二）柳下惠为士师[①]，三黜[②]。人曰：“子未可以去乎[③]？”曰：“直道而事人，焉往而不三黜[④]？枉道而事人，何必去父母之邦？”

[注释]

①柳下惠：皇疏：“展禽也。”士师：典狱之官。刘氏《正义》：“此官王朝得有下大夫，若侯国，不过以中下士为之。”②三黜：三次贬退。刘氏《正义》：“三黜仍为此官，故先言‘为士师’，明非改官也。”③去：离开。④焉：何。枉：歪曲。

[译文]

柳下惠担任鲁国的典狱官，三次被贬退。有人对他说：“你不能离开鲁国吗？”柳下惠回答：“我奉行正直之道工作，到哪里不被贬黜呢？如果我枉道求容，又何必要离开家国呢？”

[疏义]

黄氏《后案》：“上章赞三仁，见宗臣有可去之道。柳下惠是鲁惠公之后，同姓之臣，恋恋于父母之国，情也。”

刘氏《正义》：“柳下被黜不去，即是‘降志辱身’之事，然不为枉道，故孟子称为‘圣之和’。”

（三）齐景公待孔子曰[①]：“若季氏，则吾不能，以季、孟之间待之[②]。”曰：“吾老矣[③]，不能用也。”孔子行。

[注释]

①齐景公：名杵臼，齐灵公之子，齐庄公之弟，在位五十八年。待孔子：

刘氏《正义》：“《史记·孔子世家》作‘止孔子’，谓商所以安止之也。”晏婴谏齐景公不用孔子，齐大夫欲害孔子，景公虽不忘孔子，亦终不能用。据史记《世家》，此事在孔子三十五岁之后，四十二岁之前。②以季、孟之间待之：朱子《集注》：“鲁三卿，季氏最贵，孟氏为下卿。”周柄中《四书典故辨正》卷十一：“三桓位次，季为上，叔次之，孟为下。……以季、孟之间待之，则明明在季之下、孟之上，即谓将以叔孙氏待孔子，亦无不可。”③老：刘氏《正义》：“景公之生当在成（公）十七八年，计其即位时已二十七八岁。至孔子因鲁乱适齐，则在景公三十一年后。故阎氏若璩《释地》谓孔子在齐，为景公三十三年，时年已六十，故称‘老’。”

[译文]

齐景公谈到留用孔子的待遇时说：“像鲁君对待季孙那样，我做不到。我可以给他季孙、孟孙之间的待遇。”后来，又说：“我已经老了，不能用他了。”于是孔子离开了齐国。

[疏义]

刘氏《正义》：“待孔子与‘吾老’之言，非在一时，故《论语》用两‘曰’字别之。”

（四）齐人归女乐①，季桓子受之②，三日不朝，孔子行。

[注释]

①归（kuì）：通“馈”。②季桓子：《集解》引孔氏曰：“桓子，季孙斯也，使定公受齐之女乐，君臣相与观之，废朝礼三日。”桓子主要执政于鲁定公时期，死于哀公三年（前492）。

[译文]

齐国赠送了一批女乐给鲁国，季桓子接受了，三天不问朝政，孔子于是离开了鲁国。

[疏义]

《史记·孔子世家》：“定公十四年，孔子年五十六，由大司寇行摄相事。……与闻国政三月，粥羔豚者弗饰贾；男女行者别于涂；涂不拾遗；四方之客至乎邑者不求有司，皆予之以归。齐人闻而惧，曰：‘孔子为政必霸，霸则吾地近焉，我之为先并矣。盍致地焉？’黎鉏曰：‘请先尝沮之；沮之而不可则致地，庸迟乎！’于是选齐国中女子好者八十人，皆衣文衣而舞《康乐》，文马三十驷，遗鲁君。陈女乐、文马于鲁城南高门外。季桓子微服往观再三，将受，乃语鲁君为周道游，往观终日，怠于政事。子路曰：‘夫子可以行矣。’孔子曰：‘鲁今且郊，如致膰乎大夫，则吾犹可以止。’桓子卒受齐女乐，三日不听政；郊，又不致膰俎于大夫。孔子遂行。”

《韩非子·内储说下》：“仲尼为政于鲁，道不拾遗。齐景公患之。犁且谓景公曰：‘去仲尼犹吹毛耳。君何不迎之以重禄高位，遗（哀）［定］公女乐以骄荣其意。（哀）［定］公新乐之，必怠于政，仲尼必谏，谏必轻绝于鲁。’景公曰：‘善。’乃令犁且以女乐二八遗（哀）［定］公，（哀）［定］公乐之，果怠于政。仲尼谏，不听，去而之楚。”可见，齐人馈女乐，孔子已有谏止之词。

刘氏《正义》引江永《乡党图考》：“按《世家》归女乐，去鲁适卫，皆叙于定公十四年。非也。……考《十二诸侯年表》及《卫世家》，皆于灵公三十八年书‘孔子来，禄之如鲁’。卫灵三十八当鲁定十三。盖女乐事在十二、十三冬春之间。去鲁实在十三年春。”

（五）楚狂接舆歌而过孔子①，曰：“凤兮凤兮，何德之衰②？往者不可谏，来者犹可追③。已而④，已而，今之从政者殆而⑤！”孔子下⑥，欲与之言。趋而辟之⑦，不得与之言。

［注释］

①接舆：异说纷纭。《集解》引孔氏曰：“接舆，楚人。”皇疏：“接舆，楚人也，姓陆，名通，字接舆。昭王时，政令无常，乃被发佯狂不仕，时人谓之为楚狂也。”刘氏《正义》：“冯氏景《解春集》谓接是姓，舆是名。……接舆乃其未隐时所传之姓字。后人因‘孔子下’解为‘下车’，遂谓楚狂与夫子之舆相接而歌，误也。”杨伯峻《论语译注》引曹之升《四书摭余说》云：“《论语》所记隐士皆以其事名之。门者谓之‘晨门’，杖者谓之‘丈人’，津者谓之‘沮’‘溺’，接孔子之舆者谓之‘接舆’，非名亦非字也。”今亦难

定，姑以为人名。②凤兮凤兮，何德之衰：《集解》引孔氏曰："比孔子于凤鸟。凤鸟待圣君乃见，非孔子周行求合，故曰衰。"③往者：过去的事。谏：修正。来者：未来的事。追：及。指尽早隐退。④已：止。犹云"算了""罢了"。刘氏《正义》引陈奂《论语孔注辨伪序》云："已，止也，止所止息也。此即教孔子避乱隐居之意。"而：助词。⑤殆：邢疏："危也。言今之从政者皆无德，自将危土无日。"⑥下：《集解》引包氏曰："下车。"一说指下堂，今不取。⑦趋：疾行。

［译文］

楚国狂士接舆高歌而过孔子之门，唱道："凤鸟呀，凤鸟呀！你为什么这么倒霉？过往的事不能再挽回，未来的事还可以早做决定。还是算了吧，算了吧！现在的当政者已经没有希望了。"孔子［听到，急忙］下堂，想和他说话。只见那狂人急行远避，没能和他说上话。

［疏义］

据《孔子世家》，孔子困于陈、蔡之间，后使子贡至楚，楚昭王兴师迎孔子。昭王欲以书社地七百里封孔子，被令尹子西谏止。其后昭王卒。即有楚狂接舆歌而过孔子之事。《庄子·人间世》："孔子适楚，楚狂接舆游其门曰：'凤兮凤兮！何如德之衰也！来世不可待，往世不可追也。天下有道，圣人成焉；天下无道，圣人生焉。方今之时，仅免刑焉。福轻乎羽，莫之知载；祸重乎地，莫之知避。已乎已乎，临人以德！殆乎殆乎，画地而趋！迷阳迷阳，无伤吾行！吾行却曲，无伤吾足！'山木，自寇也；膏火，自煎也。桂可食，故伐之；漆可用，故割之。人皆知有用之用，而莫知无用之用也。"歌词较《论语》所载为详。

黄氏《后案》："楚狂歌词尊敬圣人，复为圣人防患，叹息时事，情词悲切。……歌语'衰''追'为韵，……'已''殆'为韵。"

（六）长沮、桀溺耦而耕①，孔子过之，使子路问津焉②。长沮曰："夫执舆者为谁③？"子路曰："为孔丘。"曰："是鲁孔丘与？”曰：“是也。”曰：“是知津矣。”问于桀溺。桀溺曰：“子为谁？”曰：“为仲由。”曰：“是鲁孔丘之徒与？”对曰：“然。”曰：“滔滔者天下皆是也④，而谁以易之⑤？且而与其从辟人之士也⑥，岂若从辟世之士哉⑦？”耰而不辍⑧。

子路行以告。夫子怃然⑨，曰：“鸟兽不可与同群，吾非斯人之徒与而谁与⑩？天下有道，丘不与易也⑪。”

［注释］

①长沮、桀溺：隐士之名。刘氏《正义》引金履祥《论语集注考证》：“长沮、桀溺，名皆从水。子路问津，一时何自识其姓名？谅以其物色名之，如荷蒉、晨门、荷蓧丈人之类。盖二人耦耕于田，其一长而沮洳，其一桀然高大而涂足，因以名之。”备参。耦：二耜并耕。或一前一后，未必并肩。《集解》引郑氏曰：“耜，广五寸，二耜为耦。”②津：《集解》引郑氏曰：“济渡处。”③夫：代词，彼，那个。执舆：执辔驾车。皇疏：“子路初在车上，即为御，御是执辔。今既下车而往问津，则废辔与孔子。孔子时执辔。”④滔滔：水流浊乱之貌。或谓此为《鲁论》，《古论》作“悠悠”。⑤以：《集注》：“以，犹与也。”⑥而：同“尔”，汝，指子路。辟（bì）人之士：指孔子。辟，同“避”。⑦辟世之士：桀溺自称。⑧耰（yōu）：汉石经作“櫌”。《说文》：“櫌，摩田器。……《论语》曰：‘櫌而不辍。’”《集解》引郑氏曰：“覆种。”刘氏《正义》：“櫌本器名，用以摩田。而此云‘覆种’者，徐锴《说文系传》云：‘谓布后以此器摩之，使土开发处复合，以覆种也。’是也。江永《群经补义》：‘……问诸北方农人曰：播种之后，以土覆是，摩而平之，使种入土，鸟不能啄也。’”辍：止也。⑨怃（wǔ）然：怅然不动之态。《集解》：“为其不达己意而便非己也。”⑩斯：此。人：世人。与：亲近，接触。⑪易：改易。

［译文］

长沮、桀溺两人一起耕田，孔子经过，叫子路问他们过河的渡口在哪儿。

长沮问子路说：“那位驾车人是谁？”子路回答：“是孔丘。”

长沮又问："是鲁国那个孔丘吗？"子路说："是的。"长沮便说："［孔丘四处周游，］他自己清楚渡口在哪。"子路又转问桀溺。桀溺反问子路："你是谁？"子路回答："我是仲由。"桀溺又问："是鲁国那位孔丘的门徒吗？"子路回答："是的。"桀溺便说："浊流滚滚，天下哪里都一样，你们能和谁一起去改变呢？而且你与其跟着［孔丘那种］整天远避坏人的人，还不如跟着［我们这些］躲避乱世的人呢！"边说着，还边以土覆种。

子路回来，把听到的话告诉了孔子。孔子［听后，］怅然若失，说："［咱们不是隐士，］不可以和鸟兽一起生活。咱们不和世人接触，又能和谁亲近呢？如果天下太平，我也不会和大家一道努力去改变了。"

［疏义］

据《世家》，此事在孔子"去叶反于蔡"之际，时孔子六十二岁。黄氏《后案》："避世者视世人皆鸟兽也。圣人非特不敢自谓避世，并不敢自谓避人言。人本同类，安得绝之？以为必不可易，此仁心也。圣人不好隐，一则以君臣大伦之不可废，一则以斯人吾与之不可绝。"

（七）子路从而后①，遇丈人以杖荷蓧。②

子路问曰："子见夫子乎？"丈人曰："四体不勤，五谷不分③，孰为夫子？"植其杖而芸④。子路拱而立⑤。止子路宿⑥，杀鸡为黍而食之⑦，见其二子焉。

明日，子路行以告。子曰："隐者也。"使子路反见之。至，则行矣⑧。子路曰⑨："不仕无义⑩。长幼之节，不可废也⑪；君臣之义，如之何其废之？欲洁其身，而乱大伦⑫。君子之仕也，行其义也。道之不行，已知之矣。"

［注释］

①后：没跟上。②丈人：老人。也是位隐士。荷（hè）：担。蓧

(diào)：竹器，除草之器。刘氏《正义》引卢文弨《经典释文考证》："《说文》：'莜，从条省声。《论语》曰：以杖荷莜。'是'莜'为正字。"③四体不勤，五谷不分：此二句应为丈人讽子路之语，谓其不事生产、不明稼穑而从师宦游。观子路末所语，实有答辩之意，或即针对丈人此言。或解为丈人自言，则末语似突兀。四体，四肢。五谷，其名目多有异说，一般认为是禾、黍、稷、稻、麦。分，《后案》："《释文》引郑君注：'分，犹理。'皇疏：'分，播种也。'义两通。"或谓此二句为丈人自称，两"不"字，并是虚词，不勤即勤，不分即分，（见刘氏《正义》）意谓我手足勤苦，无暇顾及旁人。④植其杖而芸：刘氏《正义》以为拄杖而芸，引江永《群经补义》："今人耘田，必扶杖乃能用足，则植杖正所以耘，犹云拄杖也。"芸，去除杂草。此借字，本字当依《说文》作"䄶"。《说文》："䄶，除苗间秽也。"黄氏《后案》："以耨薅之，除去苗间之秽为䄶。"⑤拱而立：黄氏《后案》："《说文》：'拱，敛手也。'皇疏：'拱，沓手也。'凡沓手，男尚左手，右手在内，左手在外。观《檀弓》所言'尚左''尚右'之礼，则此拱可知也。曰'拱而立'者，拜则拱手至地，立则第以拱手为敬也。"⑥止：留。⑦黍（shǔ）：黄米。食（sì）：拿……给别人吃。⑧至，则行矣：《后案》引焦循云："丈人亦偶出不在也。"其说是。朱子《集注》谓："丈人意子路必将复来，故先去之以灭其迹，亦接舆之意也。"恐非。⑨子路曰：《集解》引郑曰："留言以语丈人之二子。"《集注》："子路述夫子之意如此。"⑩义：合宜。⑪长幼之节，不可废：《集注》："盖丈人之接子路甚倨，而子路益恭，丈人因见其二子焉。则于长幼之节，固知其不可废矣，故因其所明以晓之。"⑫伦：《集注》："伦，序也。人之大伦有五：父子有亲，君臣有义，夫妇有别，长幼有序，朋友有信是也。"

［译文］

子路从孔子而行，落了后，遇见一老者，用拐杖挑着除草的工具。

子路问："您看见我老师了吗？"老者回答："四肢不勤，五谷不播，谁知道你的老师是什么人？"说完，便拄着拐杖去除草。子路拱着手，恭敬地站在边上。老者又留子路来家住宿，杀了鸡，做了黍饭招待子路，又叫他两个儿子出来相见。

第二天，子路赶上了孔子，禀告了昨天的事。孔子说："这是位隐者呀。"叫子路回去再看看他。子路到了，老者正好出门不在家。子路便［对他两个儿子］说："隐居不仕是不合适的。［既然知道］长幼间的礼节不能废，君臣之义怎么能丢掉呢？只想着洁身自好，却损害了大伦大义。君子之所以出仕，乃是要尽自己的责任。至于理想之无法实现，其实早已知道了。"

［疏义］

黄氏《后案》："孟子云：'义之于君臣，命也。有性焉，君子不谓命。'与此章意相合。"按《孟子·尽心下》孟子曰："口之于味也，目之于色也，耳之于声也，鼻之于臭也，四肢之于安佚也，性也，有命焉，君子不谓性也。仁之于父子也，义之于君臣也，礼之于宾主也，知之于贤者也，圣人之于天道也，命也，有性焉，君子不谓命也。"君臣合义，与命运有关，但也属天性之必然，因为君臣皆当追求义，以导向尊贤之社会人伦秩序，因此君子努力维系此天性。

（八）逸民①：伯夷、叔齐、虞仲、夷逸、朱张、柳下惠、少连②。子曰："不降其志，不辱其身③，伯夷、叔齐与！"谓柳下惠、少连："降志辱身矣④，言中伦⑤，行中虑，其斯而已矣。"谓虞仲、夷逸："隐居放言⑥，身中清，废中权⑦。""我则异于是，无可无不可⑧。"

［注释］

①逸民：朱子《集注》："逸，遗逸。民者，无位之称。"黄氏《后案》："《说文》：'佚，佚民也。'是许氏所见本正作'佚'。……《孟子》'遗佚不怨'之'佚'为此正字，而劳逸字为假借也。"②虞仲：《集注》谓即吴太伯之弟仲雍，或谓乃周武王所封虞仲，或以为春秋时人。今已难确指。夷逸：人名。黄氏《后案》："《广博物志》引《尸子》：'夷逸者，夷诡诸之后，或劝其仕，曰：吾譬则牛，宁服轭以耕于野，不忍被绣入庙而为牺。'"朱张：刘

氏《正义》："朱张见《汉书·古今人表》。《论语释文》云：'朱张并如字。众家亦为人姓名。王弼注：朱张字子弓，荀卿以比孔子。'案：《荀子·非相篇》《非十二子篇》《儒效篇》以仲尼、子弓并言，杨倞注以子弓为仲弓，则是夫子弟子，岂得厕于古贤之列而曰'我异于是'？……窃以朱张行事，当夫子时已失传，故下文论列诸贤，不及朱张，而但存其姓名于逸民之列，盖其慎也。"黄氏《后案》引郝敬说："朱张，犹《书》之譸张，即阳狂也。"皆无可确指。少连：《集注》："东夷人。"按：《礼记·杂记下》孔子曰："少连、大连善居丧，三日不怠，三月不解，期悲哀，三年忧。东夷之子也。"③不辱其身：《集解》引郑氏曰："言其直己之心，不入庸君之朝。"孟子亦谓伯夷"非其君不事"（《公孙丑上》）。④降志辱身：柳下惠为士师，三黜而不去，即"降志辱身"之事。孟子称柳下惠"不羞污君，不卑小官"，又谓其"不恭"，似不免玩世之态。⑤中（zhòng）：合。伦：条理，法度。⑥放言：《集解》引包氏曰："放，置也。不复言事务。"或解"放"作"放纵"义，今不取。⑦废中权：《集解》引马氏曰："遭世乱，自废弃以免患，合于权也。"⑧无可无不可：黄氏《后案》："自以迹近逸民特言之也。可不可，指逸而言，无必可逸之心，亦无必不可逸之心也。"

[译文]

古之逸民有伯夷、叔齐、虞仲、夷逸、朱张、柳下惠、少连。孔子说："不屈降自己的志向，不辱没自己的身份，是伯夷、叔齐吧！"又评价柳下惠、少连说："屈降了志向，辱没了身份，但是言语合乎法度，行为审慎有思虑，那也不过如此而已。"又评价虞仲、夷逸说："［遭乱世，］隐居弃言，行为清白，这种自我废弃恰是一种变通。［"孔子最后又说："］我和这些人不同，我不一定非要当逸民，也不一定非要不当逸民。"

[疏义]

《孟子·公孙丑上》：曰："伯夷、伊尹何如？"曰："不同道。非其君不事，非其民不使，治则进，乱则退，伯夷也。何事非君？何使非民？治亦进，乱亦进，伊尹也。可以仕则仕，可以止则止，可以久则久，可以速则速，孔子也。皆古圣人也。吾未能有行焉，乃所愿，则学孔子也。”

（九）大师挚适齐①，亚饭干适楚，三饭缭适蔡，四饭缺适秦②，鼓方叔入于河③，播鼗武入于汉④，少师阳、击磬襄入于海⑤。

［注释］

①大师：《集注》：“乐官之长。”挚：太师之名。或谓即《泰伯》篇之“师挚”。适：往。②亚饭干适楚，三饭缭适蔡，四饭缺适秦：据《白虎通·礼乐》，天子一日四食，诸侯一日三食，每食皆以乐工奏乐侑食。亚饭即第二食，三饭即第三食，四饭即第四食，干、缭、缺，皆乐官之名。黄氏《后案》：“或曰鲁自有四饭，故有四饭之名。鲁臣其不记初饭者，留不去也。或曰初饭不侑，食无其官也。《周官·大司乐》：‘王大食三侑，皆令奏钟鼓。’则天子四食，而平旦亦无乐也。”③鼓：击鼓者。方叔：乐工名。河：黄河。④播鼗（táo）：摇鼗鼓者。鼗，拨浪鼓。《集注》：“小鼓。两旁有耳，持其柄而摇之，则旁耳还自击。”武：乐工名。汉：汉水。⑤少师：《集注》：“乐官之佐。”阳：乐官名。襄：乐官名。

［译文］

太师挚去了齐国，亚饭乐师干去了楚国，三饭乐师缭去了蔡国，四饭乐师缺去了秦国，击鼓的方叔隐居黄河之滨，摇小鼓的武退居汉水之侧，少师阳和击磬的襄远居海边。

［疏义］

何晏《集解》引孔氏曰：“鲁哀公时，礼坏乐崩，乐人皆去。”朱子《集注》：“此记贤人之隐遁以附前章，然未必夫子自言也。末章仿此。张子曰：‘周衰乐废，夫子自卫反鲁，一尝治之。其后伶人贱工识乐之正。及鲁益衰，三桓僭妄，自大师以下，皆知散之四方，逾河蹈海以去乱。”

《白虎通·礼乐》云：“王者食所以有乐何？乐食天下之太平、富积之饶也。明天子至尊，非功不食，非德不饱，故传曰：‘天子食，时举乐。’王者所以日四食何？明有四方之物，食四时之功也。四方不平，四时不顺，有彻膳之法焉。所以明至尊、著法戒焉。王者平居中央，制御四方。平旦食，少阳之始也；昼食，太阳之始也；餔食，少阴之始也；暮食，太阴之始也。《论语》曰：‘亚饭干适楚，三饭缭适蔡，四饭缺适秦。’诸侯三饭，卿大夫再饭，尊卑之差也。”

刘氏《正义》谓《白虎通》所述四食之制为殷制，《论语》此章诸人亦非春秋时鲁臣，盖驳黄氏《论语后案》。《正义》云：“《周官·膳夫》云：‘王齐日三举。’则天子亦三饭。又郑注《乡党》云：‘不时，非朝、夕、日中时。’此通说大夫士之礼，则周制自天子至士皆三饭，与殷异也。……《汉书·古今人表》太师挚等同在‘智人’之列，其次在殷末周前。颜师古注：‘自师挚已下八人，皆纣时奔走分散而去。’又《礼乐志》云：‘《书》序“殷纣断弃先祖之乐，乃作淫声，用变乱正声，以说妇人”，乐官师瞽抱其器而奔散，或适诸侯，或入河海。’师古注：‘《论语》云云，此《志》所云及《古今人表》所叙，皆谓是也。云“诸侯”者，追系其地，非为当时已有国名。’……上章逸民有夷、齐，为殷末周初，下章八士亦周初人，则此章太师挚等自为殷末人。窃以太师适齐，少师入海，皆在奔周之前。”录之备参。

（十）周公谓鲁公曰①：“君子不施其亲②，不使大臣怨乎不以③。故旧无大故④，则不弃也。无求备于一人⑤。”

[注释]

①周公：周公旦。鲁公：《集解》引孔氏曰：“鲁公，周公之子伯禽，封于鲁。”②施：陆德明《论语释文》作“弛”，二字相通。朱子《集注》：“弛，遗弃也。”刘氏《正义》：“施、弛二字古多通用。《周官·遂人》注‘施读为弛’，可证也。此文‘不施’即‘不弛’假借。郑注《坊记》云：‘弛，弃忘也。’以训此文最当。”亲：亲族。③以：《集解》引孔氏曰：“以，用也。”④故旧：皇疏：“朋友也。”大故：皇疏：“谓恶逆也。”⑤求备：求全责备。

[译文]

周公教导伯禽说：“君子不疏远他的亲族，不使大臣抱怨不获所用。故交旧友如无大恶，不要和他断交。不要对他人求全责备。”

[疏义]

《集注》引胡氏曰："此伯禽受封之国，周公训戒之辞。鲁人传诵，久而不忘也。"

（十一）周有八士[①]：伯达、伯适、仲突、仲忽、叔夜、叔夏、季随、季騧[②]。

[注释]

①八士：以伯、仲、叔、季排列，八名两两成对，达适、突忽、夜夏、随騧四组押韵。旧有八士为四对双胞胎之说。《集解》引包氏曰"周时四乳生八子"，皇疏引师说云："一母四过身，生辄双二子，四生故八子也。何以知其然？就其名两两相随，似是双生者也。"此说似不可信。八士，或谓周初文王、武王时人，或谓成王时人，或谓宣王时人。黄氏《后案》："《春秋繁露·郊祭篇》云：'四产得八男，皆君子雄俊，此天所以兴周国。'以董子'兴周'之言考之，当在文、武时。"黄说盖据王应麟《困学纪闻》，可从。②伯达、伯适、仲突、仲忽、叔夜、叔夏、季随、季騧（guā）：皆难确指。黄氏《后案》："《周书·克殷解》，命南宫伯达迁九鼎，命南宫忽振鹿台之财，而南宫适见。《尚书·君奭篇》又《宣和博古图》有南宫仲，故说者谓八士皆南宫氏，似为得之。"以八士皆南宫氏。刘氏《正义》引孔广森《经学卮言》："《逸周书·和寤篇》曰：'王乃励翼于尹氏八士。'《武寤篇》曰：'尹氏八士，太师三公。'是八士皆尹氏。或疑'十乱'之南宫适，即此伯适。又《克殷篇》曰：'乃命南宫忽振鹿台之财，巨桥之粟。乃命南宫百达、史佚迁九鼎之三巫。'古者命士以上，父子皆异宫，故《礼》曰'有东宫，有西宫'。盖达、适、忽，尹氏之子，别居南宫者，犹南宫敬叔本孟氏子，而以所居称之耳。《国语》：'文王询于八虞。'贾侍中云：'周八士，皆在虞官。'《君奭》言文王之臣'有若南宫适'，然则八士且逮事文王矣。"则谓八士乃尹氏之子，因所居南宫而命氏。皆聊备一说。

[译文]

周初有八位贤士：伯达、伯适、仲突、仲忽、叔夜、叔夏、季随、季騧。

[**疏义**]

朱子《集注》："此篇孔子于三仁、逸民、师挚、八士，既皆称赞而品列之；于接舆、沮、溺、丈人，又每有惓惓接引之意。皆衰世之志也，其所感者深矣。"

子张第十九

共二十五章

（一）子张曰："士见危致命①，见得思义②，祭思敬③，丧思哀④，其可已矣。"

［注释］

①士：皇疏："士者，知义理之名，是谓升朝之士也。"见危致命：皇疏："国有危难，必不爱其身，当以死救之。"《宪问》篇孔子答子路问成人之道有"见危授命"之语，与此同义。②见得思义：《季氏》篇记孔子"君子有九思"，末即为"见得思义"。《宪问》篇孔子答子路问成人之道有"见利思义"之语。③祭思敬：皇疏："士始得立庙，守其祭祀，祭神如神在。"按《八佾》篇："祭如在，祭神如神在。"④丧思哀：临父母之丧，须有发自内心的哀戚。《八佾》篇记孔子答林放曰："丧，与其易也，宁戚。"

［译文］

子张说："在朝为士，遇见家国危难须能奋不顾身，名位禄利当前能思是否合乎道义，宗庙祭祀能心存虔敬，临父母之丧能有肺腑之痛，那也算可以了。"

［疏义］

皇疏："士既如此，则大夫以上可知也。"

（二）子张曰："执德不弘①，信道不笃②，焉能为有？焉能为亡③？"

［注释］

①执：守。弘：广大。皇疏："大也。"杨伯峻《论语译注》："此'弘'字就是今之'强'字，说见章炳麟《广论语骈枝》。"杨说可从。②笃：皇疏："厚也。"黄氏《后案》据《集注》谓宜训"固"。其实二义相通。《尔雅·释诂》："笃，固也。"又云："笃，厚也。"刘氏《正义》："笃者，厚也，固也。"合二义为解。③焉能为有？焉能为无：《集解》引孔氏："言无所轻重。"皇疏："世无此人，则不足为轻；世有此人，亦不足为重。"杨伯峻《论语译注》："这两句疑是当日成语。"

［译文］

子张说："守德不能广大，信道不能笃实，［这种人，世上］有他不足为重，没他也不足为轻。"

［疏义］

朱子《集注》："有所得而守之太狭，则德孤；有所闻而信之不笃，则道废。"

（三）子夏之门人问交于子张①。子张曰："子夏云何？"对曰："子夏曰：'可者与之②，其不可者拒之③。'"子张曰："异乎吾所闻④：'君子尊贤而容众，嘉善而矜不能⑤。'我之大贤与⑥，于人何所不容？我之不贤与，人将拒我，如之何其拒人也？"

［注释］

①交：交友之道。②与：相处，交往。③不可者：与己观念不合的人。拒：拒绝，排斥。④所闻：当是闻诸夫子。⑤矜：怜惜，同情。⑥我：非子夏自称，犹泛言吾辈。之：助词。

［译文］

子夏的门人向子张问交友之道。子张反问："你们的老师子夏怎么说的？"子夏的门人回答道："［我们的老师］子夏说：'可以为友者，就和他交往；不可以为友者，就不和他来往。'"子张听了说："这和我［从夫子那儿］听到的不同：'君子尊敬贤人，而又能容纳众人；鼓励有才能者，也会同情能力不足者。'［我认为，］如果我们是大贤，对别人又有什么不能容纳呢？如果我们不贤，别人也将不和我来往，又怎么谈得上主动不和别人来往呢？"

［疏义］

《集解》引包氏曰："交友当如子夏，泛交当如子张。"皇疏引郑玄曰："子夏所云，伦党之交也；子张所云，尊卑之交也。"各为一解。

黄氏《后案》云："子夏教门人是初学之法，子张言君子大贤之道。子张云'异乎吾所闻'，欲补子夏所未备以广其教也。'不可'者与'众''不能'迥异，二说亦自可贯矣。容众之道，自古所重。《易·师》言'容蓄'，《临》言'容保'，《荀子》曰：'君子贤能容罢，知能容愚，博能容浅，粹能容杂。'"此解较上引诸说为善。

（四）子夏曰："虽小道①，必有可观者焉，致远恐泥②，是以君子不为也③。"

［注释］

①小道：或谓诸子异端杂说，或指具体才艺技能等，兼之义乃足。②泥（nì）：滞碍不通。③为：学习，追求。

［译文］

子夏说："就算是［杂说末技等］小道，也一定有其善处可观，但想靠它上达广远，恐怕行不通。所以君子不追求小道。"

［疏义］

何晏《集解》："小道，谓异端。"朱子《集注》："如农圃医卜之属。杨氏曰：'百家众技，犹耳目鼻口，皆有所明而不能相通。'"

《后汉书·蔡邕传》邕上封事："夫书画辞赋，才之小者，匡国理政，未有其能。……通经释义，其事优大，文武之道，所宜从之。若乃小能小善，虽有可观，孔子以为'致远则泥'，君子固当志其大者。"李贤注引郑玄《论语注》云："小道，如今诸子书也。"

（五）子夏曰："日知其所亡[1]，月无忘其所能[2]，可谓好学也已矣[3]。"

［注释］

①亡：同"无"，未知。②能：掌握。即已知者。③学：《后案》："谓读书也。"可从。

［译文］

子夏说："每天学些新知，每月温习旧知，可以说是好学了。"

［疏义］

皇疏："此即是'温故而知新'也。'日知其所亡'，是知新也；'月无忘所能'，是温故也。"

《后案》以此章言读书之法。

（六）子夏曰："博学而笃志[1]，切问而近思[2]，仁在其中矣[3]。"

［注释］

①笃：牢固。志：通"识"，记。或解为志向，亦通。②切：切近。③仁在其中：皇疏："能如上事，虽未是仁，而方可能为仁。"

［译文］

子夏说："博学而善记，并能就切近己身处叩问思考，仁道就在这个过程里。"

［疏义］

《中庸》："博学之，审问之，慎思之，明辨之，笃行之。"

黄氏《后案》："于切近处问之、思之，所谓'能近取譬'也。"按《雍也》篇孔子答子贡曰："能近取譬，可谓仁之方也已。"

（七）子夏曰："百工居肆以成其事[1]，君子学以致其道[2]。"

[注释]

①百工：各行各业的工匠。皇疏："百工者，巧师也。"肆：工匠造作之所。《集注》："谓官府造作之处。"近是。刘氏《正义》引俞樾《群经平议》云："即'市肆'之'肆'。市中百物俱集，工居于此，则物之良苦，民之好恶，无不知之，故能成其事。"不可从。②致：朱子《集注》："极也。"

[译文]

子夏说："百工长居于世代匠作之所，[日积月累、精益求精]而能成就技艺；君子[终身]求学，[孜孜不倦]以期成德进道。"

[疏义]

《集注》："工不居肆，则迁于异物而业不精。君子不学，则夺于外诱而志不笃。"

《后案》引苏轼曰："言道者，或即所见而名之，或莫之见而意之，皆求道之过也。致者，不强求而自至也。"

(八) 子夏曰："小人之过也必文①。"

[注释]

①必文：总是文饰。皇侃《义疏》本作"必则文"。

[译文]

子夏说："小人有了过错，总是想方设法地掩饰。"

[疏义]

本篇，子贡曰："君子之过也，如日月之食焉：过也，人皆见之；更也，人皆仰之。"君子有过不隐，人皆见之，及其改过，人亦知之。

(九) 子夏曰："君子有三变：望之俨然①，即之也温②，听其言也厉③。"

[注释]

①俨然：仪态庄矜。皇侃《义疏》本作"严然"。②即：就，接近。温：温和。《后案》："和煦。"③厉：《集解》引郑玄曰："厉，严正也。"皇疏引

李充曰："厉，清正之谓也。"《集注》："辞之确。"皆持论严正不含混之义。

[译文]

子夏说："君子有三变：远望他，仪态矜持庄重；接近他，则感觉一片和煦；待到听他讲论，辞义严正，毫不含糊。"

[疏义]

《述而》篇："子温而厉，威而不猛，恭而安。"

《尧曰》篇，子曰："君子正其衣冠，尊其瞻视，俨然人望而畏之，斯不亦威而不猛乎？"

（十）子夏曰："君子信而后劳其民①，未信则以为厉己也②。信而后谏，未信则以为谤己也③。"

[注释]

①信：获得信任。《集注》："谓诚意恻怛而人信之也。"即以信待民而复取信于民。劳：役使。②厉：害。《集注》引王氏曰："厉，犹病也。"《集注》同。己：指民众。③己：指君上。

[译文]

子夏说："君子须先获得百姓的信任，再去差遣他们，否则百姓会以为有意害他们。君子须得到君上的信赖，再有所谏言，否则君上可能会认为你在毁谤他。"

[疏义]

朱子《集注》："事上使下，皆必诚意交孚，而后可以有为。"黄氏《后案》："君子必积其诚，兼观其时。时当未信，或俟诸异日，或遂致仕也。"

（十一）子夏曰："大德不逾闲①，小德出入②，可也。"

[注释]

①大德：《集注》："大德、小德，犹言大节、小节。"皇侃《义疏》以大德为大贤以上，小德为中贤以下，今不从。逾：越。闲：本义指门阑，这里指界限、法则。②出入：有所出入，或旋出旋入，言不能长守。

［译文］

子夏说："大节上能谨守原则，小节上有所出入，［为人如此］也算可以了。"

［疏义］

黄氏《后案》："'可也'句，统贯上两句。"

《荀子·王制》引孔子曰："大节是也，小节是也，上君也。大节是也，小节一出焉，一入焉，中君也。大节非也，小节虽是也，吾无观其余矣。"《韩诗外传》卷二云："孔子遭齐程本子于郯之间，倾盖而语终日，有间，顾子路曰：'束帛十匹，以赠先生。'子路率尔而对曰：'昔者由也闻之于夫子：士不中道相见，女无媒而嫁者，君子不行也。'孔子曰：'……齐程本子，天下之贤士也。吾于是而不赠，终身不之见也。大德不逾闲，小德出入可也。'"《后案》《正义》俱引此两段以证此章。

（十二）子游曰："子夏之门人小子①，当洒扫、应对、进退则可矣②。抑末也③，本之则无④。如之何？"子夏闻之，曰："噫⑤！言游过矣⑥！君子之道⑦，孰先传焉？孰后倦焉⑧？譬诸草木⑨，区以别矣⑩。君子之道，焉可诬也⑪？有始有卒者⑫，其唯圣人乎！"

［注释］

①门人小子：小子与门人并谓子夏之弟子。子夏呼门人为小子，故子游如此言。②洒扫：刘氏《正义》："凡粪除，先以水泼地，使尘不扬而后扫之，故洒先于扫。《曲礼》：'凡为长者粪之礼，必加帚于箕上，以袂拘而退，其尘不及长者，以箕自乡（向）而扱之。'"应对：刘氏《正义》："散文应、对无别，对文则'应'是唯诺，不必有言，与'对'专主答辞异也。《曲礼》云：'在父母之所，有命之，应唯敬对。'"进退：周旋揖让步趋之仪。③抑：但，可是，表转折。末：日常仪节等细末之事。④本：即"君子务本"之"本"。指仁道的根本与大体，涉及礼乐典章之教、正心诚意之道、忠信孝悌之德等。⑤噫（yī）：叹词。《集解》引孔氏曰："心不平之声。"⑥言游：即

子游，姓言，名偃，字子游，故亦称言游。⑦君子之道：《后案》：“言教人之道也。”又，皇疏以为“先王之道”，刘氏《正义》以为“礼乐大道”，皆通。⑧孰先传焉？孰后倦焉：哪些是不可传而先传了的，那些是当传却终不传了的？朱子《集注》：“非以其末为先而传之，非以其本为后而倦教。”意谓君子教人，须因材施教、循序渐进，先传小者近者，后传大者远者。先传，《后案》：“不可传而传之。”倦，《后案》：“不传也。”⑨譬诸草木：用草木来打比方。⑩区以别矣：钱穆《论语新解》：“区，分区义，即分类义。《齐民要术》有区种五谷法，作为区畛，如今菜畦，数亩之内，分类杂植。草木，即指谷、蔬、果、蓏之在田圃者。农夫之为田圃，必为之区别溉种，时日既至，大小甘苦，莫不咸得其生。然五谷自为五谷，果蓏自为果蓏，草木之区别，即喻人性与所学之不能相同。”⑪诬：黄氏《后案》：“当作‘幠’，借作‘怃’。诬，据《汉书·薛宣传》引此作‘怃’，注引苏林曰：‘怃，同也，兼也。’”可从。旧解为欺罔，今不取。⑫有始有卒：《集解》引孔氏曰：“终始如一。”《集注》云：“终始本末，一以贯之。”李炳南《论语讲要》：“自有始即有终，至终仍不离始，始终一贯而不可分。”是也。圣人德全道备，体用不二，故其教人能本末兼举，终始圆融。

[译文]

子游说：“子夏的弟子，做些洒水扫地、言语应对、趋走进退等小事，还算可以。但是这些总归是琐碎细节，根本却缺失了。这可如何是好？”子夏听到了，说：“唉！言游说错了。君子教人之道，哪些是［不可传而］先传了的？哪些是［当传却］终不传了的？就好比培植草木，也是分区而别其类［，采用对应的方法］。君子教人，岂能没有本末先后地一股脑儿都上。［不必循序渐进，而］能本末兼备、终始圆融地传授学问，只有圣人才能做得到吧！”

[疏义]

黄氏《后案》：“《礼·学记》：‘不学杂服，不能安礼。’‘杂服’谓洒扫、应对、进退琐屑杂事。”

钱穆《论语新解》：“孔门传经之功归于子夏，而《戴记·礼运》大同之篇或谓原于子游之绪言，两人学脉，亦于此可见其有别。”

（十三）子夏曰：“仕而优则学[①]，学而优则仕。”

［注释］

①仕：为官从政。优：优饶，有余力。学：皇疏解为“研学先王典训”。

［译文］

子夏说：“为官者胜任公务之余，应当学习《诗》《书》礼乐；士子钻研《诗》《书》礼乐外如有余力，应当考虑从政。”

（十四）子游曰：“丧致乎哀而止[①]。”

［注释］

①致：尽其极。止：《集解》引孔氏曰：“‘毁不灭性’也。”盖《孝经》文，指不可哀毁过礼以危及性命。

［译文］

子游说：“丧礼能竭尽哀情也就够了。”

［疏义］

《八佾》篇，孔子答林放问礼之本，曰：“丧，与其易也，宁戚。”《礼记·檀弓上》载子路曰：“吾闻诸夫子：‘丧礼，与其哀不足而礼有余也，不若礼不足而哀有余也。’”又《孝经·纪孝行章》子曰：“孝子之事亲也，居则致其敬，养则致其乐，病则致其忧，丧则致其哀，祭则致其严。”皆可与此章互证。

（十五）子游曰：“吾友张也为难能也[①]，然而未仁[②]。”

［注释］

①张：子张。也：语气助词，表停顿。为难能也：愿意、能够做很困难的事。《后案》所谓“言其为所难为也”。《宪问》篇孔子答原宪曰：“可以为难矣，仁则吾不知也。”子张志大才高，所行易偏激（《先进》篇子曰“师也过”），未能深体仁道。皇疏解作“难为人所能及”，今不取。②未仁：算不

上达于仁道。《后案》："为所难为，卒未免有所疏耳。"

[译文]

子游说："我的朋友子张［志大才高，］喜欢做难以企及之事，但是尚未达到仁德之境。"

[疏义]

《大戴礼记·卫将军文子》子贡答卫将军文子曰："业功不伐，贵位不善，不诬可诬，不佚可佚，不敖无告，是颛孙之行也。孔子言之曰：'其不伐则犹可能也，其不弊百姓者则仁也。《诗》云：恺悌君子，民之父母。'夫子以其仁为大也。"或据此文以为孔子许子张为仁，更疑《论语》本章有贬子张之义，其实不必。《戴记》夫子所许者，贵其行仁有功，非谓其达乎全仁之境也。本章子游之言，亦当如此看。

程树德《论语集释》引王闿运《论语训》："友张，与子张友也。难能，才能难及。此篇多记子张之言，非贬子张未仁也。言已徒希其难，未及于仁。"并谓："按王说是也。此'友'字系动词，言我所以交之故，因其才难能可贵，己虽有其才，然未及其仁也。盖文人相轻，系学者通病，岂圣门而有此哉？'未仁'指子游说，如此既可杜贬抑圣门之口，且考《大戴礼·卫将军文子》篇孔子言子张不弊百姓，以其仁为大。是子张之仁固有确据。王氏此说，有功圣经不小。"此说似是而非，录之存参。

（十六）曾子曰："堂堂乎张也①，难与并为仁矣②。"

[注释]

①堂堂：器宇不凡，才高意广。皇疏引江熙说："堂堂，德宇广也。"近是。汉儒旧说形容子张容仪之盛，其义太狭。②难与并为仁：他人难及。为，行。

[译文]

曾子说："子张才高意远，其行仁之志，人所难及。"

[疏义]

合观上章，子张之德貌气质，栩栩然如在目前。而孔门高弟之观摩切磋，亦堪称光风霁月。

（十七）曾子曰：“吾闻诸夫子①：人未有自致者也②，必也亲丧乎③！”

[注释]

①诸：之于。夫子：孔子。②致：皇疏：“致，极也。”③亲丧：父母之丧。

[译文]

曾子说：“我从夫子那儿听说：人一般不会自动竭尽内心之情，[要他真情表露，]必遭父母之丧吧！”

（十八）曾子曰：“吾闻诸夫子：孟庄子之孝也①，其他可能也②；其不改父之臣与父之政，是难能也。”

[注释]

①孟庄子：鲁国大夫仲孙速，其父孟献子，名蔑。②可能：可以做到。

[译文]

曾子说：“我从夫子那儿听说：孟庄子的孝行，其他不难做到；他留用父亲的僚属，延续父亲的旧政，这是相当难得的。”

[疏义]

《学而》篇，子曰：“父在观其志，父没观其行，三年无改于父之道，可谓孝矣。”

黄氏《后案》：“孟献子之政与臣，如作三军而臣其子弟之半，如用秦堇父为右，见《春秋传》；又《晋语》赵简子曰‘孟献子有斗臣五人’，皆是。《春秋》宣公九年，孟献子始见于经，越五十七年，至襄公十九年卒。越四年，庄子亦卒。襄公十六年《传》言庄子徼齐侯而去之，十八年传言庄子伐齐，斩楢为公琴，是时或献子年老致仕，庄子代父为卿。曾子称其‘不改’，是父在、父没俱不改也。”

（十九）孟氏使阳肤为士师①，问于曾子。曾子曰："上失其道②，民散久矣③。如得其情④，则哀矜而勿喜⑤。"

［注释］

①孟氏：皇疏："孟氏，鲁下卿也。"或谓乃《泰伯》篇之孟敬子，未知何据。使：委派。阳肤：《集解》引包氏曰："阳肤，曾子弟子。"士师：《集解》引包氏曰："士师，典狱官。"②失其道：唐文治《论语大义》："谓失教化。"③散：《集解》引马融解为"民之离散，轻漂犯法"，义颇备。民心离散，则"情义乖离，不相维系"（《集注》语），进而流为犯罪作乱。杨伯峻《论语译注》引黄家岱《嬹艺轩杂著·〈论语〉多齐鲁方言述》云："散训犯法，与上下文义方接。扬氏《方言》：'虔散，杀也。东齐曰散，青徐淮楚之间曰虔。'虔、散为贼杀义。曰'民散久矣'，用齐语也。"亦可参。④情：情实，指案情真相。⑤矜：亦哀也。据扬雄《方言》，哀、怜之义，"齐鲁之间曰矜"。

［译文］

孟氏任命阳肤担任典狱官，阳肤向老师曾子请教。曾子说："当政者丧失了教化之道，民心离散已久。你审清案情之际，须知有所哀怜，切勿因此沾沾自喜。"

［疏义］

皇疏："所以必须哀矜者，民之犯罪非其本怀，政是从君上故耳。"

按《尧曰》篇孔子称为政当屏除四恶，其一为："不教而杀谓之虐。"

（二十）子贡曰："纣之不善①，不如是之甚也②。是以君子恶居下流③，天下之恶皆归焉。"

［注释］

①纣：殷商末代无道之君，帝乙之子，名辛，字受德。黄氏《后案》："谓之'纣'者，天下恶其恶，呼受为纣。《史记》'是为帝辛，天下谓之纣'，注引《谥法》曰：'残义损善曰纣。'"②是：此。甚：过分，这里指罪大恶极。③恶：忌，耻。下流：《集注》："地形卑下之处，众流之所归。喻人

身有污贱之实，亦恶名之所聚也。”

［译文］

子贡说：“商纣王的坏，不像现今流传得这么厉害。所以君子以作恶败德为大忌，［一居此下流，］天下恶名将尽归其身。”

［疏义］

《列子·杨朱》：“天下之美归之舜、禹、周、孔，天下之恶归之桀、纣。”

（二十一）子贡曰：“君子之过也，如日月之食焉[①]。过也，人皆见之；更也[②]，人皆仰之。”

［注释］

①食：皇侃《义疏》本作“蚀”，二字相通。②更：改。

［译文］

子贡说：“君子身上的过失，就好比日食、月食那样［，坦荡无隐，终归光明］。犯了错，大家都看得到；改正了，大家仍会仰首礼敬。”

［疏义］

皇疏：“日月之蚀，非日月故为，君子之过，非君子故为，故云如日月之蚀也。云‘过也，人皆见之’者，日月之蚀，人并见之，如君子有过不隐，人亦见之也。云‘更也，人皆仰之’者，更，改也。日月蚀罢，改暗更明，则天下并瞻仰，君子之德亦不以先过为累也。”

刘氏《正义》引凌曙《四书典故核》：“《孟子·公孙丑篇》有此文，当亦古语。”按《孟子·公孙丑下》：“且古之君子，过则改之；今之君子，过则顺之。古之君子，其过也如日月之食，民皆见之，及其更也，民皆仰之；今之君子，岂徒顺之？又从为之辞。”

（二十二）卫公孙朝问于子贡曰[①]：“仲尼焉学[②]？”子贡曰：“文、武之道[③]，未坠于地，在人。贤者识其大者[④]，不贤者识其小者，莫不有文、武之道焉。夫子焉不学？而亦何常师之有？”

［注释］

①卫公孙朝：《集解》引马氏曰：“朝，卫大夫也。”《后案》引戚学标曰：“鲁有成大夫公孙朝，见昭公二十六年《传》；楚有武城尹公孙朝，见哀公十七年《传》；郑子产有弟公孙朝，见《列子·杨朱篇》。故言‘卫’以别，犹之称公子荆以别于鲁哀公庶子公子荆耳。”刘氏《正义》亦述此义，称乃翟灏《四书考异》之说。②仲尼：孔子字仲尼。“尼”也是其谥。《后案》：“《檀弓》鲁哀公诔孔子，注云：‘尼父，以其字以为之谥。’翟晴江曰：‘……《论语》一书惟此下四章称仲尼，四章连次，篇末且有“其死也哀”之文，必俱系孔子既卒后语。’”焉：哪儿。③文、武之道：《集注》：“文武之道，谓文王、武王之谟训功烈，与凡周之礼乐文章皆是也。”④识：《汉石经》作“志”，记。

［译文］

卫国大夫公孙朝问子贡：“仲尼的学问从哪里学来的？”子贡回答：“文王、武王的礼乐政教，并未沦落散亡，仍然有人传承。大贤之人自能记取其远大者，常人亦能记取些小节，［可见］无处不存文、武之道。夫子何处不学？又哪里有固定的老师呢？”

［疏义］

《后案》：“大者，小之纲；小者，大所积。参合大小，学之所以一贯，圣之所以集成也。”

（二十三）叔孙武叔语大夫于朝曰①：“子贡贤于仲尼。”子服景伯以告子贡②。子贡曰：“譬之宫墙③，赐之墙也及肩④，窥见室家之好⑤。夫子之墙数仞⑥，不得其门而入，不见宗庙之美，百官之富⑦。得其门者或寡矣，夫子之云不亦宜乎⑧！”

［注释］

①叔孙武叔：《集解》引马氏曰：“鲁大夫叔孙州仇。武，谥。”语(yù)：告诉，对……说。②子服景伯：鲁大夫，姓子服，名何，景是谥，伯

是字。又见《宪问》篇。③宫墙：即围墙。黄氏《后案》广引经注，证“宫”为围绕义。④赐：子贡自称其名。⑤窥：窥探。室家：院宅及其中房间。《尔雅·释宫》：“宫谓之室，室谓之宫。牖户之间谓之扆，其内谓之家。”好：美。⑥仞：旧说七尺为一仞，或谓八尺，清儒程瑶田《通艺录》以七尺为然，或是。⑦百官：很多的院宅。官，杨伯峻《论语译注》：“‘官’字的本义是房舍，其后才引申为官职之义，说见俞樾《群经平议》卷三及遇夫先生《积微居小学金石论丛》卷一。这里也是指房舍而言。”⑧夫子之云：叔孙夫子那样说。之，语气助词，表停顿。

[译文]

叔孙武叔在朝堂上对诸大夫说：“子贡之贤，更胜其师仲尼。”子服景伯听到了就把这话告诉了子贡。子贡说：“就拿围墙打比方吧。我家的院墙只有肩膀那么高，［人在墙外］就能瞄见院宅房间之美。我老师家的院墙高达数仞，如果找不着大门进去，那就不可能看到宗庙之美，宅院之多。得见其门而入的人或许本来就很少，所以叔孙夫子那样说也很正常呀？”

（二十四）叔孙武叔毁仲尼①。子贡曰：“无以为也②，仲尼不可毁也。他人之贤者，丘陵也③，犹可逾也；仲尼，日月也，无得而逾焉。人虽欲自绝④，其何伤于日月乎？多见其不知量也⑤。”

[注释]

①毁：毁谤。②无以为：《集注》：“犹言无用为此。”以，用。杨伯峻《论语译注》：“此也，这里作副词用。”似非。③丘陵：《集注》：“土高曰丘，大阜曰陵。”④绝：弃。⑤多：《集解》释为“适足”，即恰好之义。《后案》：“多，适足也，引申为‘适’义。详见王氏《经传释词》。”见：显露。不知量：《集注》：“谓不自知其分量。”也：句末助词，表确定语气。

[译文]

叔孙武叔毁谤仲尼。子贡说：“不必做这种事情，仲尼是无法毁谤的。他人之贤，好比丘陵，还可以跨越；仲尼之德，高如日月，不可能逾越。有人纵使想自绝于日月，对日月能有什么损伤呢？恰好暴露自己的不知轻重罢了。”

（二十五）陈子禽谓子贡曰①：“子为恭也②，仲尼岂贤于子乎？”子贡曰：“君子一言以为知③，一言以为不知，言不可不慎也。夫子之不可及也，犹天之不可阶而升也④。夫子之得邦家者⑤，所谓立之斯立，道之斯行，绥之斯来，动之斯和。其生也荣，其死也哀⑥，如之何其可及也？”

[注释]

①陈子禽：皇疏：“此子禽必非陈亢，当是同姓名之子禽也。”其说有理。此章所问，辞气不似孔门弟子。②为：有意为之。③一言以为知：犹云“以一言为知”，一句话就表现出有智慧。知，同“智”。④阶：循着台阶。⑤得邦家：《集解》引孔氏曰：“谓为诸侯若卿大夫。”⑥所谓立之斯立，道之斯行，绥之斯来，动之斯和。其生也荣，其死也哀：李炳南《论语讲要》引竹添光鸿《论语会笺》说：“‘所谓’已下六句，盖古赞圣人之成语，称其德广大，化行如神之妙也。今子贡引而证之。故曰‘所谓’。”立，立政。之，语助词，下同。道，同“导”，教育。绥，以仁政服远近之人。动，鼓舞，使百姓互相劝勉向善。荣，尊重爱戴。哀，哀痛怀思。

[译文]

陈子禽对子贡说：“您过分谦虚了，仲尼之贤难道真在您之上？”子贡说：“君子一句话就能表现出智慧，一句话也能暴露出愚蠢。说话不可以不谨慎。老师之无法企及，好比天不可能像台阶那样一级级登上去。老师如得诸侯卿大夫之位，定能像古语所说：立政成功，垂教顺畅，仁心服远，民劝和睦，生享尊崇，殁受怀思。像这样的德业究竟何人能及？”

[疏义]

黄氏《后案》引《盐铁论·备胡》：“古者，君子立仁修义以绥其民，故迩者习善，远者顺之。是以孔子仕于鲁，前仕三月及齐平，后仕三月及郑平，务以德安近而绥远。当此之时，鲁无敌国之难、邻境之患。强臣变而忠顺，故季桓堕其都城。大国畏义而合好，齐人来归郓、欢、龟阴之田。故为政以德，所欲不求而自得。”

钱穆《论语新解》：“本篇二十五章，皆记孔门诸弟子之言，而特以子贡三章赞美孔子者为殿。时人如叔孙武叔、陈子禽皆以为子贡贤于仲尼，可见子贡晚年，其进德修业之功，亦几几乎超贤入圣矣。而子贡智足以知圣人，又能善言之。……圣道之光昌，子贡之功亦不小矣。故《论语》编者以此三章列之本篇之末。”

尧曰第二十

共三章

（一）尧曰①：“咨②！尔舜！天之历数在尔躬③，允执其中④。四海困穷⑤，天禄永终⑥。”

舜亦以命禹。

曰⑦：“予小子履⑧，敢用玄牡⑨，敢昭告于皇皇后帝⑩：有罪不敢赦⑪，帝臣不蔽⑫，简在帝心⑬。朕躬有罪⑭，无以万方⑮；万方有罪，罪在朕躬。”

“周有大赉，善人是富⑯。虽有周亲，不如仁人⑰。百姓有过，在予一人。”

谨权量⑱，审法度⑲，修废官⑳，四方之政行焉。兴灭国，继绝世㉑，举逸民㉒，天下之民归心焉。所重：民食丧祭㉓。宽则得众，信则民任焉，敏则有功㉔，公则说㉕。

［注释］

①尧曰：朱子《集注》：“此尧命舜而禅以帝位之辞。”②咨：《集注》：“嗟叹声。”③历数：天象运行之序。《集注》：“帝王相继之次弟，犹岁时节气之先后也。”尔：汝。躬：身。④允执其中：坚守中正之德。《集解》引包曰：“允，信也。”⑤四海困穷：指君德广被天下。《集解》引包氏：“穷极四海。”皇疏：“困，极也。穷，尽也。……德教外被，四海一切服化，莫不极尽也。”黄氏《后案》：“段氏《说文注》申包说，以‘困’训极尽，经中凡言困勉、

困苦皆极尽之义。则此‘困穷’为君德充塞宇宙、横被四表之意。”此说可从。刘氏《正义》引毛奇龄《论语稽求篇》：“阎潜丘云：‘四海困穷是儆辞，天禄永终是勉辞。’盖四海当念其困穷，天禄当期其永终也。”此说亦可通。⑥天禄永终：禄命绵延不绝。⑦曰：朱子《集注》、刘氏《正义》以为“曰”上脱一“汤”字。以下“予小子履”至“罪在朕躬”，何晏《集解》引孔氏谓商汤伐桀告天之语，《墨子·兼爱下》引之则以为商汤祷旱之辞。《墨子·兼爱下》：“汤曰：‘惟予小子履，敢用玄牡，告于上天后曰：“今天大旱，即当朕身履，未知得罪于上下，有善不敢蔽，有罪不敢赦，简在帝心。万方有罪，即当朕身，朕身有罪，无及万方。’”按不论伐桀或祷旱，皆为告天之辞，重在尊天道、承天命。下“周有大赉”六句，乃周天子告天之辞。⑧予小子：王者谦称。刘氏《正义》：“王者父天母地，为天之子。汤告天，故谦言‘小子’。”履：商汤之名，又称天乙，汤是其字。⑨玄牡：黑色公牛，以为祭物。玄，黑色。旧说以为夏尚黑，此时未改夏礼。⑩敢：谦词。昭：诚明。皇：大。后：君。帝：天帝。⑪有罪：《集解》《集注》皆指桀。此告天之文，当泛指恶人，桀自然在内。⑫帝臣：《集解》仍指夏桀。《集注》指天下贤人，以其皆上帝之臣。刘氏《正义》据《墨子》以帝臣为善人。当从刘氏。蔽：遮掩。⑬简在：检察。即昭然之义。在，察。⑭朕：我。⑮无以万方：《集解》引孔氏曰：“万方不与也。”以，与，即“预”。⑯周有大赉(lài)，善人是富：李炳南《论语讲要》引竹添光鸿《论语会笺》谓此下六句“必是一时之言，以‘周’字起，以‘予一人’结，其为武王曰可知，故省耳”。其说可从。《集解》：“周家受天大赐，富于善人。”周，周朝。赉，赐。善人，贤臣。朱子《集注》、刘氏《正义》解赉为封赐，指武王克商，受天命，因封赐贤臣。姑备一说。⑰虽有周亲，不如仁人：言重德尊贤，不任人唯亲。周，至。亲，亲人，亲近。⑱谨权量：以下泛论帝王之道。皇疏：“重明二帝三王所修之政同也。”或以为孔子之言，亦不必。权，秤，以称物之重量。量，斗斛，以计物之多少。⑲审：明辨。法度：刘氏《正义》引成蓉镜《经史骈枝》谓：“法为十二律，度为五度。《舜典》‘同律度量衡’，马融注：‘律，法也。’‘量衡’即《论语》之‘权量’，则‘律度’亦即《论语》之‘法度’。”五度即分、寸、尺、丈、引长度单位。此具体之义或如所说，但此处也可理解为礼乐制度。皇疏："法度，谓可治国之制典也。"译文据此稍作意译。⑳修废官：刘氏《正义》引包慎言《温故录》："即以官即职此权量法度者。"废，刘氏《正义》引赵佑《四书温故录》："或有职而无其官，或有官而不举其职，皆曰废。"官，官职，部门。㉑兴灭国，继绝世：《中庸》："继绝世，举废国，治乱持危，朝聘以时，厚往而薄来，所以怀诸侯也。"故此亦帝王之道。朱子《集注》："谓封黄帝、尧、舜、夏、商之后。"兴，复兴。灭，绝。国，诸侯国。世，世家，指卿大夫。《后案》引《左传》襄公二十三年孔颖达疏："礼，天子封诸侯以国，诸侯赐大夫以族。天子不灭国，诸侯不灭族，其身有罪宜废者，选其亲而贤者更绍立之。《论语》所云'兴灭国，继绝世'者，谓此也。"㉒举逸民：《集注》："谓释箕子之囚，复商容之位。"㉓所重民食丧祭：《集解》引孔氏曰："重民，国之本也；重食，民之命也；重丧，所以尽哀；重祭，所以致敬。"据《集注》，则以所重者为食、丧、祭三事。似更合理，译文从朱子说。㉔宽则得众，信则民任焉，敏则有功：《阳货》篇孔子答子张问仁曰："恭则不侮，宽则得众，信则人任焉，敏则有功，惠则足以使人。"与此文义复见。刘氏《正义》引翟灏《四书考异》以为此三句正为"子张问仁"章之竹简烂脱未尽之残，与下问政章同在《古论》之《子张》篇。今此残剩之句，仍连接于下"子张问政"之前。今按：翟说有理。《汉石经》、皇氏《义疏》皆无"信则民任焉"，可见疑误已久。㉕公则说：秉持公心则天下悦服。说，同"悦"。

[译文]

尧［禅位时］说："唉，你这位舜呀！天命已经在你身上了，好好坚守中正之道吧。君德广被天下，禄命才能长存。"

舜也对禹说了这样的话。

［汤］告天之辞曰："我小子履，谨以玄牡为牺牲，诚恳告于伟大的天帝：罪人我不敢擅自赦免，贤臣我也不遮掩隐藏，您心里一定很清楚。如我本人有罪，请不要牵连天下民众；天下民众如有罪，必归我一人承担。"

"我周家受天大赐，贤才辈出。虽至亲至近之人，也不如仁贤值得信赖。百姓如有罪过，必由我一人承担。”

谨慎确定度量衡制度，清晰梳理各种制度礼法，恢复已废弛的相关部门，全国的政令就容易推行了。恢复被灭亡的诸侯国，延续已断绝的族世，擢拔被遗落的在野贤人，天下百姓将心悦诚服。所必重视［的三事］：民之温饱、丧礼、祭祀。宽厚将被百姓所拥戴，诚实将获百姓之信赖，勤敏则能取得丰厚的成绩，公正无私则天下悦服。

［疏义］

钱穆《论语新解》：“此章下接‘子张问于孔子曰’，体例甚不类。《汉书·艺文志》，《论语》古二十一篇，出孔子壁中，有两《子张》篇，当是古《论语》即以此下‘子张问’一章为另一《子张》篇。则《尧曰》篇实即以此章为一篇，体例正与《乡党》篇相同，亦只以一章为一篇。如是则上、下论最后一篇均不分章，下论《尧曰》篇乃仿上论《乡党》篇之例而为之。……《论语》载孔子答弟子问，皆仅称‘子曰’，独《阳货》篇子张问，及本篇下章子张问，皆称‘孔子曰’，别成一体。……或此两章裒集在后，故辞例不能与全书一律，而《鲁论》《齐论》均以此两章附入《尧曰》篇合为一篇，为《论语》之旧。因上论、下论各自十篇，不应下论独增一篇。又疑‘尧曰’一章，或出自子张氏之儒之所为，故以所记‘子张问’两章附于后。而《古论》乃将‘子张问’两章分出别为一篇，不知何时‘子张问仁’一章又误移入《阳货》篇中，而又于‘尧曰’章末再出‘宽则得众’数语，而‘惠则足以使人’，又误成‘公则说’三字。”即据翟灏《考异》之说推论，录之备参。

朱子《集注》引杨氏曰：“《论语》之书论，皆圣人微言，而其徒传守之，以明斯道者也。故于终篇，具载尧舜咨命之言，汤武誓师之意，与夫施诸政事者。以明圣学之所传者，一于是而已。所以著明二十篇之大旨也。《孟子》于终篇，亦历叙尧、舜、汤、文、孔子相承之次，皆此意也。”

黄氏《后案》：“此经所言，专罪己，务用贤，顺民心，三者错举言之，此帝王之所同，百世莫能易也，易之则殆矣。”

（二）子张问于孔子曰："何如斯可以从政矣①？"子曰："尊五美，屏四恶②，斯可以从政矣。"子张曰："何谓五美？"子曰："君子惠而不费③，劳而不怨④，欲而不贪⑤，泰而不骄⑥，威而不猛⑦。"子张曰："何谓惠而不费？"子曰："因民之所利而利之⑧，斯不亦惠而不费乎？择可劳而劳之⑨，又谁怨？欲仁而得仁⑩，又焉贪？君子无众寡⑪，无小大⑫，无敢慢⑬，斯不亦泰而不骄乎？君子正其衣冠，尊其瞻视⑭，俨然人望而畏之⑮，斯不亦威而不猛乎？"子张曰："何谓四恶？"子曰："不教而杀谓之虐⑯，不戒视成谓之暴⑰，慢令致期谓之贼⑱，犹之与人也⑲，出纳之吝谓之有司⑳。"

[注释]

①斯：就，则。②屏（bǐng）：摒弃，去除。③惠而不费：惠民实利而无虚耗浪费。④劳而不怨：役使民众而不引起怨恨。⑤欲而不贪：欲修仁德而别无贪求。⑥泰而不骄：安泰坦荡而不骄纵放肆。《子路》篇，子曰："君子泰而不骄，小人骄而不泰。"⑦威而不猛：仪貌威严而不凶猛。《述而》篇："子温而厉，威而不猛，恭而安。"⑧因：依，顺。⑨择可劳而劳之：《后案》："观《周官》役法，择事、择人与考校年之丰凶、时之缓急，皆择也。且择可劳而劳者，其所劳事，大半利归于民者耳。"劳，役使。⑩欲仁而得仁：一心向仁，所欲亦惟行仁而已，非求另有所得。⑪众寡：人之众寡。⑫小大：事之大小。⑬慢：怠慢。⑭瞻视：指目之所视，属容礼。⑮畏：敬畏。⑯教：教化民众。虐：《集注》："谓残酷不仁。"⑰戒：事先告知。成：成绩。暴：匆促。《集注》："卒遽无渐。"⑱慢令致期：出令轻率，中间不当回事，到期又毫不宽容。《集注》："致期，刻期也。缓于前而急于后。"贼：害。⑲犹之：《集注》："犹言'均之'也。"与：给予。⑳出纳：出，指给予别人。刘氏《正义》引俞樾《群经平议》："因出纳为人所恒言，故言出而并及纳。"又引胡绍勳《四书拾义》："纳亦主与人。凡财物出于己，必入于人，亦谓之'纳'。"有司：执掌具体事务却不得自专的官吏。这里指格局狭隘。皇疏："有司，谓主典物者也，犹库吏之属也。府吏虽有官物，而不得自由，故物应出入者，必

有所谘问，不敢擅易。人君若物与人而吝，即与库吏无异。”

[译文]

子张问孔子：“怎样才有资格治理政事呢？”孔子道：“尊崇五种美德，屏除四种恶政，这就可以治理政事了。”子张问：“五种美德指什么呢？”孔子回答：“惠民实利而无虚耗浪费，役使民众而不引起怨恨，一心向仁而别无贪求，安泰而不骄肆，威严而不凶猛。”子张问：“怎样才称得上惠民实利而无虚耗浪费呢？”孔子回答：“就着百姓能得利之处惠其实利，这不就是惠民实利而无虚耗浪费嘛？谨慎择定可以役使百姓的情况再去役使他们，谁会有怨恨呢？一心向仁，所得亦惟行仁而已，又何所贪求？无论涉及人之多寡、事之大小，君子都不敢丝毫怠慢，这不就是安泰而不骄肆吗？在位君子衣冠整肃，目光庄重，容仪端严，使人一望而生敬畏之情，这不就是威严而不凶猛吗？”子张说：“那四种恶政又是怎样的呢？”孔子回答：“不敦行教化却轻施刑戮，那叫暴虐；不事先告知却突然查验成绩，那叫匆促；出令轻率好像不当回事，及至期限又毫不通融，那叫有意陷害；总是要给别人的，出手之际却心生吝啬，那叫格局狭隘。”

[疏义]

《集注》引尹氏曰：“告问政者多矣，未有如此之备者也。故记之以继帝王之治，则夫子之为政可知也。”

（三）孔子曰：“不知命①，无以为君子也。不知礼，无以立也②。不知言③，无以知人也。”

[注释]

①命：天命所赋，如仁义之性、穷达之数等。②立：立身行事。《季氏》篇：“不学礼，无以立。”《泰伯》篇，子曰：“兴于《诗》，立于礼，成于乐。”③言：修辞立言。黄氏《后案》：“宣于口，笔于书，皆言也。”

［译文］

孔子说："不知天命所赋，无法成为君子；不通礼制仪文，无法立身行事；不明修辞之道，无法理解他人。"

［疏义］

《周易·系辞下》："将叛者其辞惭，中心疑者其辞枝，吉人之辞寡，躁人之辞多，诬善之人其辞游，失其守者其辞屈。"《孟子·公孙丑上》孟子论"知言"曰："诐辞知其所蔽，淫辞知其所陷，邪辞知其所离，遁辞知其所穷。生于其心，害于其政；发于其政，害于其事。"

知命，《集解》引孔曰："命，谓穷达之分。"《集注》引程子曰："知有命而信之也。"黄氏《后案》："孔说、程注皆以数命言也。《笔解》云：'命，谓穷理尽性以至于命也，非止穷达。'《韩诗外传》曰：'子曰：不知命，无以为君子。言天之所生，皆有仁义礼智顺善之心。……《大雅》曰：天生蒸民，有物有则，民之秉彝，好是懿德。言民之秉德以则天也。不知所以则天，又焉得为君子乎？'董子对策曰：'明乎天性，知自贵于物。知自贵于物，然后知仁义。知仁义，然后重礼节。重礼节，然后安处善。安处善，然后乐循理。乐循理，然后谓之君子。故孔子曰：不知命，无以为君子。'韩、董二子之说，亦以性命言也。式三谓：人不安于穷达之数者，必枉其仁义之性。知性之赋于天者，以违道之逆天心，自不行险以徼幸。性命、数命非截然二事也。"此说极精。刘氏《正义》说同，惟易"性命"为"德命"，谓"言德命可兼禄命也"。

附录一 《史记·孔子世家》

孔子生鲁昌平乡陬邑。其先宋人也，曰孔防叔。防叔生伯夏，伯夏生叔梁纥。纥与颜氏女野合而生孔子，祷于尼丘得孔子。鲁襄公二十二年而孔子生。生而首上圩顶，故因名曰丘云。字仲尼，姓孔氏。

丘生而叔梁纥死，葬于防山。防山在鲁东，由是孔子疑其父墓处，母讳之也。孔子为儿嬉戏，常陈俎豆，设礼容。孔子母死，乃殡五父之衢，盖其慎也。陬人挽父之母诲孔子父墓，然后往合葬于防焉。

孔子要绖，季氏飨士，孔子与往。阳虎绌曰："季氏飨士，非敢飨子也。"孔子由是退。

孔子年十七，鲁大夫孟釐子病且死，诫其嗣懿子曰："孔丘，圣人之后，灭于宋。其祖弗父何始有宋而嗣让厉公。及正考父佐戴、武、宣公，三命兹益恭，故鼎铭云：'一命而偻，再命而伛，三命而俯，循墙而走，亦莫敢余侮。饘于是，粥于是，以糊余口。'其恭如是。吾闻圣人之后，虽不当世，必有达者。今孔丘年少好礼，其达者欤？吾即没，若必师之。"及釐子卒，懿子与鲁人南宫敬叔往学礼焉。是岁，季武子卒，平子代立。

孔子贫且贱。及长，尝为季氏史，料量平；尝为司职吏而畜蕃息。由是为司空。已而去鲁，斥乎齐，逐乎宋、卫，困于陈、蔡之间，于是反鲁。孔子长九尺有六寸，人皆谓之"长人"而异之。鲁复善待，由是反鲁。

鲁南宫敬叔言鲁君曰："请与孔子适周。"鲁君与之一乘车，两马，一竖子俱，适周问礼，盖见老子云。辞去，而老子送之曰："吾闻富贵者送人以财，仁人者送人以言。吾不能富贵，窃仁人之号，送子以言，曰：'聪明深察而近于死者，好议人者也。博辩广大危其身者，发人之恶者也。为人子者毋以有己，为人臣者毋以有己。'"孔子自周反于鲁，弟子稍益进焉。

是时也，晋平公淫，六卿擅权，东伐诸侯；楚灵王兵强，陵轹中国；齐大而近于鲁。鲁小弱，附于楚则晋怒；附于晋则楚来伐；不备于齐，齐师侵鲁。

鲁昭公之二十年，而孔子盖年三十矣。齐景公与晏婴来适鲁，景公问孔子曰："昔秦穆公国小处辟，其霸何也？"对曰："秦，国虽小，其志大；处虽辟，行中正。身举五羖，爵之大夫，起累绁之中，与语三日，授之以政。以此取之，虽王可也，其霸小矣。"景公说。

孔子年三十五，而季平子与郈昭伯以斗鸡故得罪鲁昭公，昭公率师击平子，平子与孟氏、叔孙氏三家共攻昭公，昭公师败，奔于齐，齐处昭公乾侯。其后顷之，鲁乱。孔子适齐，为高昭子家臣，欲以通乎景公。与齐太师语乐，闻《韶》音，学之，三月不知肉味，齐人称之。

景公问政孔子，孔子曰："君君，臣臣，父父，子子。"景公曰："善哉！信如君不君，臣不臣，父不父，子不子，虽有粟，吾岂得而食诸！"他日又复问政于孔子，孔子曰："政在节财。"景公说，将欲以尼谿田封孔子。晏婴进曰："夫儒者滑稽而不可轨法；倨傲自顺，不可以为下；崇丧遂哀，破产厚葬，不可以为俗；游说乞贷，不可以为国。自大贤之息，周室既衰，礼乐缺有间。今孔子盛容饰，繁登降之礼，趋详之节，累世不能殚其学，当年不能究其礼。君欲用之以移齐俗，非所以先细民也。"后景公敬见孔子，不问其礼。异日，景公止孔子曰："奉子以季氏，吾不能。"以季、孟之间待之。齐大夫欲害孔子，孔子闻之。景公曰："吾老矣，弗能用也。"孔子遂行，反乎鲁。

孔子年四十二，鲁昭公卒于乾侯，定公立。定公立五年，夏，季平子卒，桓子嗣立。季桓子穿井得土缶，中若羊，问仲尼云"得狗"。仲尼曰："以丘所闻，羊也。丘闻之，木石之怪夔、罔阆，水之怪龙、罔象，土之怪坟羊。"

吴伐越，堕会稽，得骨节专车。吴使使问仲尼："骨何者最大？"仲尼曰："禹致群神于会稽山，防风氏后至，禹杀而戮之，其节专车，此为大矣。"吴客曰："谁为神？"仲尼曰："山川之神足以纲纪天下，其守为神，社稷为公侯，皆属于王者。"客曰："防风何守？"仲尼曰："汪罔氏之君守封、禺之山，为釐姓。在虞、夏、商为汪罔，于周为长翟，今谓之大人。"客曰："人长几何？"仲尼曰："僬侥氏三尺，短之至也。长者不过十之，数之极也。"于是吴客曰："善哉圣人！"

桓子嬖臣曰仲梁怀，与阳虎有隙。阳虎欲逐怀，公山不狃止之。其秋，怀益骄，阳虎执怀。桓子怒，阳虎因囚桓子，与盟而醳之。阳虎由此益轻季氏。季氏亦僭于公室，陪臣执国政，是以鲁自大夫以下皆僭离于正道。故孔子不仕，退而修诗书礼乐，弟子弥众，至自远方，莫不受业焉。

定公八年，公山不狃不得意于季氏，因阳虎为乱，欲废三桓之適，更立其庶孽阳虎素所善者，遂执季桓子。桓子诈之，得脱。定公九年，阳虎不胜，奔于齐。是时孔子年五十。

公山不狃以费畔季氏，使人召孔子。孔子循道弥久，温温无所试，莫能己用，曰："盖周文、武起丰、镐而王，今费虽小，傥庶几乎！"欲往。子路不说，止孔子。孔子曰："夫召我者岂徒哉？如用我，其为东周乎！"然亦卒不行。

其后定公以孔子为中都宰，一年，四方皆则之。由中都宰为司空，由司空为大司寇。

定公十年春，及齐平。夏，齐大夫黎鉏言于景公曰："鲁用孔丘，其势危齐。"乃使使告鲁为好会，会于夹谷。鲁定公且以乘车好往。孔子摄相事，曰："臣闻有文事者必有武备，有武事者必有文备。古者诸侯出疆，必具官以从。请具左右司马。"定公曰："诺。"具左右司马。会齐侯夹谷，为坛位，土阶三等，以会遇之礼相见，揖让而登。献酬之礼毕，齐有司趋而进曰："请奏四方之乐。"景公曰："诺。"于是旍旄羽袚矛戟剑拨鼓噪而至。孔子趋而进，历阶而登，不尽一等，举袂而言曰："吾两君为好会，夷狄之乐何为于此！请命有司！"有司却之，不去，则左右视晏子与景公。景公心怍，麾而去之。有顷，齐有司趋而进曰："请奏宫中之乐。"景公曰："诺。"优倡侏儒为戏而前。孔子趋而进，历阶而登，不尽一等，曰："匹夫而营惑诸侯者罪当诛！请命有司！"有司加法焉，手足异处。景公惧而动，知义不若，归而大恐，告其群臣曰："鲁以君子之道辅其君，而子独以夷狄之道教寡人，使得罪于鲁君，为之奈何？"有司进对曰："君子有过则谢以质，小人有过则谢以文。君若悼之，则谢以质。"于是齐侯乃归所侵鲁之郓、汶阳、龟阴之田以谢过。

定公十三年夏，孔子言于定公曰："臣无藏甲，大夫毋百雉之城。"使仲由为季氏宰，将堕三都。于是叔孙氏先堕郈。季氏将堕费，公山不狃、叔孙辄率费人袭鲁。公与三子入于季氏之宫，登武子之台。费人攻之，弗克，入及公侧。孔子命申句须、乐颀下伐之，费人北。国人追之，败诸姑蔑。二子奔齐，遂堕费。将堕成，公敛处父谓孟孙曰："堕成，齐人必至于北门。且成，孟氏之保鄣，无成是无孟氏也。我将弗堕。"十二月，公围成，弗克。

定公十四年，孔子年五十六，由大司寇行摄相事，有喜色。门人曰："闻君子祸至不惧，福至不喜。"孔子曰："有是言也。不曰'乐其以贵下人’乎？”于是诛鲁大夫乱政者少正卯。与闻国政三月，粥羔豚者弗饰贾；男女行者别于涂；涂不拾遗；四方之客至乎邑者不求有司，皆予之以归。

齐人闻而惧，曰：“孔子为政必霸，霸则吾地近焉，我之为先并矣。盍致地焉？”黎鉏曰：“请先尝沮之；沮之而不可则致地，庸迟乎！”于是选齐国中女子好者八十人，皆衣文衣而舞《康乐》，文马三十驷，遗鲁君。陈女乐、文马于鲁城南高门外。季桓子微服往观再三，将受，乃语鲁君为周道游，往观终日，怠于政事。子路曰：“夫子可以行矣。”孔子曰：“鲁今且郊，如致膰乎大夫，则吾犹可以止。”桓子卒受齐女乐，三日不听政；郊，又不致膰俎于大夫。孔子遂行，宿乎屯。而师己送，曰：“夫子则非罪。”孔子曰：“吾歌可夫？”歌曰：“彼妇之口，可以出走；彼妇之谒，可以死败。盖优哉游哉，维以卒岁！”师己反，桓子曰：“孔子亦何言？”师己以实告。桓子喟然叹曰：“夫子罪我以群婢故也夫！”

孔子遂适卫，主于子路妻兄颜浊邹家。卫灵公问孔子：“居鲁得禄几何？”对曰：“奉粟六万。”卫人亦致粟六万。居顷之，或谮孔子于卫灵公。灵公使公孙余假一出一入。孔子恐获罪焉，居十月，去卫。

将适陈，过匡，颜刻为仆，以其策指之曰：“昔吾入此，由彼缺也。”匡人闻之，以为鲁之阳虎。阳虎尝暴匡人，匡人于是遂止孔子。孔子状类阳虎，拘焉五日。颜渊后，子曰：“吾以汝为死矣。”颜渊曰：“子在，回何敢死！”匡人拘孔子益急，弟子惧。孔子曰：“文王既没，文不在兹乎？天之将丧斯文也，后死者不得与于斯文也。天之未丧斯文也，匡人其如予何！”孔子使从者为宁武子臣于卫，然后得去。

去即过蒲。月余，反乎卫，主蘧伯玉家。灵公夫人有南子者，使人谓孔子曰：“四方之君子不辱欲与寡君为兄弟者，必见寡小君。寡小君愿见。”孔子辞谢，不得已而见之。夫人在絺帷中。孔子入门，北面稽首。夫人自帷中再拜，环佩玉声璆然。孔子曰：“吾向为弗见，见之礼答焉。”子路不说。孔子矢之曰：“予所不者，天厌之！天厌之！”居卫月余，灵公与夫人同车，宦者雍渠参乘，出，使孔子为次乘，招摇市过之。孔子曰：“吾未见好德如好色者也。”于是丑之，去卫，过曹。是岁，鲁定公卒。

孔子去曹适宋，与弟子习礼大树下。宋司马桓魋欲杀孔子，拔其树。孔子去。弟子曰：“可以速矣。”孔子曰：“天生德于予，桓魋其如予何！”

孔子适郑，与弟子相失，孔子独立郭东门。郑人或谓子贡曰：“东门有人，其颡似尧，其项类皋陶，其肩类子产，然自要以下不及禹三寸，累累若丧家之狗。”子贡以实告孔子。孔子欣然笑曰：“形状，末也。而谓似丧家之狗，然哉！然哉！”

孔子遂至陈，主于司城贞子家。岁余，吴王夫差伐陈，取三邑而去。赵鞅伐朝歌。楚围蔡，蔡迁于吴。吴败越王句践会稽。

有隼集于陈廷而死，楛矢贯之，石砮，矢长尺有咫。陈湣公使使问仲尼。仲尼曰：“隼来远矣，此肃慎之矢也。昔武王克商，通道九夷百蛮，使各以其方贿来贡，使无忘职业。于是肃慎贡楛矢石砮，长尺有咫。先王欲昭其令德，以肃慎矢分大姬，配虞胡公而封诸陈。分同姓以珍玉，展亲；分异姓以远方职，使无忘服。故分陈以肃慎矢。”试求之故府，果得之。

孔子居陈三岁，会晋楚争强，更伐陈，及吴侵陈，陈常被寇。孔子曰：“归与！归与！吾党之小子狂简，进取不忘其初。”于是孔子去陈。

过蒲，会公叔氏以蒲畔，蒲人止孔子。弟子有公良孺者，以私车五乘从孔子。其为人长贤，有勇力，谓曰：“吾昔从夫子遇难于匡，今又遇难于此，命也已。吾与夫子再罹难，宁斗而死。”斗甚疾。蒲人惧，谓孔子曰："苟毋适卫，吾出子。"与之盟，出孔子东门。孔子遂适卫。子贡曰："盟可负邪？"孔子曰："要盟也，神不听。"

卫灵公闻孔子来，喜，郊迎。问曰："蒲可伐乎？"对曰："可。"灵公曰："吾大夫以为不可。今蒲，卫之所以待晋、楚也，以卫伐之，无乃不可乎？"孔子曰："其男子有死之志，妇人有保西河之志。吾所伐者不过四五人。"灵公曰："善。"然不伐蒲。

灵公老，怠于政，不用孔子。孔子喟然叹曰："苟有用我者，期月而已，三年有成。"孔子行。

佛肸为中牟宰。赵简子攻范、中行，伐中牟。佛肸畔，使人召孔子。孔子欲往。子路曰："由闻诸夫子，'其身亲为不善者，君子不入也'。今佛肸亲以中牟畔，子欲往，如之何？"孔子曰："有是言也。不曰坚乎，磨而不磷；不曰白乎，涅而不淄。我岂匏瓜也哉，焉能系而不食？"

孔子击磬。有荷蒉而过门者，曰："有心哉，击磬乎！硁硁乎，莫己知也夫而已矣！"

孔子学鼓琴师襄子，十日不进。师襄子曰："可以益矣。"孔子曰："丘已习其曲矣，未得其数也。"有间，曰："已习其数，可以益矣。"孔子曰："丘未得其志也。"有间，曰："已习其志，可以益矣。"孔子曰："丘未得其为人也。"有间，曰有所穆然深思焉，有所怡然高望而远志焉。曰："丘得其为人，黯然而黑，几然而长，眼如望羊，如王四国，非文王其谁能为此也！"师襄子辟席再拜，曰："师盖云《文王操》也。"

孔子既不得用于卫，将西见赵简子。至于河而闻窦鸣犊、舜华之死也，临河而叹曰："美哉水，洋洋乎！丘之不济此，命也夫！"子贡趋而进曰："敢问何谓也？"孔子曰："窦鸣犊、舜华，晋国之贤大夫也。赵简子未得志之时，须此两人而后从政；及其已得志，杀之乃从政。丘闻之也，刳胎杀夭则麒麟不至郊，竭泽涸渔则蛟龙不合阴阳，覆巢毁卵则凤皇不翔。何则？君子讳伤其类也。夫鸟兽之于不义也尚知辟之，而况乎丘哉！”乃还息乎陬乡，作为《陬操》以哀之。而反乎卫，入主蘧伯玉家。

他日，灵公问兵陈。孔子曰：“俎豆之事则尝闻之，军旅之事未之学也。”明日，与孔子语，见蜚雁，仰视之，色不在孔子。孔子遂行，复如陈。

夏，卫灵公卒，立孙辄，是为卫出公。六月，赵鞅内太子蒯聩于戚。阳虎使太子绕，八人衰绖，伪自卫迎者，哭而入，遂居焉。冬，蔡迁于州来。是岁鲁哀公三年，而孔子年六十矣。齐助卫围戚，以卫太子蒯聩在故也。

夏，鲁桓、釐庙燔，南宫敬叔救火。孔子在陈，闻之，曰：“灾必于桓、釐庙乎？”已而果然。

秋，季桓子病，辇而见鲁城，喟然叹曰：“昔此国几兴矣，以吾获罪于孔子，故不兴也。”顾谓其嗣康子曰：“我即死，若必相鲁；相鲁，必召仲尼。”后数日，桓子卒，康子代立。已葬，欲召仲尼。公之鱼曰：“昔吾先君用之不终，终为诸侯笑。今又用之，不能终，是再为诸侯笑。”康子曰：“则谁召而可？”曰：“必召冉求。”于是使使召冉求。冉求将行，孔子曰：“鲁人召求，非小用之，将大用之也。”是日，孔子曰：“归乎归乎！吾党之小子狂简，斐然成章，吾不知所以裁之。”子赣知孔子思归，送冉求，因诫曰“即用，以孔子为招”云。

冉求既去，明年，孔子自陈迁于蔡。蔡昭公将如吴，吴召之也。前昭公欺其臣迁州来，后将往，大夫惧复迁，公孙翩射杀昭公。楚侵蔡。秋，齐景公卒。

明年，孔子自蔡如叶。叶公问政，孔子曰：“政在来远附迩。”他日，叶公问孔子于子路，子路不对。孔子闻之，曰：“由，尔何不对曰‘其为人也，学道不倦，诲人不厌，发愤忘食，乐以忘忧，不知老之将至’云尔。”

去叶，反于蔡。长沮、桀溺耦而耕，孔子以为隐者，使子路问津焉。长沮曰：“彼执舆者为谁？”子路曰：“为孔丘。”曰：“是鲁孔丘与？”曰：“然。”曰：“是知津矣。”桀溺谓子路曰：“子为谁？”曰：“为仲由。”曰：“子，孔丘之徒与？”曰：“然。”桀溺曰：“悠悠者天下皆是也，而谁以易之？且与其从辟人之士，岂若从辟世之士哉！”耰而不辍。子路以告孔子，孔子怃然曰：“鸟兽不可与同群。天下有道，丘不与易也。”

他日，子路行，遇荷蓧丈人，曰：“子见夫子乎？”丈人曰：“四体不勤，五谷不分，孰为夫子！”植其杖而芸。子路以告，孔子曰：“隐者也。”复往，则亡。

孔子迁于蔡三岁，吴伐陈。楚救陈，军于城父。闻孔子在陈、蔡之间，楚使人聘孔子。孔子将往拜礼，陈、蔡大夫谋曰：“孔子贤者，所刺讥皆中诸侯之疾。今者久留陈蔡之间，诸大夫所设行皆非仲尼之意。今楚，大国也，来聘孔子。孔子用于楚，则陈蔡用事大夫危矣。”于是乃相与发徒役围孔子于野。不得行，绝粮。从者病，莫能兴。孔子讲诵弦歌不衰。子路愠见曰：“君子亦有穷乎？”孔子曰：“君子固穷，小人穷斯滥矣。”

子贡色作。孔子曰：“赐，尔以予为多学而识之者与？”曰：“然。非与？”孔子曰：“非也。予一以贯之。”

孔子知弟子有愠心，乃召子路而问曰：“《诗》云‘匪兕匪虎，率彼旷野’。吾道非邪？吾何为于此？”子路曰：“意者吾未仁邪？人之不我信也。意者吾未知邪？人之不我行也。”孔子曰：“有是乎！由，譬使仁者而必信，安有伯夷、叔齐？使知者而必行，安有王子比干？”

子路出，子贡入见。孔子曰：“赐，《诗》云‘匪兕匪虎，率彼旷野’。吾道非邪？吾何为于此？”子贡曰：“夫子之道至大也，故天下莫能容夫子。夫子盖少贬焉？”孔子曰：“赐，良农能稼而不能为穑，良工能巧而不能为顺。君子能修其道，纲而纪之，统而理之，而不能为容。今尔不修尔道而求为容。赐，而志不远矣！”

子贡出，颜回入见。孔子曰：“回，《诗》云‘匪兕匪虎，率彼旷野’。吾道非邪？吾何为于此？”颜回曰：“夫子之道至大，故天下莫能容。虽然，夫子推而行之，不容何病，不容然后见君子。夫道之不修也，是吾丑也。夫道既已大修而不用，是有国者之丑也。不容何病？不容然后见君子。”孔子欣然而笑曰：“有是哉颜氏之子！使尔多财，吾为尔宰。”

于是使子贡至楚。楚昭王兴师迎孔子，然后得免。

昭王将以书社地七百里封孔子。楚令尹子西曰：“王之使使诸侯有如子贡者乎？”曰：“无有。”“王之辅相有如颜回者乎？”曰：“无有。”“王之将率有如子路者乎？”曰：“无有。”“王之官尹有如宰予者乎？”曰：“无有。”“且楚之祖封于周，号为子男五十里。今孔丘述三、五之法，明周召之业，王若用之，则楚安得世世堂堂方数千里乎？夫文王在丰，武王在镐，百里之君卒王天下。今孔丘得据土壤，贤弟子为佐，非楚之福也。”昭王乃止。其秋，楚昭王卒于城父。

楚狂接舆歌而过孔子，曰：“凤兮凤兮，何德之衰！往者不可谏兮，来者犹可追也！已而已而，今之从政者殆而！”孔子下，欲与之言。趋而去，弗得与之言。

于是孔子自楚反乎卫。是岁也，孔子年六十三，而鲁哀公六年也。

其明年，吴与鲁会缯，征百牢。太宰嚭召季康子。康子使子贡往，然后得已。

孔子曰：“鲁、卫之政，兄弟也。”是时，卫君辄父不得立，在外，诸侯数以为让。而孔子弟子多仕于卫，卫君欲得孔子为政。子路曰：“卫君待子而为政，子将奚先？”孔子曰：“必也正名乎！”子路曰："有是哉，子之迂也！何其正也？"孔子曰："野哉由也！夫名不正则言不顺，言不顺则事不成，事不成则礼乐不兴，礼乐不兴则刑罚不中，刑罚不中则民无所错手足矣。夫君子为之必可名，言之必可行。君子于其言，无所苟而已矣。"

其明年，冉有为季氏将师，与齐战于郎，克之。季康子曰："子之于军旅，学之乎？性之乎？"冉有曰："学之于孔子。"季康子曰："孔子何如人哉？"对曰："用之有名；播之百姓，质诸鬼神而无憾。求之至于此道，虽累千社，夫子不利也。"康子曰："我欲召之，可乎？"对曰："欲召之，则毋以小人固之，则可矣。"而卫孔文子将攻太叔，问策于仲尼。仲尼辞不知，退而命载而行，曰："鸟能择木，木岂能择鸟乎！"文子固止。会季康子逐公华、公宾、公林，以币迎孔子，孔子归鲁。

孔子之去鲁凡十四岁而反乎鲁。

鲁哀公问政，对曰："政在选臣。"季康子问政，曰："举直错诸枉，则枉者直。"康子患盗，孔子曰："苟子之不欲，虽赏之不窃。"然鲁终不能用孔子，孔子亦不求仕。

孔子之时，周室微而礼乐废，《诗》《书》缺。追迹三代之礼，序《书传》，上纪唐虞之际，下至秦缪，编次其事。曰："夏礼吾能言之，杞不足征也。殷礼吾能言之，宋不足征也。足，则吾能征之矣。"观殷、夏所损益，曰："后虽百世可知也，以一文一质。周监二代，郁郁乎文哉。吾从周。"故《书传》《礼记》自孔氏。

孔子语鲁大师："乐其可知也。始作翕如，纵之纯如，皦如，绎如也，以成。""吾自卫反鲁，然后乐正，《雅》《颂》各得其所。"

古者《诗》三千余篇，及至孔子，去其重，取可施于礼义，上采契、后稷，中述殷周之盛，至幽、厉之缺，始于衽席，故曰"《关雎》之乱以为《风》始，《鹿鸣》为《小雅》始，《文王》为《大雅》始，《清庙》为《颂》始"。三百五篇孔子皆弦歌之，以求合

《韶》《武》《雅》《颂》之音。礼乐自此可得而述，以备王道，成六艺。

孔子晚而喜《易》，序《彖》《系》《象》《说卦》《文言》。读《易》，韦编三绝。曰："假我数年，若是，我于《易》则彬彬矣。"

孔子以诗书礼乐教，弟子盖三千焉，身通六艺者七十有二人。如颜浊邹之徒，颇受业者甚众。

孔子以四教：文，行，忠，信。绝四：毋意，毋必，毋固，毋我。所慎：齐，战，疾。子罕言利与命与仁。不愤不启，举一隅不以三隅反，则弗复也。

其于乡党，恂恂似不能言者。其于宗庙朝廷，辩辩言，唯谨尔。朝，与上大夫言，訚訚如也；与下大夫言，侃侃如也。

入公门，鞠躬如也；趋进，翼如也。君召使傧，色勃如也。君命召，不俟驾行矣。

鱼馁，肉败，割不正，不食。席不正，不坐。食于有丧者之侧，未尝饱也。

是日哭，则不歌。见齐衰、瞽者，虽童子必变。

"三人行，必得我师。""德之不修，学之不讲，闻义不能徙，不善不能改，是吾忧也。"使人歌，善，则使复之，然后和之。

子不语：怪，力，乱，神。

子贡曰："夫子之文章，可得闻也。夫子言天道与性命，弗可得闻也已。"颜渊喟然叹曰："仰之弥高，钻之弥坚。瞻之在前，忽焉在后。夫子循循然善诱人，博我以文，约我以礼，欲罢不能。既竭我才，如有所立，卓尔。虽欲从之，蔑由也已。"达巷党人曰："大哉孔子，博学而无所成名。"子闻之曰："我何执？执御乎？执射乎？我执御矣。"牢曰："子云'不试，故艺'。"

鲁哀公十四年春，狩大野。叔孙氏车子鉏商获兽，以为不祥。仲尼视之，曰："麟也。"取之。曰："河不出图，雒不出书，吾已矣夫！”颜渊死，孔子曰：“天丧予！”及西狩见麟，曰：“吾道穷矣！”喟然叹曰：“莫知我夫！”子贡曰：“何为莫知子？”子曰：“不怨天，不尤人，下学而上达，知我者其天乎！”

“不降其志，不辱其身，伯夷、叔齐乎！”谓“柳下惠、少连降志辱身矣”。谓“虞仲、夷逸隐居放言，行中清，废中权”。“我则异于是，无可无不可。”

子曰：“弗乎弗乎，君子病没世而名不称焉。吾道不行矣，吾何以自见于后世哉？”乃因史记作《春秋》，上至隐公，下讫哀公十四年，十二公。据鲁，亲周，故殷，运之三代。约其文辞而指博。故吴、楚之君自称王，而《春秋》贬之曰“子”；践土之会实召周天子，而《春秋》讳之曰“天王狩于河阳”：推此类以绳当世。贬损之义，后有王者举而开之。《春秋》之义行，则天下乱臣贼子惧焉。

孔子在位听讼，文辞有可与人共者，弗独有也。至于为《春秋》，笔则笔，削则削，子夏之徒不能赞一辞。弟子受《春秋》，孔子曰：“后世知丘者以《春秋》，而罪丘者亦以《春秋》。”

明岁，子路死于卫。孔子病，子贡请见。孔子方负杖逍遥于门，曰：“赐，汝来何其晚也？”孔子因叹，歌曰：“太山坏乎！梁柱摧乎！哲人萎乎！”因以涕下。谓子贡曰：“天下无道久矣，莫能宗予。夏人殡于东阶，周人于西阶，殷人两柱间。昨暮予梦坐奠两柱之间，予始殷人也。”后七日卒。

孔子年七十三，以鲁哀公十六年四月己丑卒。

哀公诔之曰：“旻天不吊，不慭遗一老，俾屏余一人以在位，茕茕余在疚。呜呼哀哉！尼父，毋自律！”子贡曰：“君其不没于鲁乎！夫子之言曰：‘礼失则昏，名失则愆。失志为昏，失所为愆。’生不能用，死而诔之，非礼也。称‘余一人’，非名也。”

孔子葬鲁城北泗上，弟子皆服三年。三年心丧毕，相诀而去，则哭，各复尽哀；或复留。唯子赣庐于冢上，凡六年，然后去。弟子及鲁人往从冢而家者百有余室，因命曰孔里。鲁世世相传以岁时奉祠孔子冢，而诸儒亦讲礼乡饮大射于孔子冢。孔子冢大一顷。故所居堂弟子内，后世因庙藏孔子衣冠琴车书，至于汉二百余年不绝。高皇帝过鲁，以太牢祠焉。诸侯卿相至，常先谒然后从政。

孔子生鲤，字伯鱼。伯鱼年五十，先孔子死。

伯鱼生伋，字子思，年六十二。尝困于宋。子思作《中庸》。

子思生白，字子上，年四十七。子上生求，字子家，年四十五。子家生箕，字子京，年四十六。子京生穿，字子高，年五十一。子高生子慎，年五十七，尝为魏相。

子慎生鲋，年五十七，为陈王涉博士，死于陈下。

鲋弟子襄，年五十七。尝为孝惠皇帝博士，迁为长沙太守。长九尺六寸。

子襄生忠，年五十七。忠生武，武生延年及安国。安国为今皇帝博士，至临淮太守，蚤卒。安国生卬，卬生驩。

太史公曰：《诗》有之："高山仰止，景行行止。"虽不能至，然心向往之。余读孔氏书，想见其为人。适鲁，观仲尼庙堂车服礼器，诸生以时习礼其家，余祗回留之不能去云。天下君王至于贤人众矣，当时则荣，没则已焉。孔子布衣，传十余世，学者宗之。自天子王侯，中国言六艺者折中于夫子，可谓至圣矣！

附录二 《史记·仲尼弟子列传》

孔子曰“受业身通者七十有七人”，皆异能之士也。德行：颜渊，闵子骞，冉伯牛，仲弓。政事：冉有，季路。言语：宰我，子贡。文学：子游，子夏。师也辟，参也鲁，柴也愚，由也喭，回也屡空。赐不受命而货殖焉，亿则屡中。

孔子之所严事：于周则老子；于卫，蘧伯玉；于齐，晏平仲；于楚，老莱子；于郑，子产；于鲁，孟公绰。数称臧文仲、柳下惠、铜鞮伯华、介山子然，孔子皆后之，不并世。

颜回者，鲁人也，字子渊。少孔子三十岁。

颜渊问仁，孔子曰：“克己复礼，天下归仁焉。”

孔子曰：“贤哉回也！一箪食，一瓢饮，在陋巷，人不堪其忧，回也不改其乐。”“回也如愚；退而省其私，亦足以发，回也不愚。”“用之则行，舍之则藏，唯我与尔有是夫！”

回年二十九，发尽白，蚤死。孔子哭之恸，曰：“自吾有回，门人益亲。”鲁哀公问：“弟子孰为好学？”孔子对曰：“有颜回者好学，不迁怒，不贰过。不幸短命死矣，今也则亡。”

闵损字子骞。少孔子十五岁。

孔子曰：“孝哉闵子骞！人不间于其父母昆弟之言。”不仕大夫，不食污君之禄。“如有复我者，必在汶上矣。”

冉耕字伯牛。孔子以为有德行。

伯牛有恶疾，孔子往问之，自牖执其手，曰："命也夫！斯人也而有斯疾，命也夫！"

冉雍字仲弓。

仲弓问政，孔子曰："出门如见大宾，使民如承大祭。在邦无怨，在家无怨。"

孔子以仲弓为有德行，曰："雍也可使南面。"

仲弓父，贱人。孔子曰："犁牛之子骍且角，虽欲勿用，山川其舍诸？"

冉求字子有，少孔子二十九岁。为季氏宰。

季康子问孔子曰："冉求仁乎？"曰："千室之邑，百乘之家，求也可使治其赋。仁则吾不知也。"复问："子路仁乎？"孔子对曰："如求。"

求问曰："闻斯行诸？"子曰："行之。"子路问："闻斯行诸？"子曰："有父兄在，如之何其闻斯行之！"子华怪之，"敢问问同而答异？"孔子曰："求也退，故进之。由也兼人，故退之。"

仲由字子路，卞人也。少孔子九岁。

子路性鄙，好勇力，志伉直，冠雄鸡，佩豭豚，陵暴孔子。孔子设礼稍诱子路，子路后儒服委质，因门人请为弟子。

子路问政，孔子曰："先之，劳之。"请益。曰："无倦。"

子路问："君子尚勇乎？"孔子曰："义之为上。君子好勇而无义则乱，小人好勇而无义则盗。"

子路有闻，未之能行，唯恐有闻。

孔子曰："片言可以折狱者，其由也与！""由也好勇过我，无所取材。""若由也，不得其死然。""衣敝缊袍，与衣狐貉者立而不耻者，其由也与！""由也升堂矣，未入于室也。"

季康子问："仲由仁乎？"孔子曰："千乘之国可使治其赋，不知其仁。”

子路喜从游，遇长沮、桀溺、荷蓧丈人。

子路为季氏宰，季孙问曰：“子路可谓大臣与？”孔子曰：“可谓具臣矣。”

子路为蒲大夫，辞孔子。孔子曰：“蒲多壮士，又难治。然吾语汝：恭以敬，可以执勇；宽以正，可以比众；恭正以静，可以报上。”

初，卫灵公有宠姬曰南子。灵公太子蒉聩得过南子，惧诛出奔。及灵公卒而夫人欲立公子郢。郢不肯，曰：“亡人太子之子辄在。”于是卫立辄为君，是为出公。出公立十二年，其父蒉聩居外，不得入。子路为卫大夫孔悝之邑宰。蒉聩乃与孔悝作乱，谋入孔悝家，遂与其徒袭攻出公。出公奔鲁，而蒉聩入立，是为庄公。方孔悝作乱，子路在外，闻之而驰往。遇子羔出卫城门，谓子路曰：“出公去矣，而门已闭，子可还矣，毋空受其祸。”子路曰：“食其食者不避其难。”子羔卒去。有使者入城，城门开，子路随而入。造蒉聩，蒉聩与孔悝登台。子路曰：“君焉用孔悝？请得而杀之。”蒉聩弗听。于是子路欲燔台，蒉聩惧，乃下石乞、壶黡攻子路，击断子路之缨。子路曰：“君子死而冠不免。”遂结缨而死。

孔子闻卫乱，曰：“嗟乎，由死矣！”已而果死。故孔子曰：“自吾得由，恶言不闻于耳。”是时子贡为鲁使于齐。

宰予字子我。利口辩辞。既受业，问：“三年之丧不已久乎？君子三年不为礼，礼必坏；三年不为乐，乐必崩。旧谷既没，新谷既升，钻燧改火，期可已矣。”子曰：“于汝安乎？”曰：“安。”“汝安则为之。君子居丧，食旨不甘，闻乐不乐，故弗为也。”宰我出，子曰：“予之不仁也！子生三年然后免于父母之怀。夫三年之丧，天下之通义也。”

宰予昼寝。子曰：“朽木不可雕也，粪土之墙不可圬也。”

宰我问五帝之德，子曰：“予非其人也。”

宰我为临菑大夫，与田常作乱，以夷其族，孔子耻之。

端沐赐，卫人，字子贡。少孔子三十一岁。

子贡利口巧辞，孔子常黜其辩。问曰："汝与回也孰愈？"对曰："赐也何敢望回！回也闻一以知十，赐也闻一以知二。"

子贡既已受业，问曰："赐何人也？"孔子曰："汝器也。"曰："何器也？"曰："瑚琏也。"

陈子禽问子贡曰："仲尼焉学？"子贡曰："文武之道未坠于地，在人，贤者识其大者，不贤者识其小者，莫不有文武之道。夫子焉不学，而亦何常师之有！"又问曰："孔子适是国必闻其政。求之与？抑与之与？"子贡曰："夫子温良恭俭让以得之。夫子之求之也，其诸异乎人之求之也。"

子贡问曰："富而无骄，贫而无谄，何如？"孔子曰："可也；不如贫而乐道，富而好礼。"

田常欲作乱于齐，惮高、国、鲍、晏，故移其兵欲以伐鲁。孔子闻之，谓门弟子曰："夫鲁，坟墓所处，父母之国，国危如此，二三子何为莫出？"子路请出，孔子止之。子张、子石请行，孔子弗许。子贡请行，孔子许之。

遂行，至齐，说田常曰："君之伐鲁过矣。夫鲁，难伐之国，其城薄以卑，其地狭以泄，其君愚而不仁，大臣伪而无用，其士民又恶甲兵之事，此不可与战。君不如伐吴。夫吴，城高以厚，地广以深，甲坚以新，士选以饱，重器精兵尽在其中，又使明大夫守之，此易伐也。"田常忿然作色曰："子之所难，人之所易；子之所易，人之所难：而以教常，何也？"子贡曰："臣闻之，忧在内者攻强，忧在外者攻弱。今君忧在内。吾闻君三封而三不成者，大臣有不听者也。今君破鲁以广齐，战胜以骄主，破国以尊臣，而君之功不与焉，则交日疏于主。是君上骄主心，下恣群臣，求以成大事，难矣。夫上骄则恣，臣骄则争，是君上与主有却，下与大臣交争也。如此，则君之立于齐危矣。故曰不如伐吴。伐吴不胜，民人外死，大臣内空，是君上无强臣之敌，下无民人之过，孤主制齐者唯君也。”田常曰：“善。虽然，吾兵业已加鲁矣，去而之吴，大臣疑我，奈何？”子贡曰：“君按兵无伐，臣请往使吴王，令之救鲁而伐齐，君因以兵迎之。”田常许之，使子贡南见吴王。

说曰：“臣闻之，王者不绝世，霸者无强敌，千钧之重加铢两而移。今以万乘之齐而私千乘之鲁，与吴争强，窃为王危之。且夫救鲁，显名也；伐齐，大利也。以抚泗上诸侯，诛暴齐以服强晋，利莫大焉。名存亡鲁，实困强齐，智者不疑也。”吴王曰：“善。虽然，吾尝与越战，栖之会稽。越王苦身养士，有报我心。子待我伐越而听子。”子贡曰：“越之劲不过鲁，吴之强不过齐，王置齐而伐越，则齐已平鲁矣。且王方以存亡继绝为名，夫伐小越而畏强齐，非勇也。夫勇者不避难，仁者不穷约，智者不失时，王者不绝世，以立其义。今存越示诸侯以仁，救鲁伐齐，威加晋国，诸侯必相率而朝吴，霸业成矣。且王必恶越，臣请东见越王，令出兵以从，此实空越，名从诸侯以伐也。”吴王大说，乃使子贡之越。

越王除道郊迎，身御至舍而问曰：“此蛮夷之国，大夫何以俨然辱而临之？”子贡曰：“今者吾说吴王以救鲁伐齐，其志欲之而畏越，曰‘待我伐越乃可’。如此，破越必矣。且夫无报人之志而令人疑之，拙也；有报人之志，使人知之，殆也；事未发而先闻，危也。三者举事之大患。”句践顿首再拜曰：“孤尝不料力，乃与吴战，困于会稽，痛入于骨髓，日夜焦唇干舌，徒欲与吴王接踵而死，孤之愿也。”遂问子贡。子贡曰：“吴王为人猛暴，群臣不堪；国家敝以数战，士卒弗忍；百姓怨上，大臣内变；子胥以谏死，太宰嚭用事，顺君之过以安其私：是残国之治也。今王诚发士卒佐之以徼其志，重宝以说其心，卑辞以尊其礼，其伐齐必也。彼战不胜，王之福矣。战胜，必以兵临晋，臣请北见晋君，令共攻之，弱吴必矣。其锐兵尽于齐，重甲困于晋，而王制其敝，此灭吴必矣。”越王大说，许诺。送子贡金百镒，剑一，良矛二。子贡不受，遂行。

报吴王曰：“臣敬以大王之言告越王，越王大恐，曰：‘孤不幸，少失先人，内不自量，抵罪于吴，军败身辱，栖于会稽，国为虚莽，赖大王之赐，使得奉俎豆而修祭祀，死不敢忘，何谋之敢虑！’”后五日，越使大夫种顿首言于吴王曰：“东海役臣孤句践使者臣种，敢修下吏问于左右。今窃闻大王将兴大义，诛强救弱，困暴齐而抚周室，请悉起境内士卒三千人，孤请自被坚执锐，以先受矢石。因越贱臣种奉先人藏器，甲二十领，鈇屈卢之矛，步光之剑，以贺军吏。”吴王大说，以告子贡曰：“越王欲身从寡人伐齐，可乎？”子贡曰：“不可。夫空人之国，悉人之众，又从其君，不义。君受其币，许其师，而辞其君。”吴王许诺，乃谢越王。于是吴王乃遂发九郡兵伐齐。

子贡因去之晋，谓晋君曰：“臣闻之，虑不先定不可以应卒，兵不先辨不可以胜敌。今夫齐与吴将战，彼战而不胜，越乱之必矣；与齐战而胜，必以其兵临晋。”晋君大恐，曰：“为之奈何？”子贡曰：“修兵休卒以待之。”晋君许诺。

子贡去而之鲁。吴王果与齐人战于艾陵，大破齐师，获七将军之兵而不归，果以兵临晋，与晋人相遇黄池之上。吴晋争强。晋人击之，大败吴师。越王闻之，涉江袭吴，去城七里而军。吴王闻之，去晋而归，与越战于五湖。三战不胜，城门不守，越遂围王宫，杀夫差而戮其相。破吴三年，东向而霸。

故子贡一出，存鲁，乱齐，破吴，强晋而霸越。子贡一使，使势相破，十年之中，五国各有变。

子贡好废举，与时转货赀。喜扬人之美，不能匿人之过。常相鲁卫，家累千金，卒终于齐。

言偃，吴人，字子游。少孔子四十五岁。

子游既已受业，为武城宰。孔子过，闻弦歌之声。孔子莞尔而笑曰："割鸡焉用牛刀？"子游曰："昔者偃闻诸夫子曰，君子学道则爱人，小人学道则易使。"孔子曰："二三子，偃之言是也。前言戏之耳。"孔子以为子游习于文学。

卜商字子夏。少孔子四十四岁。

子夏问："'巧笑倩兮，美目盼兮，素以为绚兮'，何谓也？"子曰："绘事后素。"曰："礼后乎？"孔子曰："商始可与言《诗》已矣。"

子贡问："师与商孰贤？"子曰："师也过，商也不及。""然则师愈与？"曰："过犹不及。"

子谓子夏曰："汝为君子儒，无为小人儒。"

孔子既没，子夏居西河教授，为魏文侯师。其子死，哭之失明。

颛孙师，陈人，字子张。少孔子四十八岁。

子张问干禄，孔子曰："多闻阙疑，慎言其余，则寡尤；多见阙殆，慎行其余，则寡悔。言寡尤，行寡悔，禄在其中矣。"

他日从在陈蔡间，困，问行。孔子曰："言忠信，行笃敬，虽蛮貊之国行也；言不忠信，行不笃敬，虽州里行乎哉！立则见其参于前也，在舆则见其倚于衡，夫然后行。"子张书诸绅。

子张问："士何如斯可谓之达矣？"孔子曰："何哉，尔所谓达者？"子张对曰："在国必闻，在家必闻。"孔子曰："是闻也，非达也。夫达者，质直而好义，察言而观色，虑以下人，在国及家必达。夫闻也者，色取仁而行违，居之不疑，在国及家必闻。"

曾参，南武城人，字子舆。少孔子四十六岁。

孔子以为能通孝道，故授之业。作《孝经》。死于鲁。

澹台灭明，武城人，字子羽。少孔子三十九岁。

状貌甚恶。欲事孔子，孔子以为材薄。既已受业，退而修行，行不由径，非公事不见卿大夫。

南游至江，从弟子三百人，设取予去就，名施乎诸侯。孔子闻之，曰："吾以言取人，失之宰予；以貌取人，失之子羽。"

宓不齐字子贱。少孔子三十岁。

孔子谓"子贱君子哉！鲁无君子，斯焉取斯？"

子贱为单父宰，反命于孔子，曰："此国有贤不齐者五人，教不齐所以治者。"孔子曰："惜哉不齐所治者小，所治者大则庶几矣。"

原宪字子思。

子思问耻。孔子曰："国有道，谷。国无道，谷，耻也。"

子思曰："克伐怨欲不行焉，可以为仁乎？"孔子曰："可以为难矣，仁则吾弗知也。"

孔子卒，原宪遂亡在草泽中。子贡相卫，而结驷连骑，排藜藿入穷阎，过谢原宪。宪摄敝衣冠见子贡。子贡耻之，曰："夫子岂病乎？"原宪口："吾闻之，无财者谓之贫，学道而不能行者谓之病。若宪，贫也，非病也。"子贡惭，不怿而去，终身耻其言之过也。

公冶长，齐人，字子长。

孔子曰："长可妻也，虽在累绁之中，非其罪也。"以其子妻之。

南宫括字子容。

问孔子曰："羿善射，奡荡舟，俱不得其死然；禹稷躬稼而有天下？"孔子弗答。容出，孔子曰："君子哉若人！上德哉若人！""国有道，不废；国无道，免于刑戮。"三复"白珪之玷"，以其兄之子妻之。

公晳哀字季次。

孔子曰："天下无行，多为家臣，仕于都；唯季次未尝仕。"

曾蒧字晳。

侍孔子，孔子曰："言尔志。"蒧曰："春服既成，冠者五六人，童子六七人，浴乎沂，风乎舞雩，咏而归。"孔子喟尔叹曰："吾与蒧也！"

颜无繇字路。路者，颜回父，父子尝各异时事孔子。

颜回死，颜路贫，请孔子车以葬。孔子曰："材不材，亦各言其子也。鲤也死，有棺而无椁，吾不徒行以为之椁，以吾从大夫之后，不可以徒行。"

商瞿，鲁人，字子木。少孔子二十九岁。

孔子传《易》于瞿，瞿传楚人馯臂子弘，弘传江东人矫子庸疵，疵传燕人周子家竖，竖传淳于人光子乘羽，羽传齐人田子庄何，何传东武人王子中同，同传菑川人杨何。何元朔中以治《易》为汉中大夫。

高柴字子羔。少孔子三十岁。

子羔长不盈五尺，受业孔子，孔子以为愚。

子路使子羔为费郈宰，孔子曰："贼夫人之子！"子路曰："有民人焉，有社稷焉，何必读书然后为学！"孔子曰："是故恶夫佞者。"

漆雕开字子开。

孔子使开仕，对曰："吾斯之未能信。"孔子说。

公伯缭字子周。

周诉子路于季孙，子服景伯以告孔子，曰："夫子固有惑志，缭也，吾力犹能肆诸市朝。"孔子曰："道之将行，命也；道之将废，命也。公伯缭其如命何！"

司马耕字子牛。

牛多言而躁。问仁于孔子，孔子曰："仁者其言也讱。"曰："其言也讱，斯可谓之仁乎？"子曰："为之难，言之得无讱乎！"

问君子，子曰："君子不忧不惧。"曰："不忧不惧，斯可谓之君子乎？"子曰："内省不疚，夫何忧何惧！"

樊须字子迟。少孔子三十六岁。

樊迟请学稼，孔子曰："吾不如老农。"请学圃，曰："吾不如老圃。"樊迟出，孔子曰："小人哉樊须也！上好礼，则民莫敢不敬；上好义，则民莫敢不服；上好信，则民莫敢不用情。夫如是，则四方之民襁负其子而至矣，焉用稼!”

樊迟问仁，子曰：“爱人。”问智，曰：“知人。”

有若少孔子四十三岁。有若曰：“礼之用，和为贵，先王之道斯为美。小大由之，有所不行；知和而和，不以礼节之，亦不可行也。”“信近于义，言可复也；恭近于礼，远耻辱也；因不失其亲，亦可宗也。”

孔子既没，弟子思慕，有若状似孔子，弟子相与共立为师，师之如夫子时也。他日，弟子进问曰：“昔夫子当行，使弟子持雨具，已而果雨。弟子问曰：‘夫子何以知之?’夫子曰：‘《诗》不云乎?“月离于毕，俾滂沱矣。”昨暮月不宿毕乎?’他日，月宿毕，竟不雨。商瞿年长无子，其母为取室。孔子使之齐，瞿母请之。孔子曰：‘无忧，瞿年四十后当有五丈夫子。’已而果然。问夫子何以知此?”有若默然无以应。弟子起曰：“有子避之，此非子之座也!”

公西赤字子华。少孔子四十二岁。

子华使于齐，冉有为其母请粟。孔子曰：“与之釜。”请益，曰：“与之庾。”冉子与之粟五秉。孔子曰：“赤之适齐也，乘肥马，衣轻裘。吾闻君子周急不继富。”

巫马施字子旗。少孔子三十岁。

陈司败问孔子曰：“鲁昭公知礼乎?”孔子曰：“知礼。”退而揖巫马旗曰：“吾闻君子不党，君子亦党乎?鲁君娶吴女为夫人，命之为孟子。孟子姓姬，讳称同姓，故谓之孟子。鲁君而知礼，孰不知礼!”施以告孔子，孔子曰：“丘也幸，苟有过，人必知之。臣不可言君亲之恶，为讳者，礼也。”

梁鳣字叔鱼。少孔子二十九岁。

颜幸字子柳。少孔子四十六岁。

冉孺字子鲁。少孔子五十岁。

曹恤字子循。少孔子五十岁。

伯虔字子析。少孔子五十岁。

公孙龙字子石。少孔子五十三岁。

自子石已右三十五人，显有年名及受业闻见于书传。其四十有二人，无年及不见书传者纪于左：

冉季字子产。

公祖句兹字子之。

秦祖字子南。

漆雕哆字子敛。

颜高字子骄。

漆雕徒父。

壤驷赤字子徒。

商泽。

石作蜀字子明。

任不齐字选。

公良孺字子正。

后处字子里。

秦冉字开。

公夏首字乘。

奚容箴字子皙。

公肩定字子中。

颜祖字襄。

鄡单字子家。

句井疆。

罕父黑字子索。

秦商字子丕。

申党字周。

颜之仆字叔。

荣旂字子祈。

县成字子祺。

左人郢字行。

燕伋字思。

郑国字子徒。

秦非字子之。

施之常字子恒。

颜哙字子声。

步叔乘字子车。

原亢籍。

乐欬字子声。

廉絜字庸。

叔仲会字子期。

颜何字冉。

狄黑字皙。

邦巽字子敛。

孔忠。

公西舆如字子上。

公西葴字子上。

太史公曰：学者多称七十子之徒，誉者或过其实，毁者或损其真，钧之未睹厥容貌，则论言弟子籍，出孔氏古文近是。余以弟子名姓文字悉取《论语》弟子问并次为篇，疑者阙焉。

附录三　历代序跋

何晏《论语集解序》

叙曰：汉中垒校尉刘向言《鲁论语》二十篇，皆孔子弟子记诸善言也。大子大傅夏侯胜、前将军萧望之、丞相韦贤及子玄成等传之。《齐论语》二十二篇，其二十篇中，章句颇多于《鲁论》。琅邪王卿及胶东庸生、昌邑中尉王吉皆以教授。故有《鲁论》，有《齐论》。鲁共王时，尝欲以孔子宅为宫，坏，得《古文论语》。《齐论》有《问王》《知道》，多于《鲁论》二篇。《古论》亦无此二篇，分《尧曰》下章“子张问”以为一篇，有两《子张》，凡二十一篇。篇次不与《齐》《鲁论》同。安昌侯张禹本受《鲁论》，兼讲《齐》说，善者从之，号曰“张侯论”，为世所贵。包氏、周氏《章句》出焉。《古论》唯博士孔安国为之训解，而世不传。至顺帝时，南郡大守马融亦为之训说。汉末，大司农郑玄就《鲁论》篇章考之《齐》《古》，为之注。近故司空陈群、太常王肃、博士周生烈皆为义说。前世传授师说，虽有异同，不为训解。中间为之训解，至于今多矣。所见不同，互有得失。今集诸家之善，记其姓名，有不安者颇为改易，名曰

《论语集解》。

光禄大夫关内侯臣孙邕、光禄大夫臣郑冲、散骑常侍中领军安乡亭侯臣曹羲、侍中臣荀顗、尚书驸马都尉关内侯臣何晏等上。

皇侃《论语义疏序》

《论语》通曰："《论语》者，是孔子没后七十弟子之门徒共所撰录也。"夫圣人应世，事迹多端，随感而起，故为教不一。或负扆御众，服龙衮于庙堂之上；或南面聚徒，衣缝掖于黉校之中。但圣师孔子符应颓周，生鲁长宋，游历诸国，以鲁哀公十一年冬从卫反鲁，删《诗》定礼于洙、泗之间。门徒三千人，达者七十有二。但圣人虽异人者神明，而同人者五情。五情既同，则朽没之期亦等。故叹发吾衰，悲因逝水，托梦两楹，寄歌颓坏。至哀公十六年，哲人其萎，徂背之后，过隙叵驻，门人痛大山长毁，哀梁木永摧，隐几非昔，离索行泪，微言一绝，景行莫书。于是弟子佥陈往训，各记旧闻，撰为此书。成而实录，上以尊仰圣师，下则垂轨万代。既方为世典，不可无名。然名书之法，必据体以立称，犹如以孝为体者则谓之《孝经》，以庄敬为体者则谓之为《礼记》。然此书之体，适会多途，皆夫子平生应机作教，事无常准，或与时君抗厉，或共弟子抑扬，或自显示物，或混迹齐凡，问同答异，言近意深，《诗》《书》互错综，典诰相纷纭，义既不定于一方，名故难求乎诸类，因题"论语"两字以为此书之名也。

但先儒后学解释不同，凡通此"论"字，大判有三途：第一舍字制音呼之为"伦"，一舍音依字而号曰"论"，一云"伦""论"二称义无异也。第一舍字从音为"伦"，说者乃众，的可见者不出四家：一云"伦"者，次也，言此书事义相生，首末相次也；二云

“伦”者，理也，言此书之中蕴含万理也；三云“伦”者，纶也，言此书经纶今古也；四云“伦”者，轮也，言此书义旨周备，圆转无穷，如车之轮也。第二舍音依字为“论”者，言此书出自门徒，必先详论，人人佥允，然后乃记。记必已论，故曰“论”也。第三云“伦”“论”无异者，盖是楚夏音殊、南北语异耳。南人呼“伦事”为“论事”，北士呼“论事”为“伦事”，音字虽不同，而义趣犹一也。侃案：三途之说，皆有道理，但南北语异如何似未详，师说不取，今亦舍之，而从音、依字二途拜录以汇成一义。何者？今字作“论”者，明此书之出不专一人，妙通深远，非论不畅。而音作“伦”者，明此书义含妙理，经纶今古，自首臻末，轮环不穷。依字则证事立文，取音则据理为义，义文两立，理事双该。圆通之教，如或应示。故蔡公为此书为圆通之喻，云：“物有大而不普、小而兼通者，譬如巨镜百寻，所照必偏，明珠一寸，鉴包六合。”以蔡公斯喻，故言《论语》小而圆通，有如明珠；诸典大而偏用，譬若巨镜。诚哉是言也！“语”者，论难答述之谓也。《毛诗传》云：“直言曰言，论难曰语。”郑注《周礼》云：“发端曰言，答述为语。”

今按，此书既是论难答述之事，宜以“论”为其名，故名为《论语》也。然此“语”是孔子在时所说，而“论”是孔子没后方论，“论”在“语”后，应曰“语论”。而今不曰“语论”而云“论语”者，其义有二：一则恐后有穿凿之嫌，故以“语”在“论”下，急标“论”在上，示非率尔故也；二则欲现此“语”非徒然之说万代之绳准，所以先“论”，已备有圆周之理，理在于事前，故以“论”居“语”先也。

又此书亦遭焚烬，至汉时，合壁所得，及口以传授，遂有三本：一曰《古论》，二曰《齐论》，三曰《鲁论》。既有三本，而篇章亦异。《古论》分《尧曰》下章“子张问”更为一篇，合二十一篇，篇次以《乡党》为第二篇，《雍也》为第三，篇内倒错不可具说。《齐论》题目与《鲁论》大体不殊，而长有《问王》《知道》二篇，合二十二篇，篇内亦微有异。《鲁论》有二十篇，即今日所讲者是也。寻当昔撰录之时，岂有三本之别？将是编简缺落、口传不同耳。故刘向《别录》云："鲁人所学谓之《鲁论》，齐人所学谓之《齐论》，合壁所得谓之《古论》。"而《古论》为孔安国所注，无其传学者。《齐论》为琅琊王卿等所学，《鲁论》为太子太傅夏侯胜及前将军萧望之、少傅夏侯建等所学，以此教授于侯王也。晚有安昌侯张禹，就建学《鲁论》，兼讲《齐》说，择善而从之，号曰《张侯论》，为世所贵。至汉顺帝时，有南郡太守扶风马融字季长、建安中大司农北海郑玄字康成，又就《鲁论》篇章考《齐》验《古》，为之注解。汉鸿胪卿吴郡包咸字子良，又有周氏，不悉其名，至魏司空颍川陈群字长文、大常东海王肃字子雍、博士燉煌周生烈皆为义说。魏末吏部尚书南阳何晏字平叔，因《鲁论》，集季常等七家，又采《古论》孔注，又自下己意，即世所重者。今日所讲，即是《鲁论》，为张侯所学、何晏所集者也。

又晋大保河东卫瓘字伯玉、晋中书令兰陵缪播字宣则、晋广陵大守高平栾肇字永初、晋黄门郎颍川郭象字子玄、晋司徒济阳蔡谟字道明、晋江夏大守陈国袁宏字叔度、晋著作郎济阳江淳字思俊、晋抚军长史蔡系字子叔、晋中书郎江夏李充字弘度、晋廷尉太原孙绰字兴公、晋散骑常侍陈留周坏字道夷、晋中书令颍阳范宁字武子、晋中书令琅琊王珉字季瑛，右十三家，为江熙字大和所集。侃今之讲，先通何集，若江集中诸人有可采者，亦附而申之。其又别有通儒解释，于何集无妨者，亦引取为说，以示广闻也。

然《论语》之书，包于五代二帝三王，自尧至周凡一百四十人，而孔子弟子不在其数。孔子弟子有二十七人见于《论语》者也，而《古史考》则云三十人，谓林放、澹台灭明、阳虎亦是弟子数也。

朱熹《论语序说》

《史记·世家》曰：孔子名丘，字仲尼。其先宋人。父叔梁纥，母颜氏，以鲁襄公二十二年，庚戌之岁，十一月庚子，生孔子于鲁昌平乡陬邑。为儿嬉戏，常陈俎豆，设礼容。及长，为委吏，料量平；(委吏，本作“季氏史”，《索隐》云：“一本作‘委吏’，与《孟子》合。”今从之。) 为司职吏，畜蕃息。(职，见《周礼·牛人》，读为“樴”，义与“杙”同，盖系养牺牲之所。此官即孟子所谓“乘田”。) 适周，问礼于老子，既反，而弟子益进。昭公二十五年甲申，孔子年三十五，而昭公奔齐，鲁乱。于是适齐，为高昭子家臣，以通乎景公。(有闻《韶》、问政二事。) 公欲封以尼溪之田，晏婴不可，公惑之。(有“季孟”“吾老”之语。) 孔子遂行，反乎鲁。定公元年壬辰，孔子年四十三，而季氏强僭，其臣阳虎作乱专政。故孔子不仕，而退修《诗》、《书》、礼乐，弟子弥众。九年庚子，孔子年五十一。公山不狃以费畔季氏，召孔子，欲往，而卒不行。(有答子路“东周”语。) 定公以孔子为中都宰，一年，四方则之，遂为司空，又为大司寇。十年辛丑，相定公会齐侯于夹谷，齐人归鲁侵地。十二年癸卯，使仲由为季氏宰，堕三都，收其甲兵。孟氏不肯堕成，围之不克。十四年乙巳，孔子年五十六，摄行相事，诛少正卯，与闻国政。三月，鲁国大治。齐人归女乐以沮之，季桓子受之。郊又不致膰俎于大夫，孔子行。(《鲁世家》以此以上皆为十二年事。) 适卫，主于子路妻兄颜浊邹家。(《孟子》作“颜雠由”。) 适陈，过匡，匡人以为阳虎而拘之。(有“颜渊后”及“文王既没”之语。) 既解，还卫，主蘧伯玉家，见南子。(有矢子路及“未见好德”之语。) 去适宋，司马桓魋欲杀之。（有“天生德”语及微服过宋事。）又去，适陈，主司城贞子家。居三岁而反于卫，灵公不能用。（有“三年有成”之语。）晋赵氏家臣佛肸以中牟畔，召孔子，孔子欲往，亦不果。（有答子路坚白语及荷蒉过门事。）将西见赵简子，至河而反，又主蘧伯玉家。灵公问陈，不对而行，复如陈。（据《论语》则绝粮当在此时。）季桓子卒，遗言谓康子必召孔子，其臣止之，康子乃召冉求。（《史记》以《论语》“归与”之叹为在此时，又以《孟子》所记叹辞为主司城贞子时语，疑不然。盖《语》《孟》所记，本皆此一时语，而所记有异同耳。）孔子如蔡及叶。（有叶公问答子路不对、沮溺耦耕、荷蓧丈人等事。《史记》云，于是楚昭王使人聘孔子，孔子将往拜礼，而陈蔡大夫发徒围之，故孔子绝粮于陈蔡之间。有愠见及告子贡一贯之语。按是时陈蔡臣服于楚，若楚王来聘孔子，陈蔡大夫安敢围之？且据《论语》，绝粮当在去卫如陈之时。）楚昭王将以书社地封孔子，令尹子西不可，乃止。（《史记》云“书社地七百里”，恐无此理。时则有接舆之歌。）又反乎卫，时灵公已卒，卫君辄欲得孔子为政。（有鲁卫兄弟及答子贡夷齐、子路正名之语。）而冉求为季氏将，与齐战有功，康子乃召孔子，而孔子归鲁，实哀公之十一年丁巳，而孔子年六十八矣。（有对哀公及康子语。）然鲁终不能用孔子。孔子亦不求仕，乃叙《书》传礼记，（有“杞宋”“损益”“从周”等语。）删《诗》正乐，（有语大师及“乐正”之语。）序《易·彖》《系》《象》《说卦》《文言》。（有“假我数年”之语。）弟子盖三千焉，身通六艺者七十二人。（弟子颜回最贤，蚤死，后惟曾参得传孔子之道。）十四年庚申，鲁西狩获麟，（有莫我知之叹。）孔子作《春秋》。（有“知我”“罪我”等语，《论语》请讨陈恒事，亦在是年。）明年辛酉，子路死于卫。十六年壬戌，四月己丑，孔子卒，年七十三，葬鲁城北泗上。弟子皆服心丧三年而去，惟子贡庐于冢上，凡六年。孔子生鲤，字伯鱼，先卒。伯鱼生伋，字子思，作《中庸》。”

(子思学于曾子，而孟子受业子思之门人。)

何氏曰：“《鲁论语》二十篇。《齐论语》别有《问王》《知道》，凡二十二篇，其二十篇中章句，颇多于《鲁论》。《古论》出孔氏壁中，分《尧曰》下章‘子张问’以为一篇，有两《子张》，凡二十一篇，篇次不与《齐》《鲁论》同。”

程子曰：“《论语》之书，成于有子、曾子之门人，故其书独二子以子称。”

程子曰：“读《论语》，有读了全然无事者，有读了后其中得一两句喜者，有读了后知好之者，有读了后直有不知手之舞之、足之蹈之者。”

程子曰：“今人不会读书。如读《论语》，未读时是此等人，读了后又只是此等人，便是不曾读。”

程子曰：“颐自十七八读《论语》，当时已晓文义。读之愈久，但觉意味深长。”

黄式三《论语后案自叙》

《论语》之始出于秦火后也，曰《鲁论》，曰《齐论》，曰《古论》，篇目不同，文字亦异。学者各守师说，不合不公。自张子文兼读《齐》《鲁》，采获所安，诸儒为之语曰：“欲为《论》，念张文。”其后郑君康成就《论语》篇章考之《齐》《古》，以为之注，当时尤贵之。

魏末，何平叔与夏侯太初、荀奉倩、王辅嗣之徒竞为清谈，祖尚虚无，史所讥酷嗜老庄、以六经为糟粕者也，而作《集解》以行于世。晋宋齐梁，媚佛成俗，圣教不明，儒者借老庄之学以译释典，复援圣经贤传以文饰之，其始以儒乱释，其终遂以释乱儒。皇氏《义疏》黜郑君之注而宗何，有由来矣。邢氏疏只删皇氏之疏而就简耳。

自朱子注既出，六百余年之儒说群奉正宗。后之人补辑郑君之遗逸，考校何氏之异同，纷纷籍籍，各明专家，卒未闻有继汉轶魏实能驾朱子上者。则朱子之所得大且多，虽愚者亦能臆测而知之也。

虽然，汉魏诸说之醇有存于何氏之解、皇邢之疏及陆氏《释文》诸书而不可尽废者，诸经注疏与子史中杂引经文及诸说解有可拾其遗而补其阙者，元明数百年遵朱子注有能发明之而纠正之者。近日大儒实事求是，各尽所长，有考异文者、精训诂者、辨声类者、稽制度名物者、撰圣贤事迹者；有考验身心、辨析王霸、学务见其大者；有不惑于老释，复明析于儒之近老释，学务得其正者。凡此古今儒说之会萃，苟有裨于经义，虽异于汉郑君、宋朱子，犹宜择是而存之。试士者或尊一说以范举业，或亦不尽拘，况说经何可拘哉？

式三不揣固陋，搜讨各注，体六经异师"不可偏据"之意，过而黜之，不如过而存之。于是广收众说，间附己意，书成，名之曰《后案》。夫近日之学宗汉、宗宋判分两戒，是书所采获上自汉魏，下逮元明以及时贤，岂主为调人？说必备乎众，是区区之忧，端在于此，而分门别户之见不敢存也。顾惟圣道闳深，经绪纷赜，人之精力、学问各有限量，奚以终穷尚有疏略，俟诸来哲，如积薪尔。

丙申（编者按：道光十六年）正月黄式三薇香自叙

刘恭冕《论语正义后叙》

班生有言："仲尼没而微言绝，七十子丧而大义乖。"圣人之言，中正和易，而天下万世莫易其理，故曰"微言"，非只谓性与天道也。"大义"者，微言之义，七十子之所述者也。今其著者，咸见《论语》。窃以先圣存时，诸贤亲承指授，当已属稿，或经先圣笔削，故言特精善。迨后追录言行，勒为此编，作之者非一人，成之者非一时。先儒谓孔子没后，弟子始共撰述，未尽然也。

曾子、子思、孟子、荀子皆有著书，于先圣之道多所发明，而注家未之能及。至《八佾》《乡党》二篇，多言礼乐制度。汉人注者，惟康成最善言礼，又其就《鲁论》，兼考《齐》《古》而为之注，知其所择善矣。魏人《集解》，于郑注多所删佚，而伪孔、王肃之说，反藉以存，此其失也。梁皇侃依《集解》为疏，所载魏、晋诸儒讲义，多涉清玄，于宫室、衣服诸礼阙而不言。宋邢昺又本皇氏，别为之疏，依文衍义，益无足取。我朝崇尚实学，经术昌明，诸家说《论语》者彬彬可观，而于疏义之作，尚未遑也。

先君子少受学于从叔端临公，研精群籍，继而授馆郡城，多识方闻缀学之士，时于毛氏《诗》、郑氏《礼注》皆思有所述录。（初著《毛诗详注》《郑氏释经例》，后皆辍业。）及道光戊子，先君子应省试，与仪征刘先生文淇、江都梅先生植之、泾包先生慎言、丹徒柳先生兴恩、句容陈丈立始为约，各治一经，加以疏证。先君子发策得《论语》，自是屏弃他务，专精致思，依焦氏作《孟子正义》之法，先为长编，得数十巨册，次乃荟萃而折衷之，不为专己之学，亦不欲分汉、宋门户之见，凡以发挥圣道，证明典礼，期于实事求是而已。既而作宰畿辅，簿书繁琐，精力亦少就衰，后所阙卷，举畀恭冕，使续成之。恭冕承命惶悚，谨事编纂，及咸丰乙卯秋，将卒业，而先君子病足疸，遂以不起，盖知此书之将成而不及见矣。伤哉！

丙辰后，邑中时有兵警，恭冕兢兢慎持，惧有遗失，暇日亟将此稿重复审校，手自缮录，盖又十年，及乙丑之秋而后写定，述其义例，列于卷首。继自今但求精校，或更得未见书读之，冀少有裨益。是则先君子之所以为学，而恭冕之所受于先君子者，不敢违也。世有鸿博硕儒，幸不吝言，补其罅漏，正其迷误，跂予望之。

同治五年岁次丙寅春三月恭冕谨识

唐文治《论语大义定本跋》

十数年前，友人来告，谓近今学校罢去读经，如向者户诵之《论语》亦无人复读，而朱《注》尤苦其精深，盍加节录以便初学乎？文治漫应之。继思兹事虽属弇陋，究胜于废而不读，乃谨取朱注节之，并附拙著《大义》二十篇于后。门人沈君炳焘为排印于长沙，此第一本也。庚申冬，钱塘施君肇曾创设国学专修馆于无锡，延文治主讲，即以是本课甲、乙班诸生，深病其略，爰复下己意，加以润色，是为第二本。癸亥冬，将课丙班诸生，重绎旧稿，觉朱注与诸家说参杂，犹有未安，乃复取江武曹《四书人全》、陆清献《松阳讲义》、李文贞《论语札记》、黄薇香先生《论语后案》、刘楚桢先生《论语正义》诸书，精以采之，简以达之；鄙意所及，加“愚案”以申明之。至是乃觉稍稍完备，名曰“定本”，然犹未足为定也。（此本与拙著《论语提纲》所述略有未符，因《提纲》成书在先也。）会施君刻《十三经》于沪上，因附刻此书于后。记其梗概如此。

夫注释《论语》者，其大旨约有数端：明义理，一也；通训诂，二也；阐圣门之家法，别授受之源流，三也；穷天德、圣功之奥，修己、治人之原，四也。是四者文治窃尝有志焉，而未敢谓有所得也。昔朱子殚毕生之精力以为《集注》，且复涵养德性，阅历人情，体之于身，验之于心，夫然后发之于言。故其为书也，如日月之经天，江河之行地，后世学者其奚容复缀一辞！虽然，朱子距今七百余年，元明以来治《论语》者，纯儒硕学项背相望，岂无人焉能补朱子所未备而扩朱子所未发哉？矧迩者风俗人心益不可问，先进礼乐，渺焉无存，而邪说之横恣，四海之困穷，且未知所终极。俯仰世变，非读《论语》曷能救诸！则夫缀而述之，或亦先圣先贤之所许乎？

甲子（按：一九二四年）夏六月唐文治谨跋

程树德《论语集释序》

《论语集释》何为而作也？曰：举古圣哲王所揭治乱兴亡之故，至今日而适若相反，古人真欺我哉！愤而欲取少时所读之书，拉杂摧烧之。客闻而阻之，曰："世之剥也必不终剥，道之穷也必不终穷，子姑待之！"余笑而应之曰："诺。"今不幸言中，而世乱滋迫，数年以来，麋沸云扰，万方荡析，余犹得蜷伏故都，幸免颠沛流离之惨，此《论语集释》四十卷即于此劫罅偷息中所掇辑而成者也。昔太史公身废不用，乃作《史记》，其《报任安书》列举左丘失明、虞卿穷愁诸例。余自癸酉冬患舌强痿痹之疾，足不能行、口不能言者七年于兹矣，而精力之强，不减平昔。意者天恐吾投身祸乱以枉其才，故假疾以阻其进取，又悯其半生志事无所成就，故复假之以精力，使得以著述终其身耶？

夫文化者国家之生命，思想者人民之倾向，教育者立国之根本，凡爱其国者，未有不爱其国之文化。思想之鹄，教育之程，皆以是为准。反之，而毁灭其文化，移易其思想，变更其教育，则必不利于其国者也。著者以风烛残年，不惜汗蒸指皲之劳，穷年矻矻以为此者，亦欲以发扬吾国固有文化，间执孔子学说不合现代潮流之狂喙，期使国人之舍本逐末、徇人失己者俾废然知返。余之志如是而已。若夫汉宋门户之见，考据训诂之争，党同伐异，窃无取焉。

己卯（按：一九三九年）秋八月闽县程树德序

陈寅恪《论语疏证序》

孔子之生距今将二千五百载，神州士众方谋所以纪念盛事显扬圣文之道，而长沙杨遇夫先生著《论语疏证》适成，寄书寅恪，命为之序。寅恪平生喜读中华乙部之作，间亦披览天竺释典，然不敢治经。及读先生是书，喜曰：先生治经之法，殆与宋贤治史之法冥会，而与天竺诂经之法形似而实不同也。夫圣人之言必有为而发，若不取事实以证之，则成无的之矢矣。圣言简奥，若不采意旨相同之语以著之，则为不解之谜矣。既广搜群籍，以参证圣言，其文之矛盾疑滞者，若不考订解释，折衷一是，则圣人之言行终不可明矣。今先生汇集古籍中事实语言之与《论语》有关者，并间下己意，考订是非，解释疑滞，此司马君实、李仁甫长编考异之法，乃自来诂释《论语》者所未有，诚可为治经者辟一新途径，树一新模楷也。

天竺佛藏，其论藏别为一类外，如《譬喻》之经、诸宗之律，虽广引圣凡行事以证释佛说，然其文大抵为神话物语，与此土诂经之法大异。《出三藏集记》述出《贤愚因缘经》始末云：释昙学、威德等八僧西行求经，于于阗大寺遇般遮于瑟之会。三藏诸学各弘法宝，说经讲律，依业而教。学等八僧随缘分听，精思通译，各书所闻，还至高昌，乃集为一部。然则《贤愚经》实当时昙学等听讲经律之笔记。今此经具存，所载悉为神话物语。世之考高昌之壁画，释敦煌之变文者，往往取之以为证释，而天竺诂经之法与此土大异，于此亦可见一例也。南北朝佛教大行于中国，士大夫治学之法亦有受其薰习者。寅恪尝谓：裴松之《三国志注》、刘孝标《世说新语注》、郦道元《水经注》、杨衒之《洛阳伽蓝记》等，颇似当日佛典中之合本子注。然此诸书皆属乙部，至经部之作，其体例则未见有受释氏之影响者。惟皇侃《论语义疏》引《论释》以解《公冶长》章，殊类天竺《譬喻经》之体，殆六朝儒学之士渐染于佛教者至深，亦尝袭用其法以诂孔氏之书耶？然此为旧注中所仅见，可知古人不取此法以诂经。盖孔子说世间法，故儒教经典必用史学考据，即实事求是之法治之。彼佛氏《譬喻》诸经之体例，则形虽似而实不同，固不能取其法以释儒教经典也。寅恪治史无成，幸见先生是书之出，妄欲攀引先生为同类以自重，不识先生亦笑许之乎？

一九四八年十月七日陈寅恪书于清华园不见为净之室

钱穆《论语新解序》（一九六三）

《论语》自西汉以来，为中国识字人一部人人必读书。读《论语》必兼读注。历代诸儒注释不绝，最著有三书。一、何晏《集解》，网罗汉儒旧义。又有皇侃《义疏》，广辑自魏迄梁诸家。两书相配，可谓《论语》古注之渊薮。二、朱熹《集注》，宋儒理学家言，大体具是。三、刘宝楠《论语正义》，为清代考据家言一结集。

何氏《集解》收入《十三经注疏》中，宋以前人读《论语》，大率必读此书。明、清两代以朱注取士，于是读《论语》必兼读朱注，已八百年于兹。朱注不能无误，清儒考据训诂之学度越前人，朱注误处均经发正。而清儒持汉、宋门户之见过严，有朱注是而清儒刻意立异，转复失之者。其所驳正，亦复众说多歧，未归一是。又考据家言，辞烦不杀，读者视为畏途。故今社会流行，仍以朱注为主。

民国以来，闽县程树德为《论语集释》，征引书目凡十类六百八十种，异说纷陈，使读者如入大海，汗漫不知所归趋。搜罗广而别择未精，转为其失。故《论语》虽为一部中国人人必读书，注《论语》者虽代不乏人，而就今言之，则仍缺一部人人可读之注。此余之《新解》所由作也。

为《论语》作新解，事有两难。异说既多，贵能折衷，一也。《论语》距今两千载以上，何晏《集解》距今一千七百年，朱注距今八百年，刘氏《正义》距今亦一百六十年。时代变，人之观念言语亦多随而变。如何用今代之语言观念阐释二千五百年前孔子之遗训而能得其近是，使古今人相悦而解，二也。

本书取名“新解”，非谓能自创新义，掩盖前儒。实亦备采众说，折衷求是，而特以时代之语言观念加以申述而已。然众说势难备列，程氏《集释》篇幅逾两百万字，而犹多遗漏。本书所采，亦多越出程书之外者。然若专举一说，存以为是，又使读者不知有古今众说之异，亦无以开其聪明，广其思路，而见义理之无穷。且一说之是，初不限于一人之说。或某得其十之一二，某得其十之八九，或某得其三四而某得其六七，亦有当兼采三家四家之说斟酌和会而始得一是者。今既集众说，凡所采摭，理当记其姓名，详其出处，一则语见本原，一则示不掠美。然就读者言之，则贵能直就注文而上通《论语》之本义。大义既得，乃加沉潜反复之功。若注文一一称姓名，列篇题，又势必照录原文。原文义旨未尽，复须重加阐发。遇折衷诸家，则必条列诸家之说于前，续加融贯之文于后。此可以显作者之勤搜而博辨，而实无益于读者之精契与密悟。《新解》旨取通俗，求其为一部人人可读之注，体求简要，辞取明净，乃不得不摆脱旧注格套，务以直明《论语》本义为主。虽违前轨，亦具微衷。抑如朱注，义诂事据，多本汉儒，亦不逐一标明。惟引宋儒之说，始必著其姓氏，以见其为一家之解。余书非欲成一家言，仅求通俗易诵览，自不必一一征引出处。倘读者必欲追寻本原，则上举三书与程氏之《集释》具在，循此踪迹，宜可十得七八。纵欲掠美，实亦无从尔。

抑余之为《新解》，亦非无一二独得之愚，越出于先儒众说之外者。然苟非通观群言，亦无以启发新知。众说已见，既如水乳之交融，何烦泾渭之再辨。且作注如筌蹄，意在得鱼兔。鱼兔既获，筌蹄可弃，故亦不一一标出也。

本书最先属稿在一九五二年春，当时力求通俗，专用白话。成稿未及四分一，乃复悔之。意谓解《论语》，难在义蕴，不在文字。欲以通俗之白话，阐释宏深之义理，费辞虽多，而情味不洽。又务为浅显，骤若易明，譬如嚼饭哺人，滋味既失，营养亦减。意不如改用文言，惟求平易，较可确切。虽读者或多费玩索之功，然亦可以凝其神智，而浚其深慧。惟苦冗杂少闲，乃遂搁置。

嗣于一九六零年赴美讲学耶鲁。课务不迫，乃决意改撰，获成初稿。自美归后，又络续修订，前后三年，粗溃于定。惟体例则一仍最先之旧。先原文，次逐字逐句之解释，又次综述一章大旨，最后为《论语》之白话试译。全书篇幅，当不出三十万字。其果可以为一部人人可读之注矣乎？其果能折衷群言而归于一是矣乎？作者才力所限，谨以待读者之审正。

《再版序》（一九八七）

《论语》二十篇开始即曰："学而时习之，不亦悦乎？有朋自远方来，不亦乐乎？人不知而不愠，不亦君子乎？"孔子一生为人，即在悦于学而乐于教。人之不知，亦当指不知此上两端言。故又曰："若圣与仁，则我岂敢。我学不厌而教不倦。"又曰："十室之邑，必有忠信如丘者焉，不如丘之好学也。"则孔子之自居，在学在教，不在求为一圣人。《论语》书中岂不已明言之。

此犹言："但问耕耘，莫问收获。"抑且秋收冬藏之后，岂能不复有春耕夏耘？而且耕耘仗己力，而收获则不尽在己力。固亦有既尽耕耘之力，而复遇荒歉之来临者。孔子生前其道不行，又岂孔子之过。孔子五十而知天命，此即天命之所在矣。人之为学，又岂能超乎其天之所命。此惟西方人战胜自然、克服自然有此想。中国人则不作此想法。知天法天之道，其要乃在此。

颜子曰："夫子步亦步，夫子趋亦趋，夫子奔逸绝尘，而回瞠若乎后矣。"孔门七十二弟子，师弟子间，莫不尊颜子为好学。后世有孟子，其时群言并兴，而杨、墨之言盈天下。孟子则曰："乃我所愿，则学孔子。"又曰："能言拒杨、墨者，皆圣人之徒也。"又曰："人皆可以为尧舜。"孟子特以为圣人勉当时之学者，后世以孔、孟并称，而每引孟子语以尧舜自勉。则其为学趋向，有时与孔子有相异。

宋代朱子定《语》《孟》《学》《庸》为《四书》，朱子又曾有"颜子细，孟子则较粗"之辨。而学者每喜读《孟子》书，时若有逾于《论语》。即如朱子同时陆象山已然。而明代王阳明则益见其为然。阳明求为圣人，及其龙场驿自悟乃曰："圣人处此，更有何道？"则岂不先世之孔子，亦当学后代之阳明。此乃禅宗一悟成佛、己身成佛、立地成佛之余意。此语实易引人入歧途，而其流弊有不可胜言者。

朱子为学，则学其前贤如周、张、二程。濂溪教二程："寻孔颜乐处，所乐何事？"则所学即学其乐，所乐亦乐其学，此与孔子教学尚无大相异。惟横渠则学之所长，乃在其苦学处。故伊川与横渠书有云："观吾叔之见，志正而谨严，深探远赜，岂后世学者所尝虑及。然以大概气象言之，则有苦心极力之象，而无宽裕温和之气。非明睿所照，而考索至此。故意屡偏而言多窒，小出入时有之。更望完养思虑，涵泳义理，他日当自条畅。"可见横渠为学，实有似西方哲学家，所学对象多在外，少在己。如其论《易》即然。《易·象》言："天行健，君子以自强不息。"此亦与孔子意相近。而横渠之努力，则有引人入歧途处。

余年六十五，赴美任教于耶鲁大学。余不能英语，课务轻简，乃草为此注，自遣时日。余非敢于朱注争异同，乃朱子以下八百年，解说《论语》者屡有其人，故求为之折衷。及近年来，两目成疾，不能见字。偶嘱内人读此旧注，于文字上略有修改，惟义理则一任旧注。事隔一月，忽悟此序以上所陈之大义，乃作为此书之后序。

主要参考书目

皇　侃：《论语义疏》，中华书局，2013 年版
邢　昺：《论语注疏》，北京大学出版社，2000 年版
朱　熹：《四书章句集注》，中华书局，1983 年版
黄式三：《论语后案》，凤凰出版社，2008 年版
刘宝楠：《论语正义》，中华书局，1990 年版
唐文治：《论语大义》，上海交通大学出版社，2016 年版
程树德：《论语集释》，中华书局，1990 年版
杨树达：《论语疏证》，上海古籍出版社，1986 年版
杨伯峻：《论语译注》，中华书局，2009 年第三版
钱　穆：《论语新解》，三联书店，2002 年版
李炳南：《论语讲要》，台中莲社，2011 年版
李泽厚：《论语今读》，中华书局，2015 年版